요한, 현대에 말을 걸다 요한복음
1

요한, 현대에 말을 걸다 요한복음 1

초판 1쇄 발행 2023년 2월 10일

지은이 이종철
펴낸이 한현숙
디자인 황보라
펴낸곳 라이트앤라이프

출판등록 2022년 11월 21일 (제2022-000075호)
주소 08734 서울시 관악구 청림6길 3 2층 214호
전화 02-535-9182   **이메일** miseliot@daum.net

ISBN
979-11-981280-1-0 04230
979-11-981280-0-3 (전2권)

ST.JOHN'S GOSPEL TO THE MODERN WORLD

주석과 신학이 있는 설교 · 교양과 영성을 담은 강론

요한, 현대에
말을 걸다

요한복음 1

이종철 지음

라이트앤라이프
LiGHT n LiFE

거룩한 영이여 요한의 노래를 내 입술에 허락하소서!

고대의 시인들이 신 뮤즈Muse를 부르며 장편의 서사를 읊조렸
듯, 사도 요한은 성령의 감흥으로 이 땅에 오신 생명의 말씀에 대한
서사를 기록했다. 현대의 설교자들 또한 동일한 성령을 향해 호소
하며 말씀의 불을 기다린다.

요한복음 강해는 공교롭게도 코로나가 창궐하여 교회 문이 굳
게 닫혔던 2020년 4월부터 시작되었다. 성도 한 명 없는 교회당에
서 "태초에 말씀이 계시니라!"는 첫 선언은 말할 수 없는 감동을 주
었다. 혼돈도 아니요, 공허도 아니요, 흑암도 아닌, 빛이요, 생명이
요, 충만함이었다. 중세의 흑사병을 피해 교외의 한 별장으로 숨어
든 열 명의 남녀가 열흘 동안에 걸쳐 각각 열 개의 이야기를 펼쳐
총 100개의 이야기를 엮어낸 것이 보카치오G. Boccaccio의 『데카메
론』이다. 이에 비할 바는 아니나 나의 요한복음 설교 또한 코로나
를 피해 교회 문 여닫기를 반복하며 매주 빠짐없이 진행되었고, 코
로나 엔데믹풍토병화으로 넘어가는 2022년 6월에, 총 111강으로 마
칠 수 있었다. 활동과 만남이 제한되었기에 오히려 말씀의 깊은 곳

까지 들어갈 수 있었던 좋은 계기였다.

요한복음은 초신자들에게 주기에는 과하고, 기성 신자도 소화하기에는 버겁다. 요한복음을 교리용 입문서 취급하고, 구원의 기초 교리로만 설교하고 해석하는, 한국교회에 만연한 접근방식 때문이다. 이로 인해 요한복음이 주는 영적 깊이가 반감되고 있다. 저자 요한은 오히려 믿는 신자들을 대상으로 그들이 얻은 '생명'의 정체가 무엇이며, 어떻게 하면 그 '생명'을 더 풍성히 할 수 있는가를 목적으로 복음서를 기록하였다. 본서에서는 동서고금의 사상이나 예화들을 많이 인용했는데 심오한 말씀을 담기에는 고전이 제격이기 때문이다.

나의 설교는 항상 본문에 대한 주석 작업으로부터 시작한다. 요한복음 주석의 최고봉이라 할 수 있는 레이몬드 브라운Raymond E. Brown의 『요한복음 Ⅰ·Ⅱ』의 해석이 텍스트를 정확히 읽게 하는 안내자가 되었다. 본문의 문맥적 의미를 명확히 밝히기는 하였지만, 성경 각 구절을 풀이하는 식의 강해설교 형태는 아니다. 설교는 서사적narrative 구조를 갖는 일종의 문학이어야 한다고 생각한다. 해당 본문에서 한두 개의 주제를 발굴하고, 그 주제에 따라 본문을 해석하고, 여기에 스토리를 실어 선포할 때 가장 효과적인 설교가 된다.

　　설교는 성서 본문의 원래적 의미를 밝히는 성경연구나 성경공부에 그쳐서는 안 된다. 요한은 예수님의 말씀을 텍스트 삼아 동시대인들을 향하여 하나님의 말씀을 선포했다. 현대의 설교자들은 이제 기록된 성경을 텍스트로 삼아 동시대인들, 곧 오늘의 현대인들을 향해 말씀을 선포한다. 여기에 성령의 감동이 작용하여 내가 요한이 되고 요한이 '나'가 되어, 마치 시내 산에서 하나님이 직접 말씀하시는 것처럼, 갈릴리와 갈보리 산에서 마치 예수님이 현대인들을 향하여 말씀하시는 것처럼 전하는 것이 설교이다.

　　신학은 '그 시대를 향한 하나님의 말씀'을 다루는 학문이다. 현대신학은 통칭 '자유주의'로 도매금 취급을 당하지만 실은 현대사회의 문제에 직면하여 하나님 말씀을 찾기 위한 몸부림이다. 본서 또한 이런 이유로 다양한 현대신학들을 다루며, 현대과학이나 철학, 문학과 문화와의 씨름을 담아냈다. 더 나아가 한국교회의 문제와 현실 정치 문제들을 실제 설교 상에서는 더 깊게 다루었지만, 한국교회 현실이 이념화 · 보수화 되어 소화하기 어려운 측면이 있어 상당 부분 생략하거나 원론 수준으로 언급하는 정도로 정리했다.

　　본서는 기독교라는 종교를 이해하고 싶어 하는 타 종교인이나 일반 구도자들에게 기독교 사상을 제대로 소개하려는 목적도 가지고 있다. 그래서 기독교적 용어나 사상을 쉽게 풀이하려 했으며, 불교를 비롯한 타 종교의 경전 또한 많이 인용하였다. 로고스이신 예수라는 인격은 너무도 커서 미치지 못할 곳이 없으며, 특정한 그릇으로만 한정하기에는 부족하다고 생각한다.

오랜만에 설교집을 내다보니 출판 환경이 매우 달라졌음을 실감한다. 저작권 문제가 신경이 많이 쓰였다. 설교라는 것이 예화도 많고, 세상 문화를 반영하고 또 반성하는 일종의 문화비평으로 타인의 생각들이 설교에서 많이 다루어지기 마련이다. 지나친 표절이나 상업적 이용은 지양해야 하겠지만, 사상의 교류와 지식의 대중화라는 측면에서는 아쉬움이 적지 않다.

111강이라는 긴 여정을 참고, 함께한 빛과생명 교회 교우들에게 감사를 드린다. 기존의 수많은 요한복음 설교나 강해와는 분명 다른 목소리가 실렸음을 자신하며, 기꺼이 이 책을 세상에 내어놓는다.

2023년 정초에
이종철

목차

일러두기

1. 각 장의 첫 성경 본문은 '개역한글판'을, 본문의 내용 설명은 '개역개정판'을 주로 사용하였다.
2. 요한복음 구절 인용의 경우 책명을 밝히지 않고 장·절만 썼고, 그 외의 것은 성경 책명과 장·절을 함께 밝혔다.
3. 설교의 특성상 예화나 교훈의 목적으로 여러 곳에서 부분 인용되었다. 출처는 본문 안에 최소화하여 밝혔다.

1장

인간이 된 로고스

말씀이 계시니라

(1:1)

태초에 말씀이 계시니라
이 말씀은 곧 하나님이시니라

태초에

태초에 말씀이 있었습니다. 이 선언은 위로가 되지 않습니까?
태초에 어둠이 있었다, 태초에 혼돈이 있었다, 태초는 우연으로 가
득했다 하면 얼마나 허무합니까? 창세기 1장에서 전하는 창조의 상
황이 그러했습니다. "태초에 하나님이 천지를 창조하시니라 땅이
혼돈하고 공허하며 흑암이 깊음 위에 있고" 이것이 전부였다면 '생
명'이나 '의미'는 존재하지 않았을 것입니다. 오직 삭막한 바람만
부는 황야나, 화산 폭발과 불과 가스만 끝없이 솟는 그런 세상이었
을 것입니다.

그런데 이것이 전부가 아니었습니다. 이어지는 창세기 1장 2
절입니다. "하나님의 영은 수면 위에 운행하시니라 하나님이 이르
시되 빛이 있으라 하시니 빛이 있었고" 그 어둠과 혼돈과 무질서를

감싸고 있는 것이 있습니다. 하나님의 영입니다. 영은 곧 말씀입니다. 질서입니다. 생명입니다. 의미입니다. 말씀이 혼돈을 빚어 질서를 만듭니다. 공허를 생명으로 채웁니다. 빛으로 흑암을 밝히고 분별합니다.

현대과학 이론에 의하면 우주는 빅뱅의 대폭발로부터 생성되었습니다. 형용할 수 없는 어떤 것이 폭발하여 엄청난 크기로 팽창하였습니다. 온도 또한 상상할 수 없이 뜨거웠습니다. 백만 분의 1초가 지나 쿼크, 전자, 양성자 등이 생기기 시작합니다. 너무 뜨거워 원자를 생성하지 못하고 모든 것이 흐트러지고 뒤섞인 상태입니다. 3분 후에는 핵융합반응이 일어나며 원자핵이 만들어집니다. 38만 년 후에는 우주 온도가 3000℃ 정도로 식으며 전자가 원자핵과 결합하여 원자가 만들어집니다. 빛은 이제야 속박에서 풀려나 우주를 향하여 달리기 시작합니다. 그 3억 년 후에 별이 생깁니다. 이렇게 138억 년의 세월이 흘러 오늘날의 우주가 생성되었습니다. 지구는 그로부터 대략 93억 년 후인 지금으로부터 45억 년 전에 생겼습니다.

이 뜨겁고 무질서하고 엄청난 시간 앞에 서면 인간이나 생명체는 아무것도 아닌 것처럼 느껴집니다. 아무런 목적도 없이 우연히 우주는 생겨난 것 같습니다. 그런데 이에 대해서 '아니오' 하고 선언하는 깃이 요한복음 1상 1절의 '말씀'입니다. 말씀은 헬라어로 '로고스'인데 스토아 철학에서는 우주의 기본 질서나 원리를 의미합니다. 이는 무질서와 우연이 아니라 질서와 목적이 우주를 지배한다는 선언입니다. 빅뱅 이전에 무엇이 있었습니까? 암흑이나 침묵이 아니라 말씀이 있었습니다. 말씀이 빅뱅을 감싸며 우주라는 생명과 질서를 만들어냅니다. 이후 백 수십억 년의 시간도 말씀의 지배 하에 있었습니다.

5절에서는 "어둠이 그 빛을 이기지 못하였다"^{새번역}고 말씀합니다. 무한정 혼돈과 어둠이 지배할 것 같았는데 그렇지 않았습니다. 말씀은 마치 오케스트라의 지휘자 같습니다. 혼란한 음들에서 각각의 악기가 아름다운 선율을 만들고, 그 소리를 엮어 아름다운 하모니가 이루어집니다. 요한은 광대한 우주를 지휘하고 있는 말씀을 보았습니다. 주사위를 하나씩 던질 때는 여섯 개중 무엇이 나올지 모릅니다. 그러나 그 행위를 무한히 반복하면 6분의 1이라는 질서를 얻습니다. 우연 같지만 결국은 필연이고, 혼돈하고 목적도 없는 것 같지만 시간이 흐른 뒤에는 질서와 조화였음을 깨닫게 됩니다.

지금 태초라는 천문학적인 시간, 영겁의 세월에 대해서 말하고 있지만 사실 100년도 채 못 사는 인간에게는 무의미합니다. 내가 의식하지 못하는데 내 앞에 138억 년이라는 시간이 흘렀다는 것이 무슨 소용입니까? 그러므로 나의 태초는 나의 생일입니다. 내가 태어난 날이며, 자의식이 생긴 어린 시절입니다. 말씀이 임하던 그 날 나의 우주는 시작되었습니다.

석가모니가 태어나자마자 일곱 걸음을 걸었다고 합니다. 그러고는 '천상천하 유아독존'天上天下 唯我獨尊이라 말하였다 합니다. 설마 사실일까 의심은 가지만 그 의미는 자못 깊습니다. '하늘과 땅 사이에 나홀로 존귀하다.'는 이 말은 내가 최고란 뜻이 아닙니다. 홀로 의식하고 홀로 책임져야 하는 인간의 주체성, 자주성의 선언입니다. 내가 없는 한 우주는 의미가 없습니다. 나의 종말도 마찬가지입니다. 나는 죽음과 함께 의식이 꺼질 것입니다. 그 후로 다시 수백억 년의 세월이 흐른다 할지라도 의미가 없습니다. 내가 다시 눈뜨는 날까지는 말입니다. 말씀이 임하여 나는 내가 되었습니다.

말씀이

예수 그리스도의 이름이 말씀입니다. 말이란 것이 무엇입니까? 말을 통해 우리의 생각이 드러납니다. 행동도 말의 일종입니다. 하나님의 깊숙이 감추어진 생각이나 뜻이나 마음이 말씀이라는 도구를 통해, 즉 예수 그리스도를 통해서 드러났습니다. 그리스도를 통해서 우리는 하나님이 사랑임을 압니다. 그리스도를 통해서 하나님이 생명이며 진리임을 압니다. "본래 하나님을 본 사람이 없으되 아버지 품속에 있는 독생하신 하나님이 나타내셨느니라"(1:18)

스토아 철학에서는 인간의 영혼을 로고스의 파편이라 하였습니다. 로고스의 일부가 우리 육신에 갇혀 영혼이 되었습니다. 인류의 신성함의, 인류의 한 형제자매 됨의 근거가 여기에 있습니다. 요한복음에서는 로고스인 '말씀'이 인간을 창조했다고 선언합니다. 인간은 말씀이신 하나님의 형상으로 지어졌기에 인간 존재 또한 말과 언어로 구성되었습니다. 이를 간파한 철학자 하이데거Martin Heidegger는 '언어는 존재의 집'이라 하였습니다. 인간은 언어를 통해서 존재하게 된다는 뜻입니다. 컴퓨터 원리와 같습니다. 컴퓨터 프로그램은 2진수로 구성이 되었습니다. 무의미한 0과 1의 나열입니다. 이것을 조합하여 글자를 만들고 문장을 만들고 이미지를 만들면서 세계가 만들어집니다. 인간은 언어가 없으면 생각과 의식도 없습니다. 실재하는 물자체物自體는 언어라는 형식을 통하여 우리에게 비로소 인식이 됩니다. 언어가 있음으로써 세상이 구분되고, 이름이 생기고, 기억으로 저장되고, 상호 대화나 전달이 가능합니다. 이를 기반으로 문화가 생기고 과학이 발달하였습니다. 인간과 동물을 가르는 결정적 차이가 이 언어의 유무에 있습니다.

우리 무의식 깊은 곳에 저장되어 있는 기억이나 감정을 끄집어내는 것도 언어를 통해서입니다. '시'가 바로 그 일을 합니다. 시는 영혼의 언어입니다. 은유를 통해서 말에 생명을 불어넣습니다. 사람을 살리는 것은 말입니다. 말 한마디가 우리 안에 있는 긍정과 사랑의 감정을 불러일으킵니다. 말 한마디는 안개 속에 비추는 한줄기 빛과 같습니다. 보이지 않던 길이 보이고 별이 보입니다. 선지자들은 '하나님 말씀이 내게 임하였다', '이는 여호와의 말씀이니라', '여호와께서 이르시되'라는 표현을 반복했습니다. 하나님의 말씀이라는 가장 원초적인 사건이 그 영혼을 울렸기 때문입니다. 불가항력입니다.

말은 사물의 진실을 담고 있습니다. 그런데 이 말이 또 현실을 왜곡하기도 합니다. 인간의 욕심과 미련함 때문입니다. 현실을 반영하지 못하는 말, 지나가버린 옛것, 왜곡되고 과장된 언어를 붙잡고 있습니다. 말이 없는 동물들은 오히려 현실을 즉각적으로 반영합니다. 그래서 동물들은 불쾌하던 관계가 해소되면 바로 친구가 될 수 있습니다. 반면에 인간은 기억된 언어로 현실을 부정하고, 왜곡하고, 아닌 체하고, 바꿔었는데도 여전히 이전 것을 고집합니다. 그래서 좀처럼 화해하거나, 마음속의 분노를 가라앉히기가 어렵습니다. 축복의 선물인 말이 우리 마음의 올가미가 되었습니다.

말은 흉기가 되기도 합니다. 영혼을 공격하는 독화살입니다. 말 한마디가 사람을 죽이기도 하고 살리기도 합니다. 요한계시록에서 어린 양이신 예수님이 강림하면서 악인들을 심판하는데 "그의 입에서 예리한 검"(요한계시록 19:15)이 나옵니다. 말씀이 바로 심판의 도구입니다. 이처럼 말씀은 놀라운 힘을 가지고 있습니다. 말은 근본적으로 생존과 대화의 목적에서 탄생했습니다. 그러니 친절한 말, 살리는 말을 해야 할 것입니다.

계시니라

태초에 말씀이 있었다는 선언은 행동주의자들에게는 좀 밋밋해 보입니다. 괴테J. W. von Goethe의 『파우스트』에서 주인공 파우스트 박사는 인생에 새로운 것을 찾아 헤맵니다. 파우스트는 책의 첫 장면에서 요한복음 1장 1절 말씀을 가지고 고민합니다. 그러다 갑자기 "태초에 말씀이 있었다."는 말을 "태초에 행동이 있었다."로 고치며 만족해합니다. 괴테의 시대는 인간의 행동을 중시하던 때였습니다. 혁명의 시대요 진보의 시대였습니다. 말씀이라는 정적인 것보다 행동이 새로운 세상을 만들어냈습니다.

이어서 파우스트는 메피스토펠레스라는 악마와 계약을 맺습니다. 파우스트가 "오 머물러라! 너 정말 아름답구나!"라고 말하는 그 순간이 온다면 그때 자기 영혼을 가져가도 좋다는 약속이었습니다. 사랑과 고통과 쾌락과 지식과 권력과 신화의 세계까지 맛보지만 파우스트는 만족을 못합니다. 그러다 마지막으로 파우스트는 버려진 땅과 습지대를 개간하는 일에 몰두합니다. 황무지를 일구어 수많은 사람을 위한 복지 낙원을 만들려는 계획으로 일하던 바로 그 순간 파우스트의 마음에는 만족감이 밀려들었습니다. "오 머물러라, 너 정말 아름답구나!" 파우스트가 이 과정에서 얻은 지혜는 다음과 같은 것이었습니다. "이것이 지혜의 마지막 결론이다. 생명과 마찬가지로 자유도 날마다 싸워서 얻는 자만이 그것을 누릴 자격이 있다."

말씀보다는 행동이 멋져 보입니다. 민중신학에서는 안병무 선생이 "태초에 사건이 있었다."는 말로 바꾸기도 하였습니다. 말씀은 근현대인들이 보기에 정적靜的입니다. 매력이 없어 보입니다. 그러나 성경은 "태초에 말씀이 있었다"고 확고히 선언합니다. 근원으로 돌아가야 합니다. 현대인들은 행동을 중시하다 얼이 빠졌습니다. 어느 선교사의 이야기입니다. 밀림 속을 부지런히 안내하던 원주민이 갑자기 멈추며 이렇게 말했다고 합니다. "오늘은 쉬겠습니다. 그래야 우리 영혼이 몸을 따라잡을 수 있으니까요."

한국 사회를 비롯한 전세계가 코로나와 전쟁을 치르고 있습니다. 많은 생명들이 쓰러졌고, 고통을 겪었습니다. 코로나 바이러스는 개발과 도시화라는 인간의 지나친 행동이 만들어낸 부산물입니다. 코로나로 인해 사람들은 강제로 쉬며 집에 있는 시간이 많아졌습니다. 빠른 속도로 진행되던 도시 사회가 일순간 느려졌습니다.

지구도 잠깐 돌기를 멈춘 것 같습니다. 공장이 멈추며 공기가 맑아졌습니다.

행동이 멈추니 우리 영혼이 돌아옵니다. 인생의 근본적인 것들을 돌아보게 합니다. 정신없이 살았는데, 마지못해 만났는데 그 삶과 만남이 얼마나 소중했는지 생각하게 합니다. 학교에 가서 공부하거나 강의하는 것도, 큰 소득은 아니지만 근근이 직장생활하고 돈을 버는 일도 매우 소중하고 그립습니다.

종교는 행동보다는 말씀에 관심이 있습니다. 우리 내면을 살피게 하고, 삶의 소소한 일들이 담고 있는 깊이를 돌아보게 합니다. 행동이 필요하다면 정치나 세상으로 나가야 합니다. 교회마저 행동의 전선에 이끌려 어떤 목표를 제시하고 효율성을 따진다면 생명을 잃습니다. 태초에는 말씀이 있었습니다. 교회는 빵이 아니라 말씀이 있는 곳입니다. 말씀은 우리의 영혼의 근원이기에 말씀을 들으면 행복해집니다. 예수 그리스도는 말씀으로 이 땅에 오신 분입니다. 말씀 자체입니다. 그리스도를 많이 묵상하고 사랑할수록 우리 마음에 평안과 생명이 임합니다.

그리스도 창조주 하나님

(1:2-3)

> 그가 태초에 하나님과 함께 계셨고
> 만물이 그로 말미암아 지은 바 되었으니

창조주 하나님

예수님에 대해 익숙하지 않은 신앙고백이 있습니다. 그리스도
가 창조주 하나님이시라는 고백입니다. 3절의 말씀은 명백히 선언
합니다. "만물이 그로 말미암아 지은 바 되었으니 지은 것이 하나도
그가 없이는 된 것이 없느니라" 사도 바울도 동일한 선언을 했습니
다. "한 주 예수 그리스도께서 계시니 만물이 그로 말미암고 우리도
그로 말미암아 있느니라"(고린도전서 8:6) 히브리서의 고백 또한 마찬가
지입니다. "이 모든 날 마지막에는 아들을 통하여 우리에게 말씀하
셨으니 이 아들을 만유의 상속자로 세우시고 또 그로 말미암아 모
든 세계를 지으셨느니라"(히브리서 1:2)

창조주 예수 그리스도에 대한 신앙고백이 낯선 이유는 사도신
경의 영향 때문입니다. 성부 하나님은 "전능하사 천지를 창조하신

분"으로 고백하고, 성자 예수 그리스도는 전적으로 구원 사역에 한
정한 고백을 합니다. 그러나 오랜 교회 전통은 그렇지 않습니다. 이
는 동방 교회력에 잘 나타납니다. 성탄절, 사순절, 부활절, 이런 절
기들을 교회력이라 합니다. 교회력은 예수님의 탄생을 기다리는 대
림절부터 시작합니다. 그런데 동방의 교회력인 비잔틴 캘린더는 9
월 1일을 창조절로 지키고. 이때가 신년의 시작입니다. 중세 천문
학의 영향으로 천지창조의 기점을 9월 1일로 계산했기 때문입니
다. 예수 그리스도의 출현은 성탄절이 아니라 창조절로부터입니다.

현대교회에서도 그리스나 러시아를 비롯한 정교회에서는 9월
1일이 교회력의 시작입니다. 정교회의 교황에 해당하는 콘스탄티
노플 대주교가 이때 신년 메시지를 발표합니다. 지난 2018년 신년
메시지 제목은 "만물의 창조주, 주 하느님 구세주 예수 그리스도의
은총과 평화와 자비가 여러분과 함께 하시길 빕니다."였습니다. 그
리스도는 창조주 하나님입니다. 요한은 지금 이 땅에 인간의 몸을
입은 한 사람을 향하여 이분이 바로 창조주 하나님이시라는 엄청난
선언을 하고 있습니다.

저 무한한 우주를 만드신 하나님이 어떻게 작고 작은 인간이
될 수 있습니까? 좀 황당할 수도 있겠는데 이는 현대과학의 우주론
도 마찬가지입니다. 빅뱅과 함께 우주가 시작되었다는데 빅뱅 이전
에는 무엇이 있었을까? 도대체 빅뱅을 일으킨 최초의 '그것'은 무
엇이었는가? 과학에서는 이 최초의 '일자'monad를 특이점이라 부릅
니다. 특이점이라 부르는 이유는 현대과학으로는 설명할 수 없는
것이기 때문입니다. 부피는 0에 가깝고 밀도는 무한대입니다. 이게

가능합니까? 보이지도 않는 한 점이 대폭발을 하여 상상할 수 없는 크기의 우주가 생겼습니다. 크기로 따지면 인간이 하나님이 됐다는 말보다 더 말이 안 되는 한 점이 우주를 담고 있었습니다. 노자 『도덕경』에서는 간단히 '천지만물이 도道로부터 나왔다.'고 하는데 이 말이 더 설득력 있어 보입니다. 대신 성경은 만물이 그리스도로 말미암아 생겼다고 말합니다. '말미암아'라는 단어는 헬라어로 '디아'dia입니다. 영어의 '쓰루우'through입니다. 관통입니다. 연결이고 중력처럼 피할 수 없습니다. '모든 만물은 특이점이신 그리스도를 통하여 생성되었습니다.' '대폭발하는 빅뱅의 한가운데 그리스도께서 계셨습니다.' 현대과학을 이용한 이런 신앙고백들이 전혀 불가능해 보이지는 않습니다.

만물이 그리스도로 '말미암아' 지어졌다고 한다면 우리 몸속을 구성하는 원자나 물질들은 신적 구성물입니다. 우리 의식이야 기껏 백 년을 넘기지 못하지만 우리 몸의 원자나 분자는 우주의 출현과 함께 탄생했습니다. 최대 138억 년에 달한 것도 있고, 최소 수십억 년은 되었습니다. 우리는 죽음과 함께 이것들을 다시 우주로 돌려보낼 것이고, 이 알갱이들은 모여 다시 다른 생명을 만들어 낼 것입니다. 우주는 관계의 망으로 구성되었습니다. 전자와 원자핵 사이는 빈 공간이 아니라 보이지 않는 힘이 작용하고 있습니다. 현대물리학의 불확정성 이론은 원자나 전자가 관계관측에 의해서 존재로 확정된다고 설명합니다. 그와 같이 미립자로부터 인간에 이르기까지 그리스도와 관계가 없으면 무의미한 존재가 됩니다. 이것이 '디아'말미암아의 힘입니다.

유대교 신비주의 전통인 카발라Kabbalah에서는 침춤Tsimtsum, 곧 '축소' 또는 '비움'이라는 단어로 우주의 탄생을 설명합니다. 무한하고 충만하신 하나님이 자기를 비워침춤 무nothing 라는 빈 공간을 만들고, 그 안에 유한한 세계와 인간이 존재하도록 만듭니다. 창조에는 이처럼 스스로를 제한하고 희생하는 하나님의 사랑이 담겼습니다. 우주에 존재하는 모든 사물들에는 이런 하나님의 사랑의 흔적이 있습니다.

더 놀라운 것은 바로 이 창조주 하나님이 지구라는 별을 방문하셨고 인간이 되셨다는 사실입니다. 지구는 엄청나게 큽니다. 비행기로 한참을 가야 유럽이나 미국을 갈 수 있습니다. 그런데 태양은 이런 지구보다 109배나 더 큽니다. 태양계가 속해 있는 은하계의 크기는 지름이 10만 광년입니다. 빛의 속도로 10만 년을 달려야 도달하는 거리입니다. 우주에는 이런 은하계 같은 것이 1천7백 억 개나 있다고 합니다. 우리가 보는 별들은 대부분 이런 은하들입니다. 이런 무한한 우주를 만드신 분이 인간이 되셨다니요?

시편의 찬양입니다. "사람이 무엇이기에 주께서 그를 생각하시며 인자가 무엇이기에 주께서 그를 돌보시나이까"(시편 8:4) 우주에는 지구 외에 다른 많은 행성과 생명체가 존재합니다. 그런데 하나님은 지구를 특별하게 생각하셨습니다. 인간이 고귀한 이유는 우주에 있는 많은 생명체 중에 특별한 사랑을 받았기 때문입니다. 헤아릴 수 없는 수많은 별 중 지구가 가장 빛나고 있습니다. 창조주 하나님이 방문하셨기 때문입니다.

생명의 창조주

창조주 하나님이 인간이 되신 이유는 사랑 때문입니다. 사랑은 본질적으로 자기비움과 자기희생을 전제합니다. 본래적 생명을 잃어버린 인간들에게 새 생명을 주시기 위해 하나님은 인간이 되셨습니다. 창세기 2장에는 하나님이 인간을 만들 때의 모습이 잘 서술되어 있습니다. 하나님이 흙으로 사람을 지으셨습니다. "여호와 하나님이 땅의 흙으로 사람을 지으시고"(창세기 2:4) 그리고는 그 코에 생기를 불어 넣었습니다. 그러자 살아 있는 인간이 탄생했습니다.

창조 때에 하나님이 그 코에 생기를 불어 넣었다는 것은 단지 숨을 쉬도록 했다는 의미가 아닙니다. 짐승은 그렇게 하지 않았습니다. 이는 영적 생명을 상징합니다. 인간은 하나님과의 관계 아래 있을 때만 진정한 인간입니다. 로마 시스틴 성당의 천정화에는 미켈란젤로의 유명한 《천지창조》의 그림이 있습니다.

미켈란젤로,《아담의 창조》, 1511

거기 보면 나른한 표정의 아담이 한쪽 팔을 뻗고 있고, 그 맞은편에는 하나님이 손을 뻗으며 마치 우주선이 도킹하는 듯한 장면이 있습니다. 이 그림은 인간 존재가 무엇인지 잘 보여줍니다. 인간은 하나님과 관계할 때만 진정한 생명이 될 수 있습니다.

원래는 선함으로만 가득했던 인간은 타락으로 말미암아 그 마음을 잃거나 왜곡되고 부패하였습니다. 기독교는 인간은 태어날 때부터 악하다는 성악설에 가깝습니다. 가장 근본적인 문제는 생명의 근원이신 하나님과의 관계성이 끊어진 데 있습니다. 육체적인 죽음은 그 결과일 뿐입니다. 마치 뿌리에서 잘린 꽃과 같습니다. 영적인 죽음이 먼저이고 육체적인 부패와 죽음은 그 결과입니다. 예수님은 우리에게 이 영적 생명을 주시기 위해서 오셨습니다.

요한복음 20장 22절에서는 새생명을 주시는 예수님의 모습을 생생하게 그리고 있습니다. "이 말씀을 하시고 그들을 향하사 숨을 내쉬며 이르시되 성령을 받으라" 부활하신 예수님이 제자들에게 숨을 불어 넣으시며 성령을 받으라고 말씀하시는데 이는 창세기 2장의 인간 창조의 재현입니다. 하나님이 흙으로 만든 인간의 코에 생기를 불어 넣었던 것처럼 예수님은 제자들의 코에 성령을 불어 넣습니다. 성령은 생명의 영이요, 부활의 영입니다. 인간의 재창조요, 새창조입니다. 사도 바울은 이렇게 선언합니다. "그런즉 누구든지 그리스도 안에 있으면 새로운 피조물이라 이전 것은 지나갔으니 보라 새 것이 되었도다"(고린도후서 5:17) 그리스도는 생명의 창조주입니다.

창조론 vs 진화론

이에 반해 현대과학은 인간이 진화의 과정을 통해서 오늘날의 인간이 되었다고 합니다. 인간이 원숭이와 유사하던 시절도 있었다는 말입니다. 이는 하나님의 창조와 모순됩니까? 아닙니다. 하나님은 진화의 과정을 통해서 인간을 만드셨습니다. 하나님은 시간과 공간과 물질과 법칙을 이용하여 자신의 계획을 성취해가십니다. 자연법칙을 만드신 하나님이 그 법칙을 이용하여 인간을 만드는 것이 그 전능성에 위배되는 것일까요? 신학자 몰트만J. Moltmann은 그래서 '계속적 창조'라는 표현을 사용하기도 합니다. 창조는 진행형이고, 그것이 진화로 나타납니다. 진화는 여기서 멈추지 않고 우주가 그리스도의 형상으로 변화하기까지 그 '오메가 포인트'종말를 향하여 나아갈 것입니다. 빅뱅에서 별이 탄생하고, 거기에서 생명체가 출현하고, 의식이 있는 인간이 등장하기까지 하나님은 매우 오랜 시간 인내하셨습니다.

진화론을 거부하는 데는 인간이 원숭이와 비교당하는 것에 대한 불쾌감이 작용하는 듯합니다. 인간을 위대하게 만드는 것은 인간이 원숭이보다 더 탁월하기 때문이 아닙니다. 그렇다면 인간은 늘 긴장해야 합니다. 언제든 더 진화한 존재가 나타나면 인간은 원숭이 취급을 받아도 무방하기 때문입니다. 유발 하라리Yuval Noah Harari는 현대과학이 발전하면 AI와 생체공학이 결합된 어떤 초인적인 존재, 이를 '호모데우스'Homo Deus라 불렀는데, 곧 인간과는 다른 유의 진화적 존재의 탄생을 예견합니다. 또 어떤 뛰어난 외계인이 나타난다면 인간은 그것에 종속되어야 할 것입니다.

　아닙니다. 인간의 존엄성이나 위대성은 거기에 있지 않습니다. 바로 하나님의 선택과 사랑에 있습니다. 하나님이 선택하셨기 때문에 인간은 위대한 것이지 뛰어나서, 진화가 더 잘되어서 위대한 것이 아닙니다. 이는 마치 왕비가 된 창녀와 같습니다. 왕의 선택과 사랑이 왕비를 위대한 존재로 만드는 것이지 존재의 뛰어남이 그런 결과를 빚은 것이 아닙니다. 장애인이나 비장애인이나, 강자나 약자나 그들 모두가 존엄한 이유는 하나님이 선택하셨고 사랑하셨기 때문입니다. 인간은 하나님과의 관계가 끊어지는 순간 그 위대성을 잃고 적자생존의 나락으로 떨어집니다.

그 안에 생명이 있었으니

(1:4-5)

그 안에 생명이 있었으니
이 생명은 사람들의 빛이라

자연적 생명

시간이 흘러도 강렬한 인상으로 남는 것이 있습니다. 제가 젊었을 때 마음에 큰 상처를 받은 적이 있었습니다. 아픈 마음을 안고 택시를 탔는데 그때 흘러나오던 그 음악을 잊을 수 없습니다. 가수 조용필 씨의 〈생명〉이었습니다. "생명이여, 생명이여..." 하며 노래 중간에 파도 소리와 함께 심장이 뛰는 소리가 들리는데 마치 바다에서 생명이 탄생하는 듯했습니다. 마치 내 손에 펄떡펄떡 뛰는 심장을 들고 있는 듯했습니다. 생명이 그렇습니다. 이처럼 원시적이고 강렬합니다.

예수 그리스도가 바로 그 생명의 근원입니다. 요한이 보았던 예수 그리스도는 생명 자체입니다. 요한1서에서는 이렇게 노래합니다. "태초부터 있는 생명의 말씀에 관하여는 우리가 들은 바요 눈으로 본 바요 자세히 보고 우리의 손으로 만진 바라"(요한일서 1:1) 마치 심장을 손에 쥐듯 그 생명의 말씀을 보았고 들었고 손으로 만졌다고 말씀합니다.

생명은 소중합니다. 우주의 진화는 생명의 탄생을 향하여 달려왔습니다. 빅뱅이 시작이었다면 생명의 탄생은 그 목표입니다. 138억 년 전에 폭발한 우주는 뜨거웠습니다. 혼란스러웠습니다. 그것이 정리되는데 100억 년 넘는 세월이 흘렀습니다. 생명이 탄생할 수 있는 지구와 같은 여건의 행성이 지금으로부터 45억 년 전에 만들어졌습니다. 뜨거운 태양도 피할 수 있고 운석의 충돌도 피할 수 있으면서, 물도 있고 적당한 대기도 형성되어야 합니다. 30억 년에서 40억 년 사이에는 바다에 유기물들이 가득했는데 이를 '원시 수프'라 합니다. 이 수프에서 유전자들이 만들어집니다. 최초의 자기복제자들입니다.

이 수프에서는 여러 시행착오들이 이루어졌는데 그중에서 자기복제 능력이 있는 것만이 살아남았습니다. 그렇게 유전자들이 만들어지고 그 유전자들끼리 결합하면서 세포를 만들고 세포에서 거대 로봇과 같은 형태의 생명체들이 만들어집니다. 다윈은 그 힘을 자연선택이라 하였습니다. 환경에 잘 적응하는 것일수록 개체가 많아집니다. 세포막 안에서 유전자끼리 결합하는 것이 더 적응에 좋았습니다. 이러다 보니 점점 더 고도화됩니다. 광합성 유전자 같은 것은 오래전 원시 수프에서 만들어졌는데 식물이라는 거대 생명체에 포섭되어 살아가는 방식을 취했습니다. 이런 식으로 5억 년 전쯤에 생명체다운 것들이 나타나기 시작했고, 중생대 시대에는 공룡도 있었고, 현생 인류는 지금으로부터 약 20만 년 전쯤에 그 모습을 보였습니다. 참 놀라운 일입니다. 살아가기 위한 몸부림이 오늘날 인간과 같은 고도의 생명체를 탄생시켰습니다.

자연선택의 힘은 놀랍습니다. 오늘날 코로나 바이러스에서도 그 힘을 봅니다. 수많은 바이러스들이 있었지만 사라졌습니다. 그런데 코로나 이놈은 적당한 치사율과 빠른 전파력을 무기로 인간 생명을 위협합니다. 이 싸움의 끝에는 이놈이 완전 박멸되든지, 이에 대한 항체가 만들어지든지, 아니면 적당히 서로 공생하는 선에서 정리가 될 것입니다. 이것이 새로운 단계의 진화입니다. 적응하지 않으면 살 수 없습니다. 적응하는 것이 주류가 됩니다. 그 과정은 우연이고 치열했는데 뒤돌아보면 마치 한 방향을 향해 달려온 것 같습니다. 우리는 이것을 하나님의 섭리요 계획이라 부릅니다. 자연선택은 물리법칙처럼 하나님이 생명체를 창조하시는 데 사용하는 주된 방식입니다.

자연선택의 힘은 사회적으로도 나타납니다. 우리의 의식이란 것도 죽기도 하고 살아남기도 합니다. 포용성이 있고 변화를 하면 삽니다. 그러나 딱딱하게 굳어 있으면 죽습니다. 생명은 딱딱하지 않습니다. 나이가 들면 몸에서 수분이 빠집니다. 20-30대는 체내 수분량이 70%대인데 60대가 되면 50%대로 떨어집니다. 죽으면 굳습니다. 강직됐다고 합니다. 마지막 입관식을 하기 전에 시신의 몸을 만져보면 차갑고 딱딱합니다. 수용성이 '제로'인 상태가 죽음입니다.

정치 조직이나 사회조직도 마찬가지입니다. 변화하지 않으면 죽습니다. 환경이 바뀌면 우리 의식도 맞추어 바뀌어야 합니다. 낡은 반공주의나 친일친미 사대주의나 개발도상국 의식을 바꾸지 않으면 민족은 도태됩니다. 국민의 뜻이라는 것은 곧 하나님의 뜻입니다. 하나님이 백성의 마음을 움직여 그 뜻을 보여주십니다. 그 뜻에 순종하는 자가 살아남습니다.

생명에 대한 경외

생명의 탄생 과정에는 돌연변이가 중요합니다. 돌연변이는 미래를 위한 저축이나 보험과 같습니다. 저는 대학에서 미생물학을 전공했습니다. 그런데 지금도 잊히지 않는 전공 실험이 하나 있습니다. 박테리아에 자외선을 쬐어 돌연변이를 검증하는 실험이었습니다. 박테리아는 자외선을 비추면 대부분 죽습니다. 그런데 거기서 살아남는 종이 있습니다. 실험의 목적은 이 종들이 자외선 때문에 돌연변이를 일으킨 것인지 아니면 원래부터 자외선에 강한 종이 었는지에 대한 테스트였습니다. 결과는 놀랍게도 원래 자외선에 강한 종이 있고 이 종이 열악한 환경에서 살아남는다는 것이었습니다. 자외선에 강한 종, 그것이 정상에 반하는 돌연변이인데, 유사시에는 이 돌연변이가 그 종의 생명을 이어갑니다. 그런 점에서 우리 사회에 존재하는 괴짜들, 소수자들, 소위 비정상성은 보호를 받아야 합니다. 이들은 미래의 위기를 대비하기 위한 예비군들입니다. 사회가 다양해야 그만큼 적응력이 높아집니다. 이렇게 탄생한 생명 하나하나는 소중합니다. 하나님이 오랜 시간 도자기를 굽고 작품을 만들 듯이 그렇게 만드셨습니다. 수십억 년의 세월에서 살아남은 것들입니다. 그런 점에서 슈바이처A. Schweitzer의 '생명에 대한 경외' 사상은 우리가 귀 기울여 들어야 합니다.

슈바이처는 인간에 대해서 "나는 살려는 의지를 가진 생명체들 가운데 사는 동일한 생명체"라고 정의합니다. 산다는 것, 생명을 살리고자 하는 의지는 신성하며 경외심을 가져야 할 가치입니다. 슈바이처는 "생명 경외의 윤리는 우주적으로 확대된 사랑의 윤리이다... 식물이나 동물 또한 인간과 동일한 생명체로서 신성하게 대하며, 도움이 필요한 뭇 생명을 돕기 위해 헌신할 때 인간은 비로소 윤리적이라 할 수 있다."고 하였습니다. 어떤 사상이나 종교든 생명존중에 근거하지 않으면 참되다 할 수 없습니다.

슈바이처는 어린 시절부터 남달랐습니다. 그의 어머니는 매일 밤 그를 위해 기도했는데, 어린 슈바이처는 이런 기도를 받지 못하는 인간 아닌 다른 생명체들이 불쌍해 보였다고 합니다. 그래서 그는 "숨 쉬고 있는 모든 것"을 축복하고 지켜달라는 기도를 따로 드렸다고 합니다. 슈바이처가 밤에 촛불을 켜고 책을 읽다가 날벌레들이 불에 타죽는 것을 보고는 독서를 그만두고 불을 껐다는 일화도 있습니다.

슈바이처의 생명에 대한 외경은 지나칠 정도였는데 그는 수면병 치료제가 개발된 것을 기뻐하면서도, 이 때문에 죽임을 당하는 수면병 균을 안타까워했다고 합니다. 대단한 생명 사랑입니다. 살아 있는 모든 생명체에 대한 존중입니다. 사실 그러할 때 인간 생명 또한 존중받을 수 있습니다. 생명을 경외하고 사랑하는 자는 장애나 약자나 소수자라는 이유로 타인의 생명을 차별하거나, 자신의 욕망을 위해 자연의 생명을 착취하지 않을 것입니다.

생명의 하나님

예수님은 우리에게 이 생명을 주신 창조주입니다. 죽거나 활력을 잃어버린 생명들에게 다시 생명력을 불어넣기 위해서 이 땅에 오신 구원자입니다. 그래서 예수님의 이름이 생명입니다. "나는 부활이요 생명이니"(11:25) "내가 곧 길이요 진리요 생명이니"(14:6) "내가 너희에게 이른 말은 영이요 생명이라"(6:63) 일차적으로 생명은 자연적 생명을 의미합니다. 그래서 생명은 건강입니다. 생명은 활동력입니다. 생명은 장수입니다. 우리가 하나님의 말씀을 먹고 예수 그리스도를 믿는다는 것은 마치 보약을 먹는 것과 같습니다.

초대교회 이래 중세의 교회가 그랬습니다. 이는 성만찬 예식에서 잘 나타났습니다. 빵이 그리스도의 몸이 된다는 화체설은 일찍부터 있었습니다. 1세기 말과 2세기 초의 대표적인 교부라 할 수 있는 안디옥의 이그나티우스는 "축사된 빵은 불멸을 주는 약이자 영적 죽음의 해독제"라 하였습니다. 성만찬의 빵과 포도주를 먹으면 몸과 영혼에 영생과 건강을 가져다주는 마치 불사의 약처럼 생각했던 것입니다. 그래서 이 신비스런 의식은 아무나 참여할 수 없었습니다. 일반인들도 참여하는 말씀의 예배가 끝나면 모두가 퇴장을 하고, 세례를 받고 성결한 생활을 한 사람만이 2부의 성만찬 예식에 참여할 수 있었습니다. 성만찬의 빵에 대한 믿음은 너무도 커서 사람들은 이 빵을 집으로 가져다가 매일 아침 약을 복용하듯이 먹기도 하였습니다. 그날 건강상의 이유나 여러 가지 사정으로 예배에 참석하지 못한 신도들을 그 집까지 찾아가서 성만찬의 빵을 나누기도 했습니다. 이것이 심방의 기원이 되었습니다.

성만찬의 빵은 영원한 구원을 가져다줄 뿐만 아니라 강건함과 치유의 기적도 줍니다. 인간은 영적인 존재입니다. 서로 사랑하면 부부가 닮습니다. 물리적으로는 불가능한데 그런 일이 일어납니다. 마음이 젊으면 몸도 건강해집니다. 꿈이 있거나 열정이 있으면 우리 얼굴에서 빛이 납니다. 테레사 효과라는 것도 있습니다. 남의 도움을 받는 것보다 남을 돕는 사람이 그 안에 면역력이 활성화되어 더 장수합니다. 하물며 생명의 근원이신 하나님을 가까이 모시고 생명 자체를 마음에 품고 있는 자는 건강하고 장수할 가능성이 높습니다. 영혼과 몸은 하나입니다. 서로 영향을 미칩니다.

우리 주님이 오신 이유는 "양으로 생명을 얻게 하고 더 풍성히 얻게"(10:10) 하기 위해서입니다. 이 풍성한 생명에는 우리의 육체적 건강도 포함됩니다. 인간은 몸과 영혼이 함께 하는 전인적 존재이지 몸 따로 영혼 따로가 아닙니다. 주님은 우리 영혼만 사랑하고 몸은 사랑하지 않는 그런 분이 아닙니다. 사람이 빵으로만 살 수 없듯이, 또한 말씀만으로도 살 수 없습니다.

영적 생명

육체적 생명은 육의 양식만 먹는다고 하여 풍요로워지는 것은 아닙니다. 오히려 영적 생명에 충실할 때 육체적 생명 또한 빛을 발합니다. 현대철학은 인간 생명의 본질을 주체적 의식에서 찾았습니다. "나는 생각한다 그러므로 나는 존재한다." 이 의식이 먹는 양식이 바로 하나님의 말씀입니다. "살리는 것은 영이니 육은 무익하니라 내가 너희에게 이른 말은 영이요 생명이라"(6:63) 주님의 말씀을 먹어야 우리는 삽니다. 하나님 말씀이 중심에 자리 잡을 때 우리 의식은 바르고, 견고하고, 열정적이고, 진정으로 주체적이 될 수 있습니다.

근현대 인간의 역사는 마치 탕자처럼 아버지 집을 떠나는 여정이었습니다. 그러면 자유롭고 행복할 거라 생각했습니다. 신의 말씀으로부터 벗어나면 더 풍요로울 것이라 생각했습니다. 그러나 오히려 돼지보다 못한 인생이 되었습니다. 신이 떠난 자리에 맘몬이, 탐욕이, 이념이, 폭력이, 망상이 자리 잡았습니다. "내 아버지에게는 양식이 풍족한 품꾼이 얼마나 많은가 나는 여기서 주려죽는구나"(누가복음 15:17) 이 고백은 1차, 2차 세계대전의 폐허를 지나서, 자본주의의 무한 경쟁과 탐욕의 늪을 헤치며, 기후변화로 인한 생태 위기의 한복판을 통과하며 내뱉는 탕자들의 탄식입니다.

우리 영혼이 아버지의 집에 거할 때만이 우리 생명은 풍성하고 참된 안식을 누릴 수 있습니다. 우리 영혼이 말씀으로 부요할 때 육체적 생명 또한 건강하고 조화롭습니다.

빛을 이기지 못하더라

(1:4-5)

그 빛이 어둠 속에서 비치니
어둠이 그 빛을 이기지 못하였다

생명의 빛

예수님은 빛입니다. "그 생명은 모든 사람의 빛이었다" 창조주이신 예수님은 만물을 이 빛으로 만드셨습니다. 만물의 본질은 빛, 곧 에너지입니다. 이는 아인슈타인의 너무도 유명한 공식으로 증명되었습니다. $E=mc^2$, 곧 에너지는 질량 × 빛의 속도의 제곱입니다. 이 공식의 위력이 증명된 것이 원자폭탄입니다. 질량의 결손이 일어나고 이것이 에너지로 변할 때의 그 위력은 상상을 초월할 정도입니다. 물질이 풀어져 빛이 되고, 빛이 응집하여 물질이 됩니다.

빛의 근원성은 그 절대 속도에서도 드러납니다. 빛의 속도는 초속 30만 km입니다. 1초에 지구를 일곱 바퀴 반을 돌 수 있는 엄청난 속도입니다. 그런데 빛의 속도는 물리학에서 상수입니다. 어떤 우주선이 빛의 속도에 가깝게 간다 한들 변하는 것은 시간과 공간이지 빛의 속도는 느려지거나 빨라지지 않습니다. 빛이 우주만물의 근원이고, 빛은 생명의 출현을 향하여 달려왔습니다. 그래서 생명의 빛입니다. 생명을 살리는 빛이고, 빛이 곧 생명입니다.

요한복음에서 빛과 생명은 동일한 의미군에 속합니다. 우리 영혼은 생명이지만 또한 빛으로 표현됩니다. 빛이 꺼진 것이 죽음입니다. 이는 스토아 철학으로 설명하는 것이 더 나을 것 같습니다. 말씀을 나타내는 헬라어 단어인 로고스는 우주의 이성이나 질서를 뜻합니다. 인간의 영혼은 바로 이 로고스의 파편입니다. 마치 등불처럼 세계 곳곳에 인간의 영혼이 빛나고 있습니다. 영혼은 로고스로부터 왔기에 이성적이고 신을 그리워합니다. 그런데 이 영혼이 몸을 입고 이 땅에 살면서 물질성과 욕심에 갇혀 자기 존재의 근원을 잃어버렸습니다. 희미해졌거나 꺼져버렸습니다. 이것이 죽음입니다. 육신의 죽음과 대비되는 영적 죽음입니다. 요한복음은 이 영적 죽음을 더 심각하게 봅니다. 빛이신 예수님은 바로 우리의 꺼진 이 빛의 스위치를 다시 켜시려고 오셨습니다.

꺼진 빛을 어떻게 다시 살릴 수 있는가? 이것은 지식, 곧 깨달음을 통해서 가능합니다. 요한복음 17장 3절의 말씀입니다. "영생은 곧 유일하신 참 하나님과 그가 보내신 자 예수 그리스도를 아는 것이니이다" 예수님을 아는 지식이 영생을 가져다줍니다. 이는 불교의 각覺히다, 곧 깨닫다는 단어와 같은 무게입니다. '문득', '별안간'이라는 단어를 사용할 수도 있습니다. 다만 동양 종교에서는 깨닫는 것이 '사물의 이치'이지만, 기독교는 '예수 그리스도'라는 인격이라는 점에서 다릅니다. 진리는 살아 있고 꿈틀거리는 인격체입니다.

빛을 보는 사람

인간의 형편은 플라톤의 '동굴 우화'가 잘 보여줍니다. 사람들이 동굴에 갇혀 묶인 채 벽면만을 바라보고 있습니다. 그들이 보고 있는 것은 벽면에 비친 그림자입니다. 그들은 그 그림자가 실체라 생각하며 살고 있습니다. 그런데 그중 한 사람이 어느 날 속박에서 풀려나 입구 쪽을 돌아보게 되었습니다. 빛이 환하게 비칩니다. 동굴 밖으로 나가니 빛이 너무 부셔 볼 수가 없습니다. 차츰 적응하니 살아 있는 진짜 세계가 보입니다. 이것이 깨달음입니다. 이 사람이 다시 동굴로 돌아와서 벽면의 그림자에 묶인 인간들을 계몽합니다. 이것이 예수 그리스도께서 하셨던 일이고 바로 선교입니다. "이것은 그림자일 뿐이요 실상이 아니다. 진짜 세계는 밖에 있다." 그렇지만 아무도 믿으려 하지 않습니다. 오히려 이들은 미쳤다고 하며 그를 죽이려 합니다. 이것이 철학자들이 당했던 운명이고 바로 예수 그리스도를 십자가에 못 박은 이유입니다. 사람들은 그림자가 진실인 줄 알고 여전히 다투고, 더 가지지 못해 안달입니다.

그런 점에서 우리는 맹인과 같습니다. 요한복음 9장에서 앞을 못보는 맹인을 향하여 예수님이 말씀합니다. "내가 세상에 있는 동안에는 세상의 빛이로라"(9:5) 맹인은 예수님을 만나 눈을 뜹니다. 바로 우리가 구원을 얻는 과정입니다. 어둠에 갇혀 있었는데 비로소 빛을 보게 된 것입니다. 그런데 여전히 바리새인들은 자신들이 맹인임을 모릅니다. "예수께서 이르시되 내가 심판하러 이 세상에 왔으니 보지 못하는 자들은 보게 하고 보는 자들은 맹인이 되게 하려 함이라"(9:39) 이들은 영적 맹인입니다. 무지와 탐욕과 고집이 이들의 눈을 멀게 만들어버렸습니다.

우리는 날마다 예수님을 만나야 합니다. 그래야 우리 안에 있는 빛이 꺼지지 않습니다. 살아계신 예수님이 아니라 죽은 예수를 붙잡고 있으면 바리새인들처럼 맹인이 됩니다. 죽은 예수가 무엇입니까? 낡은 교리로 묶인 예수입니다. 인습이나 전통으로 덮어씌운 예수입니다. 우리들의 편견이나 고집은 너무도 강하여 어느새 예수를 우상의 예수로 바꾸어버렸습니다. 매일 새롭지 않은 예수는 죽은 예수입니다. 우리는 말씀을 통해 예수님을 만날 때마다 마치 처음 대하는 사람처럼 깜짝 놀라야 합니다. 예수는 살아 있고 늘 말씀하시는데 어찌 놀라지 않을 수 있습니까?

어둠이 이기지 못하더라

빛의 반대편에 어둠이 있습니다. 5절을 "빛이 어둠에 비치되 어둠이 깨닫지 못하더라"고 번역하지만 새번역은 달리 번역합니다. "그 빛이 어둠 속에서 비치니 어둠이 그 빛을 이기지 못하였다" 깨닫지 못했다는 것은 번역이 좀 밋밋합니다. 반면에 이기지 못했다는 것은 그 안에 세력 관계가 있고, 투쟁이 있습니다. 깨닫는 과정은 투쟁입니다. 버티고 있는 어둠을 쫓아내야 합니다.

창세기 1장의 창조기사는 빛의 창조로 시작되었습니다. "땅이 혼돈하고 공허하며 흑암이 깊음 위에 있고... 하나님이 이르시되 빛이 있으라 하시니 빛이 있었고"(창세기 1:2-3) 빛이 출현하자 어둠이 달아났습니다. 혼돈의 물을 궁창 위와 아래로, 바다와 육지로 구분하여 질서를 잡습니다. 이에 대한 시편의 표현입니다. "주께서 꾸짖으시니 물은 도망하며 주의 우렛소리로 말미암아 빨리 가며"(시편104:7) 혼돈의 물이, 어둠이 줄행랑을 칩니다.

윤동주 시인의 〈별똥 떨어진 데〉의 한 구절 같습니다. "이제 닭이 홰를 치면서 맵짠 울음을 뽑아 밤을 쫓고 어둠을 짓내몰아 동켠으로 훤언히 새벽이라는 손님을 불러온다 하자." 닭 울음소리에 어둠이 달아납니다. 닭 울음소리에 새벽이 열립니다.

어둠의 힘을 환한 빛 가운데 살아가는 도시인들은 잘 느끼지 못합니다. 달이 뜨지 않는 음력 초하루에 시골길을 한 번 걸어보십시오. 정말 한 치 앞도 보이지 않습니다. 그것을 칠흑漆黑같다고 표현합니다. 옻나무 칠은 단순한 검은 색이 아니라 짙은 어둠입니다.

어둠을 물리치는 데는 많은 것이 필요치 않습니다. 작은 촛불하나면 됩니다. 어느 스승이 제자들에게 엽전 한 닢을 주면서 이렇게 말했습니다. "이 동전 하나로 온 방 안을 가득 채울 수 있는 물건을 사올 수 있겠느냐?" 제자들은 어떻게 그런 물건이 있을까 하며 서로 수군거리기만 하였습니다. 그때 한 제자가 "제가 사오겠습니다." 하고는 엽전 한 닢을 가지고 나갔습니다. 곧 돌아온 제자의 손에는 양초 한 자루가 쥐어져 있었습니다. 불을 붙여 양초를 피우자 온 방 안이 빛으로 가득 찼습니다. 촛불을 켜는 순간 어둠이 문틈으로, 벽틈으로 달아났습니다.

이것이 빛이 가진 힘이고, 진실이 가진 위력입니다. 촛불시위는 이런 믿음이 들어간 약간은 신비적 운동이었다 할 것입니다. 총이나 위력 대신 진실이나 정의라는 촛불의 힘을 믿었습니다. 빛이 어둠을 몰아내었습니다. 어둠은 더 이상 주인이 아닙니다. 빛이 없는 곳이 어둠입니다. 한 사람, 한 사람의 의로운 행동이 빛입니다. 예전에 필리핀에서 공정선거감시단 운동의 구호가 "어둠을 탓하기보다 한 자루의 촛불을 들자."였습니다. 한 자루 한 자루 촛불이 모여 거대한 횃불을 이루고 역사를 바꿉니다.

주님은 우리를 세상을 비추는 빛으로, 등불로 부르셨습니다. "너희는 세상의 빛이라 산 위에 있는 동네가 숨기우지 못할 것이요"(마태복음 5:14) 주님도 참 대단합니다. 어떻게 갈릴리 어부들을 모아놓고 너희들이 세상의 빛이요 어두운 방을 밝히는 등불이라고 말할 수 있습니까? 주님은 구약시대에도 그러셨습니다. 이스라엘이 빛이었습니다. 주님은 바벨론의 포로 된 백성들을 향하여 너희가 세상 곳곳을 비추는 빛이라 하였습니다. "내가 또 너로 이방의 빛을 삼아 나의 구원을 베풀어서 땅끝까지 이르게 하리라"(이사야 49:6)

이스라엘이 강해서 위대한 빛인가? 아닙니다. 그들은 변방의 작은 국가에 지나지 않았습니다. 포로가 되어서 곳곳에 흩어진 패망한 백성들에 불과합니다. 그러나 그들의 손에는 하나님의 말씀인 율법이 들려 있었습니다. 말씀이 빛이었습니다. "주의 말씀은 내 발에 등이요 내 길에 빛이니이다"(시편 119:105) 말씀이 이스라엘을 빛나게 만들었습니다.

우리는 달빛과 같은 존재입니다. 달은 스스로 빛을 내지 않습니다. 우리는 예수 그리스도라는 태양 빛을 반사해서 비출 뿐입니다. 달이 가장 밝은 빛을 낼 때는 보름달일 때입니다. 보름달은 정면으로 태양을 마주 볼 때 만들어집니다. 예수님을 온전히 바라보고 내 안에 모실 때 우리는 가장 밝은 빛을 발합니다. 그 사이에 무지와 탐욕이라는 구름이 끼고, 근심과 염려라는 비가 내리면 달은 더 이상 빛을 발할 수 없습니다. 우리는 세상의 빛입니다.

그는 빛이 아니요

(1:6-8)

그는 이 빛이 아니요
이 빛에 대하여 증거하러 온 자라

참 빛과 유사 빛

세례 요한은 예수를 증거하기 위해 왔습니다. 그러나 세례 요한은 빛이 아니요 빛이신 예수님을 증거하는 자일 뿐입니다. 우리를 현혹하게 하는 것은 어둠이 아닙니다. 어둠은 그 정체가 분명하고 선한 자는 아무도 이를 지지하지 않습니다. 우리를 혼란스럽게 하는 것은 유사 빛입니다. 참 빛이 아니라 빛처럼 보이는 것입니다. 최선의 적은 최악이 아니라 차선입니다. 우리는 최선과 차선 사이에서 고민하지 최선과 최악 사이에서 고민하지 않습니다.

세례 요한은 위대한 인물이었습니다. 예수님도 "여자가 낳은 자 중에 세례 요한보다 큰 이가 일어남이 없도다"(마태복음 11:11)라고 인정할 정도입니다. 세례 요한의 운동은 세계적이었습니다. 요단강에서 회개하고 세례를 받으면 죄사함을 받는다는 이 운동에 전 세계 디아스포라 유대인들이 몰려들었습니다. 사도행전에서는 요한의 세례만 알았던 사람들이 에베소에 있었다고 하고, 알렉산드리아 출신인 아볼로 또한 그러했습니다. 세례 요한은 예수님의 친척이었고, 세례 요한의 제자들이 대거 예수 운동에 참여했을 가능성이 높습니다. 그들에게 요한은 빛과 같은 존재였습니다. "요한은 켜서 비추이는 등불이라 너희가 한때 그 빛에 즐거이 있기를 원하였거니와"(5:35)

그러나 요한은 빛이 아닙니다. 그는 증언자일 뿐입니다. 문제는 사람들의 인식입니다. 요한은 광야에서 외치는 소리에 불과했지만 그를 마치 메시야처럼 생각했습니다. 손가락으로 달을 가리키는데 달을 보지 않고 손가락에 주목하는 형국입니다. 진리의 길에서는 이런 일이 많습니다. 주변에 매여 본질을 보지 못합니다.

예수를 만나면 예수를 죽여라

선불교는 파격적인 행동과 말을 통하여 인간들의 완고한 눈을 열고 깨달음을 얻게 하는 것으로 유명합니다. 구지 화상과 그 동자 이야기입니다. 구지 화상은 언제나 질문을 받으면 손가락 하나를 들곤 하였습니다. 그러면 이상하게도 사람들이 깨달음이나 답을 얻고는 돌아갔습니다. 이 모습을 지켜보던 동자 하나가 스승이 없을 때 사람들이 찾아오자 똑같이 손가락 하나를 드는 흉내를 내었습니다. 구지 화상이 이 모습을 보고는 그 동자가 손가락을 든 순간 그 손가락을 잘라버렸습니다.

동자가 울면서 "왜 그러십니까 스승님을 따라한 것 뿐인데." 하며 항의했습니다. 그때 구지 화상이 손가락 하나를 들어 보였습니다. 그 순간 동자가 깨달음을 얻었습니다. 답은 손가락 끝에 달린 것이 아닙니다. 손가락에 매이면 진정한 진리를 발견하지 못합니다. 방해가 되면 잘라버려야 합니다.

배를 타고 강을 건넜으면 배를 버려야 합니다. 아깝다고 지고 갈 수는 없습니다. 우리가 살면서 얻는 타이틀이나 자리는 행복이나 사명을 성취하기 위한 수단일 뿐입니다. 그런데 여기에 취해버립니다. 마치 그 타이틀이 목적인 것처럼 됩니다. 왜 목사를 하고, 대학 총장을 하고, 의사를 하고, 대통령을 합니까? 그 꿈을 통해서 우리가 이루려고 했던 것을 보아야 합니다.

바울은 유사 빛에 취하지 않은 사람이었습니다. "무엇이든지 내게 유익하던 것을 내가 그리스도를 위하여 다 해로 여길뿐더러 또한 모든 것을 해로 여김은 내 주 그리스도 예수를 아는 지식이 가장 고상하기 때문이라 내가 그를 위하여 모든 것을 잃어버리고 배설물로 여김은 그리스도를 얻고 그 안에서 발견되려 함이니"(빌립보서 3:7-9) 우리는 성경이라는 도구를 통하여 하나님을 만납니다. 이것이 목적입니다. 그런데 성경이라는 문자에 매인 사람들이 많습니다. 매이면 참 빛을 볼 수 없습니다.

선불교에 임세 선사가 있는데 이분은 도끼를 들고 부처상이 있으면 그 목을 쳤다고 합니다. 임제 선사는 다음과 같이 말했습니다. "부처를 만나면 부처를 죽여라, 조사祖師의 스승를 만나면 조사를 죽여라." 교리나 편견이 진리에 이르는 길을 방해할 때가 있습니다. 위대한 스승이나 교리가 한때는 우리를 진리에 이르게 하였습니다. 그러나 시간이 흐르고 매이다 보면 이제는 이 손가락 때문에 진리를 보지 못합니다. 그 손가락을 잘라야 합니다. 가짜 예수, 우상 예수, 교리에 갇힌 예수를 죽여야 진짜 살아 있는 예수를 만날 수 있습니다.

율법이 그랬습니다. 율법이 처음에는 하나님의 길로 인도하는 수단이었습니다. 그러나 시간이 흐르니 단단해지고 인간의 이해로 얽힌 방해물이 되었습니다. 예수가 그 틀을 깼습니다. 이제 기독교가 그렇게 굳어지고 있습니다. 죽은 예수는 우상의 예수요 교리의 예수입니다. 그것은 더 이상 빛이 아닙니다. 거짓된 것은 표가 납니다. 폭력적이고 권위적이고 배타적이며 분열적이고 미련해졌다면 한번 자기가 붙잡고 있는 것이 무엇인지 살펴보십시오.

내 발을 믿을 수 없다

참 빛은 현실을 비춥니다. 생각이나 집착은 실제가 아닙니다. 사람이 완고해진다는 것은 살아 있는 실상을 보지 못하고 죽은 것, 그림자 같은 것에 매이는 것을 말합니다. 중국의 『한비자』에 나온 에피소드입니다. 정나라에 '차치리'라는 사람이 있었습니다. 그 시대에는 '탁'度이란 것이 있었는데 신발 제작을 위해 자기의 발을 미리 본떠 놓은 것입니다. 차치리가 시장을 가는데 그만 이 탁을 가지고 가는 것을 깜박했습니다. 신발을 고르다 그 생각이 나서 탁을 가지러 집에 갔다 오니 장이 파하여 신발을 살 수 없게 되었습니다.

그 이야기를 듣고는 사람들이 말했습니다. "직접 신어보면 되었을 것을 왜 그러지 않았소?" 그러자 차치리가 이렇게 답했다고 합니다. "탁은 믿을 수 있지만 나는 믿을 수가 없어서요." 실제는 놓치고 그림자를 붙잡고 있습니다. 탁이라는 유사 빛에 익숙해져 진짜 빛인 발을 보지 못합니다. 언어나 생각은 현실을 설명하는 도구일 뿐인데 우리는 현실보다 생각에 매입니다.

이런 일은 과학에서도 일어납니다. 우리가 알고 있는 법칙이라는 것들은 실은 모델입니다. 아무도 원자나 분자를 눈으로 직접 본 사람은 없습니다. 원자나 분자 모델이 있고 이것이 그 특성을 가장 잘 설명하니 우리는 그런 방식으로 이해합니다. 수식으로 표현된 만유인력 법칙이나 에너지 법칙도 마찬가지입니다. 그런데 어느 순간 이 모델이나 법칙으로 설명이 되지 않는 현상이 일어납니다. 그러면 이 모델을 폐기하고 잘 설명할 수 있는 다른 모델을 만들어야 합니다. 순수하고 합리적이라는 과학 분야에서도 이런 변환은 쉽지 않습니다. 토마스 쿤의 패러다임『과학혁명의 구조』이라는 단어가 이 때문에 나왔습니다. 정상과학과 새로운 이상과학이 마치 정치변혁하듯 싸우다 순식간에 패러다임 전환이 일어나 이상과학이 정상과학의 자리를 차지합니다.

인간은 자신에게 익숙한 틀을 바꾸기 쉽지 않습니다. 이제는 낡고 오류가 많은데 여전히 그것을 붙잡고 있습니다. 한때는 빛이었지만 지금은 빛이 아닙니다. 그때는 맞았지만 지금은 틀립니다. 현실은 변하는데 이럴 리가 없어 하며 버티다가는 도태됩니다. 과거의 예수가 아니라 오늘의 예수를 우리는 먹어야 합니다. 추억의 빵은 우리를 배부르게 하지 못합니다.

나는 빛이 아니다

세례 요한의 위대함은 자신이 선구자였지만 자신은 빛이 아님을 인정했다는 점입니다. 메시야가 오실 길을 예비하는 것이 자신의 역할임을 잘 알았습니다. 자신은 손가락 역할을 하는 것에 만족하였습니다. 사람들은 조그만 권력이나 인정이 주어지면 마치 주인이 된 듯 행세합니다. 한국에는 자칭 예수들이 얼마나 많은지 모릅니다. 당회장 급 목사들의 행태는 가관입니다. 어느 TV 방송에서 흘러나오는 "우리 당회장님 가십니다."라는 소리는 마치 기업총수나 대통령의 행차 같습니다.

이런 유머가 있습니다. 예수님이 천국의 보좌에 앉았는데 한 집사가 천국에 왔습니다. 예수님이 버선발로 달려 나가 그 집사를 맞았습니다. 이번에는 장로가 왔습니다. 예수님이 자리에 그대로 앉은 채, "왔냐?" 그러더랍니다. 그런데 목사 하나가 오자 예수님이 긴장을 하고는 보좌를 꽉 틀어쥐었습니다. 왜 그러시냐고 물으니, 예수님이 "저놈은 언제든지 내 자리를 꿰차고 앉을 놈이다."라고 했다고 합니다. 머슴이 주인 노릇 해서는 안 됩니다.

우리는 빛이 아니요 빛을 증거하는 자들입니다. 세례 요한은 빛이 아닙니다. "그가 증언하러 왔으니", "곧 빛에 대하여 증언하고"(7) "그는 이 빛이 아니요 이 빛에 대하여 증언하러 온 자라"(8) 사도 바울 또한 자신이 왕이 되려 하지 않았습니다. "예수 그리스도의 종 바울은 사도로 부르심을 받아"(로마서 1:1) 그는 종이지 주인이 아닙니다.

종교개혁자 루터가 죽기 이틀 전 마지막으로 남겼던 글입니다. "이 신성한 아이네이스Aeneis가 되려 하지 말고 오히려 깊이 무릎 꿇고 그들의 족적 앞에 경배하라. 우리는 거지다. 그것은 사실이다." 인간은 거지입니다. 이 겸손함이 루터를 끝까지 예수 그리스도만 바라보게 하였습니다. 칼빈은 자신을 빛처럼 추앙할까 두려워 공동묘지에 묻혔고 비석도 세우지 못하게 하였습니다. 우리는 그리스도를 가리키는 손가락일 뿐입니다.

하나님 자녀의 권세

(1:9-13)

영접하는 자 곧 그 이름을 믿는 자들에게는
하나님의 자녀가 되는 권세를 주셨으니

참 빛

빛은 빛인데 진짜 빛도 있고 가짜 빛도 있습니다. 스스로 빛
인 것처럼 행세하거나, 사람들이 빛으로 착각하기 쉬운 유사 빛들
이 많기 때문입니다. 그러다 보니 빛 앞에 '참'이라는 단어를 붙여
야 합니다. 어느 동네든 마산아구찜이 유명합니다. 그런데 간판들
이 재미있습니다. '마산아구찜' 옆에는 '원조 마산아구찜' 집이 있
고 그 옆에는 참 진眞자를 단 '眞원조 마산아구찜' 가게가 있습니다.
진짜 원조는 좀 억울할 것 같습니다. 안흥 찐빵도 유명합니다. 너무
유명해서 면 단위 마을 전체가 안흥 찐빵 간판을 걸고 장사를 합니
다. 사람들에게 묻고 인터넷을 검색해야 면사무소 앞에 있는 진짜
원조집을 찾을 수 있습니다. 진리 앞에도 '참'이란 단어를 써야 구
분이 되는 것이 우리의 현실입니다. 광산에서 금을 찾듯 진리를 찾

아 나서야 합니다. 빛나고 있다고 모두가 다 금은 아닙니다.

요한이 이렇게 '참' 빛을 강조하는 데는 진짜 빛을 알아보지 못하는 세상을 향한 안타까움이 담겨 있습니다. "빛이 어둠에 비치되 어둠이 깨닫지 못하더라"(5) "그가 세상에 계셨으며 세상은 그로 말미암아 지은 바 되었으되 세상이 그를 알지 못하였고"(10) "자기 땅에 오매 자기 백성이 영접하지 아니하였고"(11) '자기 것'이라는 단어가 연거푸 사용됩니다. 자기 것, 자기 땅, 자기 백성. 사실 자기 것이기 때문에 애정도, 미움도, 희생도 가능합니다. 구약에서는 여호와 하나님이 이스라엘을 향하여 끊임없이 반복하는 말씀이 너는 내 것이다, 내 백성이다, 나는 너만 안다 입니다. 그래서 기대도 많고, 때로는 더 가혹하게 대하고, 실망도 하지만 그렇다고 포기하지도 않습니다.

문제는 사람들이 자기 생명의 근원을 알지 못하고, 자기 생명을 살리는 참 진리를 인식하지 못한다는 데 있습니다. 우리 인생이라는 밭에 이 보화가 감추어져 있습니다. 그래서 요한복음에서는 이 '알다'라는 단어가 매우 중요합니다. 진리를 포착하는 것은 이 '앎'이라는 지식의 행위를 통해서입니다. 모르면 놓치는 것이고 알면 얻는 것입니다. 이것이 내 머리나 내 의지로만 결정되지 않는 것은 인간은 자신의 편견이나 고집으로 인해 제대로 판단하지 못하기 때문입니다. '우리 마음의 눈을 열어서 진리를 보게 하옵소서.' 진리의 길을 찾는 우리들의 반복적인 기도입니다.

달리 영접하다는 표현을 사용하기도 합니다. 앎이 지각과 관련된다면 영접은 그 진리를 온몸으로 받아들이는 행동입니다. '예수를 안다.' '예수를 믿는다.' '예수를 영접한다.'는 모두 같은 말입니다. "영접하는 자 곧 그 이름을 믿는 자들에게는..."(12) 지식과 행동이 분리된 현대인들에게는 이 둘은 서로 다른 개념처럼 들립니다. 머리에서 심장까지의 거리가 멀고, 심장에서 손과 발까지의 거리는 더 멉니다. 지식은 넘치는데 머리를 벗어나지 못합니다.

하나님의 자녀

영접하는 자에게는 놀라운 일이 벌어집니다. 하나님의 자녀됨의 권세가 주어집니다. 하나님의 자녀가 되는 것 자체가 권세입니다. 신의 자녀입니다. 인간이 신의 아들딸이 됩니다. 놀랍지 않습니까? 자녀됨의 권세가 어떠한지는 카이사르시저와 그의 양자 옥타비아누스아우구스투스의 관계가 잘 보여 줍니다. 로마 사회에서는 가까운 친척을 양아들로 삼고 모든 권리를 넘겨주는 일이 적지 않았습니다. 황제에 버금가는 권력을 누렸지만 카이사르는 원로원파에 의해서 불의의 죽임을 당하고 맙니다. 카이사르가 죽고 그 유언장이 공개되었는데 이것이 평지풍파를 일으켰습니다. 매우 낯선 인물이 그의 양아들로 지목되었기 때문입니다. 후에 아우구스투스 황제가 된 옥타비아누스였습니다. 그 내용은 이렇습니다. "제1 상속인 옥타비아누스는 상속과 동시에 카이사르의 양자가 되고 아들이 된 뒤에는 카이사르라는 성을 이어받는다."시오노 나나미, 『로마인 이야기 5』

처음 옥타비아누스라는 이름이 공개되었을 때 로마 시민의 대다수는 그가 누구인지 몰랐습니다. 옥타비아누스는 카이사르의 친척이었지만 별 직책도 없는 18세의 풋내기에 불과했습니다. 그가 카이사르로부터 재산을 상속받았지만 그 재산도 장례식을 치르고 나면 얼마 남지 않을 작은 것이었습니다. 그러나 로마 역사가들은 옥타비아누스가 받은 가장 큰 유산을 카이사르의 양자가 되고 그 성을 물려받은 것이라 평가합니다. 옥바티아누스는 카이사르라는 이름의 후광을 배경으로 당시 권력자인 안토니우스를 이기고 로마 최초의 황제 자리에 올랐습니다.

이것이 그 이름이 가진 권세입니다. 하나님 자녀됨의 권세입니다. 유태인은 민족 간 지능 테스트 결과로만 보면 그렇게 우수한 민족이 아닙니다. 그런데도 법과 과학과 철학과 경제 분야에서 노벨상을 휩쓸고 단연 두각을 나타냅니다. 그 주된 이유는 선민사상에 있습니다. 하나님에 의해 선택된 민족이라는 프라이드가 지적 능력이나 행동을 탁월하게 만듭니다. 하나님의 자녀라는 자의식이 확고할 때 우리에게서 놀라운 능력이 나타납니다. 하나님의 선택이 우리를 신과 같이 빛나는 존재로 만듭니다.

하나님의 가족

우리는 하나님의 가족입니다. 우리는 하나님의 자녀이고 하나님은 우리의 아버지입니다. 예수님은 하나님을 아버지라는 칭호로 즐겨 불렀습니다. 한글성경으로 요한복음에서 '아버지'란 이름을 검색하면 무려 118번이나 나옵니다. 믿는 자들은 이제 하나님의 신성가족의 일원입니다. 이 신성가족은 혈통 곧, 핏줄로 이어진 가족관계를 초월합니다. 이는 민족의 경계도 탈피합니다. 육정, 곧 어떤 이익이나 취미를 목적으로 이루어진 것도 아닙니다. 사람의 뜻이라는 이념이나 제도의 결정으로 이루어진 것도 아닙니다.

역사상 이와 유사한 일이 미국 땅에서 일어났습니다. USA는 '아메리카합중국'입니다. 신대륙 발견 후 대량의 유럽인들이 이곳으로 몰려왔습니다. 더 광대한 영토를 원주민들에게서 빼앗아 독립국가를 이루었습니다. 부족한 노동력을 채우기 위해 아프리카 흑인들을 강제로 끌고 와 노예로 삼았고, 대대적인 이민정책을 폈습니다. 19세기는 이민의 황금기였습니다. 아일랜드, 독일, 러시아, 유태인, 스페인계 등이 몰려들었습니다. 그때 사용했던 표어가 '기회의 땅'The land of opportunity이었습니다. 이민자들은 현재 '자유의 여신'상이 있는 뉴욕의 엘리스 아일랜드를 통해 들어왔습니다. 이 자유의 여신상은 미국에 첫발을 딛는 이민자들이 목격하게 되는 새조국의 상징이었습니다. 여신상 받침대에는 엠마 라자러스Emma Lazarus의 시구가 새겨져 있습니다.

"나에게 다오. 지치고 가난한 사람들을. 자유롭게 숨쉬기를 갈망하는 무리들을. 바닷가에 겹겹이 지쳐 쓰러진 가엾은 이들을. 거처도 없이 폭풍에 시달린 이들을 나에게 보내다오. 내가 황금의 문옆에 나의 등불을 들리라."

미국은 이민자의 나라입니다. 이 이민자의 힘으로 강성해졌습니다. 20세기에는 중국 등 아시아계와 이어서 중남미의 히스패닉계가 들어왔습니다. 세계 최강대국 아메리카합중국은 민족과 혈통과 신분을 초월한 다민족들로 구성된 연합국입니다.

요한은 지금 세상의 나라, 곧 혈통과 육정의 나라가 아닌 하나님의 나라를 역설합니다. 유대인이든 헬라인이든, 흑인이든 백인이든, 주인이든 노예든, 남성이든 여성이든, 장애인이든 비장애인이든, 다수이든 소수이든 누구든 차별 없이 하늘나라의 시민입니다.

이 나라는 시민 정도가 아니라 가족 같은 나라입니다. 세상에서 가족보다 더 단단한 것은 없습니다. 늙고 쓸모없게 되거나, 아프고 병들어도 끝까지 붙잡는 것은 가족입니다. 한국 사회에 청년 실업이 많이 발생하지만 폭동으로 가지 않고 사회가 버틸 수 있는 힘이 바로 이 가족에게서 나옵니다. 이념적으로 극우이든 극좌이든 상관없이 자기 가족에 대해서는 매우 끔찍합니다. 이스라엘은 나라를 잃고 근 2천 년을 떠돌았지만 그들을 존속시켰던 것은 가족이었습니다. 여호와 신앙을 지킨 최후의 보루 또한 가족이었습니다.

이제 우리는 하나님의 가족입니다. "누구든지 하나님의 뜻대로 행하는 자가 내 형제요 자매요 어머니이니라"(마가복음 3:35) 예수님의 십자가 아래서 새로운 가족이 탄생합니다. "예수께서 자기의 어머니와 사랑하시는 제자가 곁에 서 있는 것을 보시고 자기 어머니께 말씀하시되 여자여 보소서 아들이니이다 하시고 또 그 제자에게 이르시되 보라 네 어머니라 하신대 그 때부터 그 제자가 자기 집에 모시니라"(19:26-27) 십자가 아래서 하늘 가족인 교회가 탄생하고 있습니다.

하나님의 딸과 아들들

(1:12-13)

이는 혈통으로나 육정으로나 사람의 뜻으로 나지 아니하고
오직 하나님께로부터 난 자들이니라

하나님께로부터 난 자들

본문은 '하나님의 자녀'이지만 제목을 하나님의 딸과 아들들이라 하였습니다. 성서의 가부장적 용어를 바꾸는 작업이 현대 성서 번역에서 활발히 진행되고 있습니다. 예컨대 '형제들아'라는 호칭은 성평등적인 '형제자매들아'로 바꿉니다. 새번역은 이런 방향으로 가는데 한글 개정판은 원문에 충실한다는 명목으로 남성중심적인 번역을 여전히 취합니다. 로마서 12장 1절을 비교해 보십시오. "그러므로 형제들아 내가 하나님의 모든 자비하심으로 너희를 권하노니"개역, "형제자매 여러분, 그러므로 나는 하나님의 자비하심을 힘입어 여러분에게 권합니다"새번역

이런 논쟁은 먼저 미국판 번역 성경들에서 벌어졌지만 보수적인 NIV도 이제는 성평등적인 방향으로 나가는 추세입니다. 2011

년 NIV 개정판에서는 '형제자매들아'Therefore I urge you, brothers and sisters로 바꾸었습니다. 이외에도 '아들들'sons은 '자녀'children로 번역합니다. 하나님이 성차별하시거나, 또 초대교회가 남성만으로 구성되지는 않았을 것입니다. 대표격으로 남성만 언급했던 것을 본래 하나님의 뜻을 살펴 현대에 와서 재번역한 것입니다. 제목을 딸과 아들이라 순서를 바꾸었는데 동등한 인간으로서 남성만 앞서야 할 이유가 없습니다.

이런 문제는 하나님 호칭에서도 발생합니다. 하나님은 성을 초월하시기에 군이 '아버지'라고만 부를 이유는 없습니다. 13절 본문은 오히려 하나님의 어머니적 속성를 보여줍니다. 헬라어 '에크'from는 출신이나 기원을 의미하는데 한글 성경은 "하나님께로부터 난 자들이니라"라고 하여 직접적 출산의 느낌을 줍니다. NIV는 아예 "born of God"이라 번역합니다. 낳는 것은 어머니의 일입니다. 그러니 하나님은 어머니입니다. 하나님의 속성을 설명하는데 이 단어가 더 정확하고, 사랑의 깊이를 더 잘 드러냅니다.

하나님의 자녀

예수 그리스도를 알고, 영접하고, 믿는 행위는 이처럼 엄청난 결과를 가져옵니다. 이 과정을 통해 우리는 하나님의 자녀가 됩니다. 하나님의 딸이요, 하나님의 아들들입니다. 고대 노예제 사회에 울려 퍼졌던 이 메시지의 반향을 생각해 보십시오. 귀족과 하층민의 신분이 하늘과 땅 차이이던 그 시대에 이 메시지가 지닌 평등성,

고귀함, 인류애, 그 공동체성을 실감할 수 있겠습니까?

소수민족으로 아니면 난민으로 이국땅에서 살아가는 사람들을 향해 당신들은 신의 자녀라고 말합니다. 불구이거나 버림받았거나 소수자로 억압받고 있는 사람들을 향해 당신들은 신의 자녀라 말합니다. 가난하고 못 배우고 차별받는 사람들 모두가 신의 자녀들입니다. 이 때문에 교회에서 일찍부터 사용되었던 용어가 '형제자매'입니다. 당시 스토아 철학에는 형제애 사상이 있었습니다. 그들은 인간을 신의 소생이라 하였습니다. 황제도, 노예도 한 형제입니다. 형제자매라는 평등성과 공동체성을 완벽히 구현한 것이 바로 기독교였습니다. 인간은 모두가 위대합니다.

일반적으로 개혁신앙은 인간과 신의 철저한 단절을 강조합니다. 교회의 기도에서는 "이 벌레만도 못한 죄인이..."라는 식의 비하적 기도가 자주 들립니다. 반면에 본문의 말씀은 그리스도를 영접한 자에게 주어지는 놀라운 변화를 선언합니다. 믿음의 순간, 우리의 신분이 바뀝니다. 하나님의 자녀가 됩니다. 그래서 사도 바울은 신분이 변변치 않은 노예와 여자와 상인들이 주류이며, 분열적이고 허영심 많고 은혜를 쉬 망각하는 고린도 교회를 향하여 성도 saints라, 하나님의 교회라, 하나님의 성전the temple of God이라 부르기를 서슴지 않습니다.

사도 바울은 아레오바고 설교에서 당시의 스토아 철학을 이용하여 다음과 같이 선포합니다. "그는 우리 각 사람에게서 멀리 계시지 아니하도다. 우리가 그를 힘입어 살며 기동하며 존재하느니라. 이와 같이 하나님의 소생이 되었은즉"(사도행전 17:27-29) 아레오바고 설교에 인용된 스토아 철학자 세네카Lucius Annaeus Seneca의 글은 그 의미를 더 분명하게 합니다. "우리는 하늘을 향해 손을 들 필요도 없고, 신전을 향해 우상의 귀에 더 가까이 갈 수 있도록, 마치 그래야만 더 확실한 응답을 얻을 수 있는 것처럼, 허락해 달라고 요청할 필요도 없다. 신은 당신 가까이에 있고, 당신과 함께 있고, 그래 당신 안에 있다."『도덕서한집』 41.1 우리 영혼 안에 신이 존재하기에 인간은 모두가 신성합니다. 자기 영혼의 덕성을 닦고 순수하게 만드는 것이 오히려 신이 받으시는 합당한 예배입니다.

우리 스스로 고귀한 존재라는 자의식을 갖는 것이 필요합니다. 이스라엘 왕이 등극할 때 이런 선언의 과정을 거쳤습니다. 시편 2편은 왕의 등극시라 불립니다. 이스라엘 왕이 왕좌에 오를 때 낭송하는 시편입니다. "내가 여호와의 명령을 전하노라 여호와께서 내게 이르시되 너는 내 아들이라 오늘 내가 너를 낳았도다"(7) 이스라엘 왕의 입을 통하여 전하는 하나님의 칙령입니다. 이는 하나님이 이스라엘 왕만을 특별히 알며, 특별히 사랑한다는 뜻입니다.

이스라엘은 지리적으로 아래는 애굽 문명권이고, 위로는 메소포타미아 문명권입니다. 세계 4대 문명의 발상지 중 두 문명권에 끼인 곳이 바로 이스라엘입니다. 이스라엘 왕이란 존재가 그 땅에서나 대단할 뿐 당시 중근동의 애굽이나 앗수르, 바벨론의 왕들에 비해서는 얼마나 조라합니까? 그러나 하나님 보시기에는 그렇지 않습니다. 세상 강국은 아는 바 없고 하나님은 오직 작은 나라 이스라엘과 그 나라를 다스리는 왕만을 알 뿐입니다.

신의 자녀된 이스라엘 왕에게 하나님은 권세를 줍니다. 더 광대한 땅과 강성 국가의 약속을 줍니다. 이스라엘 역사에서 다윗과 솔로몬 시대에 이 비전을 이루었습니다. 세상의 부모도 자녀에게 가장 좋은 것을 주려 하듯 하나님 또한 하나님의 자녀들이 영향력 있고 능력 있는 사람으로 살기를 원합니다. 이것이 신의 자녀됨의 권세이고 존귀함입니다.

하나님을 닮아가는 자

'아우라'라는 말이 있습니다. "예술 작품에서 느껴지는 고상하고 독특한 분위기. 또는 독특한 품위나 품격."을 말합니다. 신의 자녀들은 신을 닮게 되어 있고 그래서 신의 아우라가 은연중 풍깁니다. 하나님을 그 안에 품고 사는데 어찌 그 향을 감추거나, 그 흔적이 묻어나지 않을 수 있겠습니까?

하나님의 자녀는 아버지를 닮습니다. 원수를 사랑해야 하는 이유는 어떤 지고한 사랑의 윤리이기 때문이 아닙니다. "너희 원수를 사랑하며 너희를 박해하는 자를 위하여 기도하라 이같이 한즉 하늘에 계신 너희 아버지의 아들이 되리니 이는 하나님이 그 해를 악인과 선인에게 비추시며 비를 의로운 자와 불의한 자에게 내려주심이라"(마태복음 5:44-45) 하늘 아버지의 마음이 넓고 관대하기에 그분의 자녀라면 그 넉넉함을 품을 수밖에 없습니다.

김동인 씨가 쓴 『발가락이 닮았네』라는 단편 소설이 있습니다. M이라는 이름의 주인공이 젊은 시절 방탕하게 지내다 그만 성병에 걸려 생식기능을 잃었습니다. 이 사실을 아내에게 속이고 결혼을 했는데 아내가 덜컥 임신을 해서 아들을 낳았습니다. 아내가 불륜을 저질렀던 것입니다.

M은 마지못해 그 아이를 자기 자식으로 받아들이려고 노력합니다. 그런데 아무리 살펴봐도 자기를 닮은 구석이 한 군데도 없습니다. 그러던 어느 날 M은 아이의 발가락을 만지다 뛸 듯이 기뻐합니다. 발가락이 닮았기 때문이었습니다. M은 가운뎃발가락이 다른 발가락에 비해 유난히 길었는데 6개월도 안 된 그 아기의 발가락도 그러했던 것입니다.

이런 일이 우리에게 벌어진다면 비극입니다. 하나님이 한참을 조사해야 겨우 신자인지 알아볼 수 있다면 우리가 진짜 하나님의 자녀인지 의심해보아야 합니다. 얼굴은 마음의 창입니다. 참된 그리스도인은 그 얼굴에 그리스도의 향기나 빛이 드러나게 되어 있습니다.

신의 자녀들은 신의 성품을 닮습니다. "이 약속으로 말미암아 너희가 정욕 때문에 세상에서 썩어질 것을 피하여 신성한 성품에 참여하는 자가 되게 하려 하셨느니라"(베드로후서 1:4) 사도 바울은 우리를 향한 하나님의 기대를 이렇게 전합니다. "형제자매들아 무엇에든지 참되며 무엇에든지 경건하며 무엇에든지 옳으며 무엇에든지 정결하며 무엇에든지 사랑받을 만하며 무엇에든지 칭찬받을 만하며 무슨 덕이 있든지 무슨 기림이 있든지 이것들을 생각하라"(빌립보서 4:8) 하나님이 그러하시듯 가장 최상의 것, 가장 좋은 것을 우리 안에 담아야 합니다.

말씀이 육신이 되셨다

(1:14)

말씀이 육신이 되어 우리 가운데 거하시매

말씀이 육신이 되어

대단한 선언입니다. 우주의 법칙인 로고스가 육신이 되셨다, 하나님이 고깃덩어리인 인간이 되셨다는 선언입니다. 이 의미를 제대로 이해하려면 먼저 이에 대한 다른 오해들을 제거해야 합니다. 이는 신이 인간의 몸을 살짝 빌렸다는 뜻이 아닙니다. 그리스 로마 신화에는 이런 이야기들이 많습니다. 제우스 신이 인간의 몸을 입고 와서 엽기적인 행동을 하거나 인간에게 은혜나 심판을 베풉니다. 세계 곳곳에는 신이 인간으로 변장하고 나타난다는 많은 신화가 있습니다. 성成육신은 이 의미가 아닙니다. 하나님이 완전히 인간이 되셨고, 인간의 일생을 사셨고, 인간이 겪는 연약함과 희로애락의 고통을 다 겪으셨다는 의미입니다.

또 다른 오해는 신이 인간이 되시긴 했는데 그 영혼만 신이고 몸은 아니라는 것입니다. 인간의 몸을 신적인 영이 장악하는 방식입니다. 이 극단에 영지주의의 가현설이 있습니다. 이들은 하나님의 영이 예수가 세례를 받을 때 살짝 임했다가 십자가에 돌아가시기 직전 빠져나갔다고 하였습니다. 아닙니다. 이런 불완전한 결합이 아닙니다. 신이 신성을 보존한 채 몸을 외투처럼 사용하는 방식이 아닙니다.

이런 오해를 막기 위해 요한 사도는 육체, 곧 헬라어 '사륵스'flesh를 사용합니다. 좀 더 중립적이고 물질적인 몸을 가리키는 '소마'body가 있는데 이를 사용하지 않습니다. 사륵스는 인간이 세상에 살면서 유혹에 노출되기 쉽고, 생로병사와 희로애락의 고통과 욕구를 느끼는 그런 몸을 말합니다. 하나님은 완전한 인간이 되셨습니다. 기독론에서는 '참인간'이요 '참하나님'이셨다고 표현합니다. 창조주 하나님이신 예수님은 여자의 몸에서 태어나셨고, 33년의 생애를 사셨고, 십자가에서 인간처럼 죽으셨습니다.

인간의 머리로서는 도무지 이해할 수 없는 사건입니다. 신학에서는 이를 계시사건이라 명명합니다. 신의 은총처럼 사건이 먼저 일어났고 이성은 이후에 이를 해명할 수 있을 뿐입니다. 성육신의 사실성을 따져봐야 아무 소용이 없습니다. 이를 증명하거나 검증할 수 있는 방법이 없기 때문입니다. 성육신은 기독교 신학의 전제입니다. 신학은 성육신으로부터 시작합니다. 그 가능성을 논하기보다는 계시의 의미를 묵상하는 것이 더 현명합니다.

성육신의 영광

왕이나 유명인이 어떤 장소를 방문해도 그곳은 영광스러운 곳이 됩니다. 그런데 하물며 하나님이 이 땅에 임하시고 더구나 인간의 몸을 입고 태어났다면 무슨 일이 벌어지겠습니까? 그때 사용하는 단어가 바로 '영광'입니다. "우리가 그의 영광을 보니 아버지의 독생자의 영광이요" 말씀이 육신이 되어 우리 가운데 거하셨다 할 때 이 '거하셨다'는 헬라어가 '스케노오'입니다. 이는 '스케네'와 같은 어원인데 스케네는 '장막'을 뜻합니다. 출애굽 광야 생활에서 성막은 하나님이 거하시는 곳이었습니다. 이 스케네에서 파생된 아람어가 '쉐키나'이고, 쉐키나는 유대교에서 하나님의 영광을 지칭할 때 사용합니다.

출애굽기 40장에서 모세가 장막을 완성했을 때의 모습을 다음과 같이 묘사합니다. "구름이 회막에 덮이고 여호와의 영광이 성막에 충만하매 모세가 회막에 들어갈 수 없었으니 이는 구름이 회막 위에 덮이고 여호와의 영광이 성막에 충만함이었으며"(출애굽기 40:34-35) 구름은 하나님의 영광을 상징합니다. 하나님 영광의 위엄이 어떠한지는 모세가 잘 보여주었습니다. 모세가 시내 산에서 하나님을 잠깐 뵙고 내려왔는데 모세의 얼굴에서 빛이 납니다. 이스라엘 백성이 모세의 얼굴을 볼 수가 없습니다. "아론과 온 이스라엘 자손이 모세를 볼 때에 모세의 얼굴 피부에 광채가 남을 보고 그에게 가까이 하기를 두려워하더니"(출애굽기 34:30)

그런데 사도 요한은 지금 그 하나님의 영광을 보았다고 말씀합니다. 나사렛의 허름한 한 인간의 몸에서 영광을 보았습니다. 제자들은 변화산에서 잠깐 예수님의 영광의 모습을 보았습니다. "그들 앞에서 변형되사 그 얼굴이 해 같이 빛나며 옷이 빛과 같이 희어졌더라"(마태복음 17:2) 스데반은 죽음의 순간 하늘의 영광을 보았습니다. "스데반이 성령 충만하여 하늘을 우러러 주목하여 하나님의 영광과 및 예수께서 하나님 우편에 서신 것을 보고"(사도행전 7:55) 스데반은 보았지만 다른 사람들은 보지 못했습니다. 그리스도 안에서 눈이 열린 자만이 그 영광을 볼 수 있습니다.

유대교에서는 쉐키나 신학이 발달했습니다. 쉐키나의 원래의 뜻은 '현존'이지만 유대교에서는 이것을 '영광'으로 해석했습니다. 하나님의 현존은 곧 하나님의 영광을 뜻하기 때문입니다. 그러나 쉐키나는 하나님의 직접성을 대체하는 수단일 뿐입니다. 유대교에서는 지존하시고 거룩하신 하나님이 인간 세상과 직접적으로 관계할 수 없고 이를 보조하는 중간 매개체들이 하나님의 역할을 대신하는 초월신학이 발달했습니다. 그래서 율법도 하나님이 직접 주신 것이 아니라 "천사들을 통하여 한 중보자의 손으로 베푸신 것"(갈라디아서 3:19)이라 할 정도였습니다.

그래서 유대교의 영광은 실상 하나님의 간접성입니다. 수건으로 덮인 것을 보는 것과 같은 영광입니다. 그러나 이제 하나님의 영광은 교회 위에 직접석으로 나타났습니다. "우리가 다 수건을 벗은 얼굴로 거울을 보는 것 같이 주의 영광을 보매"(고린도후서 3:18) 그리스도 안에서 수건이 벗겨졌습니다. 성도들은 이제 직접적으로 하나님을 마주 대할 수 있습니다. 말씀이 육신이 되시는 성육신 사건에서 요한은 충만한 하나님의 영광을 보았다고 증언합니다.

성육신의 사랑

성육신은 인간을 향한 하나님 사랑의 완결판입니다. 하나님은 그 사랑을 몸소 인간이 되심으로 보여주셨습니다. 사랑은 함께함입니다. 입장이 같아져야 합니다. 입장이 같아야 인간의 문제가 하나님의 문제가 되고, 하나님의 생각이 인간의 생각이 됩니다. 이해는 여기서부터 일어납니다. 이해가 영어로 'understand'인데 '아래에 선다'는 의미입니다. 눈높이를 맞추는 것입니다.

다미앵 신부Damien de Veuster는 하와이 군도의 몰로카이섬에서 나병 환자들과 함께 생활하면서 이들을 섬긴 사랑의 사도입니다. 다미앵 신부가 처음 이곳에 갔을 때는 나병 환자들로부터 환영을 받지 못했습니다. 아무리 정성을 쏟아도 그들과의 거리감을 좁힐 수 없었습니다. 나병 환자들은 "당신은 그래도 건강하니까!" 하며 다미앵 신부와 일정 선을 긋고 마음을 내어주지 않았습니다. 답답하고 안타까웠던 다미앵 신부는 이렇게 기도했습니다. "주여 저에게도 저들이 앓고 있는 나병을 허락하소서."

결국 이 기도대로 다미앵 신부도 나병에 걸리고 말았습니다. 나병에 걸린 후 그 첫 설교는 이렇게 시작합니다. "형제들이여! 나도 여러분들과 똑같은 나병 환자입니다. 내가 여러분을 사랑하듯 하나님도 여러분을 사랑하십니다." 이제 다미앵 신부는 그들을 '위하는' 자가 아니라 바로 '그들'이 되었습니다. 나병 환자들은 비로소 다미앵 신부의 사랑을 진심으로 받아들였습니다. 다미앵 신부는 '나병 환자의 아버지'라 불릴 정도로 그 섬사람들로부터 존경을 받았습니다.

신과 인간의 문제는 소통의 부재에서 발생했습니다. 신은 당신 뜻대로 살지 못하는 인간을 보면 답답합니다. 인간은 자신의 처지를 신이 이해하지 못하는 것 같아 불만입니다. 그런데 성육신이 이 문제를 단번에 해결하였습니다. 이제 인간의 문제는 곧 신 자신의 문제가 되었습니다. 인간이 된 신은 인간과 함께 세상의 문제를 풀어갑니다. 인간은 이제 신의 사랑을 의심하지 않습니다. 신의 특권을 버리고 인간의 몸을 입었을 뿐만 아니라, 가장 비참한 인간이 되어 자기 목숨마저 내어놓았습니다.

악에 대한 문제는 신마저도 이런 식으로 해결할 수밖에 없는 매우 심각한 사태임을 깨닫습니다. 신의 계획이나 전능성은 한가로운 놀이나 여유가 아닌 목숨을 건 싸움이요 고단한 인내의 과정입니다. 우리는 더 이상 우주적 재난이나 운명의 장난에 절망하지 않습니다. 자기 아들을 내어주기까지 한 신의 사랑을 보았는데 무얼 더 의심하겠습니까?

성육신의 진리

말씀이 육신이 되셨다는 것은 신의 퇴보가 아닙니다. 예수님이 인간의 몸을 입고 오신 이유는 인간을 진리로 이끌기 위해서입니다. 육신의 정욕과 탐욕과 이생의 자랑으로 눈이 어두워진 인간들은 진리를 제대로 인식하지 못합니다. 독생하신 하나님이란 표현은 하나님을 가장 잘 아는 분이란 뜻입니다. 하나님의 품속에 있었던 예수님이 진리이신 하나님을 완전히 계시하셨습니다. 모두가 다 그림자의 세계에 매여 있지만 빛을 보았던 한 사람이 참된 실상을 사람들에게 전하였습니다. 요한복음이 바로 그 진리의 기록입니다. 진리를 붙잡았기에 예수님의 말씀은 거침이 없고 확신으로 가득 차 있습니다.

말씀이 육신이 되었다는 것은 인간에게 진리의 길이 열렸음을 뜻합니다. 우리 육신은 이제 죽을 몸이 아니라 진리를 담보한 성령의 몸입니다. 신이 인간이 되신 이유는 인간을 신처럼 만들기 위해서입니다. "예수께서 이르시되 너희 율법에 기록된 바 내가 너희를 신이라 하였노라 하지 아니하였느냐 성경은 폐하지 못하나니 하나님의 말씀을 받은 사람들을 신이라 하셨거든"(10:34-35) 예수님과 우리는 이제 친구 사이입니다. "이제부터는 너희를 종이라 하지 아니하리니 종은 주인이 하는 것을 알지 못함이라 너희를 친구라 하였노니 내가 내 아버지께 들은 것을 다 너희에게 알게 하였음이라"(15:15)

예수회 수도사이자 프랑스 고생물학자인 떼야르 드 샤르댕 Pierre Teilhard de Chardin은 영성적 진화를 통해 인간이 그리스도처럼 되는 오메가포인트종말에 대해 말합니다. 우주의 진화는 물질권에서 생명권으로, 생명권에서 정신권으로 진화해왔으며, 인간의 정신은 이제 고차원적 정신의 총체인 그리스도의 충만함에 이르는 종극점을 향해 진화해 갑니다. 그리스도의 성육신은 우주의 중심에 그리스도가 있으며, 우주의 목표가 그리스도화 되는 것임을 보여줍니다. 온 만물은 그리스도를 머리로 통일을 이룹니다.(에베소서 1:10) 그리스도를 향하여 자라갑니다.(에베소서 4:15)

유발 하라리가 말하는 호모데우스Homo Deus 곧 '신적인 인간'은 실상 성육신을 통해 드러난 인간을 향한 하나님의 기대입니다. 유발 하라리의 호모데우스가 육신의 진화에 치우쳤다면, 요한복음은 보이지 않는 영원한 세계, 육신을 초월한 영혼과 의식의 세계에 더 주목합니다. 이 둘은 종극에 그리스도로 수렴이 될 것입니다.

은혜 위에 은혜

(1:15-17)

우리가 다 그의 충만한 데서 받으니
은혜 위에 은혜러라

나보다 앞선 이

세례 요한은 예수님을 내 뒤에 오시지만 나보다 앞선 분이라 소개합니다. 우리 사회처럼 나이와 연공서열, 기수를 따지는 문화에서는 무심코 지나치기 어려운 장면입니다. 요즘도 여전히 공직사회에서는 기수가 중요하게 작용합니다. 갑을 관계에서도 노동자는 노동력을 제공하고, 고용자는 이에 대해 돈을 지불하는 보기에는 동등한 관계처럼 보여도 실상은 신분제처럼 작용합니다. 직장을 벗어나 사적인 자리에서도 상사 행세를 하려고 합니다.

세계의 언어 중 존댓말이 살아 있는 몇 안 되는 언어가 바로 우리말입니다. 이는 오랜 농경사회의 전통과 봉건적 질서에서 형성된 좋은 문화이긴 하지만 한편으로는 사회 발전을 저해하고, 인간관계를 피곤하게 만드는 폐단도 있습니다. 존칭어는 존중의 언어로 필요하지만 딱 거기까지만입니다. 나이와 서열을 따지는 문화는 권위적이고 사람을 비주체적으로 만들며, 진리의 길에서는 큰 장애요인으로 작용합니다.

그런 점에서 보면 세례 요한은 대단합니다. 나이로 따지면 세례 요한이 먼저 태어났으니 사촌 형입니다. 그럴 뿐만 아니라 세례 요한의 운동은 전 세계적인 운동이었습니다. 많은 유대인들이 요한에게 세례를 받으려고 요단강으로 몰려들었습니다. 예수님도 이런 요한의 운동에 동참했을 가능성이 높습니다. 요한은 스승 격입니다. 예수는 세례 요한 다음이라 할 수 있습니다. 나중에 예수의 운동에 참여했던 제자들 중에는 세례 요한의 제자들이 많았습니다.

충분히 권세를 부릴 수 있는 위치인데도 요한은 예수님을 자기보다 앞선 분으로 높입니다. 물론 예수님은 창조주 하나님이시기에 먼저 계신 분입니다. 그렇지만 지금은 인간의 몸으로 오셨습니다. 같은 인간의 처지에서 본다면 뒤에 온 자를 높이는 것은 쉽지 않습니다. 요한은 예수님의 신발끈을 매고 푸는 그런 종의 역할마저도 감당할 수 없다며 한없이 자신을 낮춥니다. 예수님이 세례 요한보다 더 큰 자가 없다고 칭찬하실 정도로 세례 요한은 위대한 인격자였습니다.

배움의 길에서는 먼저 깨달은 자가 스승입니다. 어린아이일지라도 진리의 말이면 그 소리에 귀를 기울일 수 있어야 합니다. 뛰어난 후배를 위해서 자리를 비켜주는 것, 자신을 발판으로 더 날아오를 수 있게 하는 것 그 사람이 진정 위대한 스승입니다. 자신의 위치나 자리를 알고, 또 물러날 때를 아는 자는 진정 현명합니다.

충만

예수 그리스도는 충만합니다. "우리가 다 그의 충만한 데서 받으니 은혜 위에 은혜러라"(16) 고대의 영지주의자들이 이 충만함플레로마이란 단어를 좋아했습니다. 영지주의 이론에서는 천상의 일자-者, 모나드가 충만함이 차고 넘쳐 수많은 빛의 에온세대들을 낳았습니다. 물질세계는 이 충만함에서 멀리 떨어져 있어 부족하고 저열한 취급을 받았습니다. 그러나 그리스도의 충만함은 하늘의 세계를 넘어 물질세계를 가득 채우고 있습니다. 우주와 인간 생명의 부족함을 채우고도 넘칠 정도입니다.

그리스도는 마치 거대한 수원지와 같습니다. 수원지에 물이 가득 차 있으면 든든합니다. 가뭄 때에도 염려가 없습니다. 예컨대 이집트의 나일강이 그렇습니다. 고대 이집트는 나일강이 준 선물이라 할 정도로 곡창지대였습니다. 지도를 보면 이집트는 사막으로 둘러싸인 척박한 곳입니다. 그러나 나일강이 만든 삼각주 평야지대는 비옥하여 고대 로마까지 먹여 살릴 정도로 엄청난 밀 생산지였습니다. 나일강 상류는 적도 우림 지역입니다. 열대 지역에서 엄청난 폭우가 쏟아지고 이 물이 나일강을 통해 하류로 밀려옵니다. 그때 하구둑을 무너뜨려 이 물을 저수지에 저장하여 1년 농사로 사용합니다. 강은 물 뿐만 아니라 풍부한 유기물들을 몰고 옵니다. 비료를 주지 않아도 엄청난 수확이 가능합니다. 범람하는 물은 바다와 닿은 나일강 하류의 소금기 또한 씻어내어 염해를 방지합니다. 이것이 충만함이 주는 은혜입니다.

문제는 우리의 수도관입니다. 수도관이 막혀 물이 흐르지 않거나 쫄쫄 흐릅니다. 탐욕과 집착과 어리석음의 녹이 관을 막고 있습니다. 물은 많은데 정작 마시지 못합니다. 우리는 포도나무 가지와 같습니다. "나는 포도나무요 너희는 가지라 그가 내 안에 내가 그 안에 거하면 사람이 열매를 많이 맺나니 나를 떠나서는 너희가 아무것도 할 수 없음이라"(15:5) 가지가 할 일은 따로 없고 뿌리로부터 오는 물과 영양분을 잘 받기만 하면 됩니다. 물관이나 체관이 막혀 있으면 잎사귀가 마르고, 시절을 좇아 열매를 맺지 못합니다.

이는 또한 씨 뿌리는 자 비유에 나오는 가시떨기에 떨어진 씨앗과 같은 운명입니다. "가시떨기에 떨어졌다는 것은 말씀을 들은 자이나 지내는 중 이생의 염려와 재물과 향락에 기운이 막혀 온전히 결실하지 못하는 자요"(누가복음 8:14) 풍성한 열매를 맺지 못하는 이유는 양분이 엉뚱한 데로 새기 때문입니다. 이생의 염려, 재물, 향락이 양분을 갉아 먹습니다. 오직 그리스도에게만 집중할 때 그 넘치는 충만함이 우리 몸과 영혼 또한 충만하게 채웁니다.

은혜 위에 은혜

은혜 위에 은혜는 쌓이는 은혜입니다. 선물이 한둘이 아니고 너무 많아 산처럼 쌓였습니다. 생명의 선물입니다. 빛과 진리의 선물입니다. 그림자와 허상에 매여 살던 인생이 실재와 영원한 것을 알게 된 것이 은혜입니다. 목적도, 만족도 없이 살던 인생이 길이 보이고 기쁨 충만한 삶을 살게 된 것이 은혜입니다. 보잘것없고 무명한 사람인데 하나님의 자녀 삼아주신 것이 은혜입니다. 성령을 충만히 부으셔서 지혜롭게 하시고, 마음에 소금기나 쓴 뿌리가 없이 행복한 삶을 살게 하신 것이 은혜입니다. 강한 손으로 우리를 도우셔서 건강하고, 범사에 형통하고, 승리하는 삶을 살도록 하신 것이 은혜입니다. 찬송가 〈세상 모든 풍파 너를 흔들어〉란 찬양이 우리의 간증입니다. "세상 모든 풍파 너를 흔들어 약한 마음 낙심하게 될 때에, 내려주신 주의 복을 세어라. 주의 크신 복을 네가 알리라."

은혜는 헬라어로 '카리스'입니다. 카리스는 값없이 주어지는 선물이라는 의미입니다. 그런데 그 방점이 값없이 곧 공짜라는 데 찍히지 않았습니다. 값으로 헤아릴 수 없을 만큼 크고 소중하다는 뜻입니다. 이것을 혼동하기에 우리는 은혜를 값싼 은혜로 전락시킵니다.

은혜는 곧 선물입니다. 고대 로마 사회도 그렇고 대부분의 사회에서 선물은 소중합니다. 선물은 단지 물질을 주는 것만이 아닙니다. 선물을 준다는 것은 마음을 주는 것입니다. 폴리네시아 지역에 사는 마오리족은 선물을 '하우'라 부릅니다. 영혼이 담긴 선물이라는 뜻입니다.존 바클레이, 『바울과 선물』

"모든 사람은 실제로 자신의 본질이며 실체인 것의 중요한 부분을 다른 사람에게 되돌려주어야 한다. 왜냐하면 어떤 사람에게서 무엇인가를 받는다는 것은 그 사람의 영적 본질, 그 사람의 영혼의 일부를 받는 것이기 때문이다."

선물은 그의 영혼의 일부를 주는 것과 같기에 반드시 되돌려주어야 할 의무가 있습니다. 마오리족을 연구했던 사회학자 모스

Marcel Mauss는 『증여론』에서 이렇게 말합니다. "선물이란 분명히 자유롭고 사욕이 없는 것처럼 보이지만 그럼에도 불구하고 상대방에게 구속력을 갖는 이기적인 것이다." 선물을 받았음에도 아무 반응이 없다면 그것은 본인은 물론 선물을 준 사람을 불명예스럽게 만듭니다. 공짜는 없습니다.

그렇다면 우리는 구원이라는, 생명이라는 엄청난 선물을 받았는데 어떻게 하나님께 되돌려드릴 수 있습니까? 도대체 하나님이 만족하실 만한 선물이 있기라도 합니까? 네, 있습니다. 부족한 인간이 하나님께 드릴 수 있는 선물이 있는데 그것은 바로 찬양입니다. 하나님의 이름을 높여드리는 행위입니다. 하나님께 영광을 돌린다는 표현이 맞습니다.

고대의 철학자나 문인들이 그랬습니다. 어떤 권력자나 부유층이 자신에게 편의나 혜택을 줍니다. 이때 그에 합당한 선물로 갚을 수 없는 자들은 은혜 베푼 자를 찬양하거나 그의 명예를 높임으로 갚습니다. 고대 사회에서 명예는 재물 못지않은 좋은 선물입니다. 찬양은 하나님의 명예를 높여드리는 일입니다.

은혜는 공짜가 아닙니다. 응답이 있어야 합니다. 하나님으로부터 받은 은혜를 다른 사람에게 베푸는 것도 한 방법입니다. 이것을 선행이라고 하는데 이 경우 선행은 윤리가 아닌, 은혜받은 자가 마땅히 갚아야 하는 보상석 행위가 됩니다. 그래서 행하고도 자랑할 수 없습니다. 값싼 은총은 없습니다. 은총이 측량할 수 없이 귀할 뿐만 아니라, 은총은 대가를 요구하기 때문입니다.

하나님 품속에 계신 분

(1:17-18)

**본래 하나님을 본 사람이 없으되
아버지 품속에 있는 독생하신 하나님이 나타내셨느니라**

율법은 모세로부터

모세와 예수 그리스도가 대비됩니다. 둘 다 진리를 우리에게 제시해 준 분들입니다. 그러나 한 사람은 촛불을 들었다면 다른 한 분은 태양 빛을 들고 있습니다. 둘 다 좋은 것이지만 촛불 때문에 태양을 외면하는 어리석음을 범해서는 안 됩니다. 한때는 빛이었지만 지금은 아닐 수도 있습니다. 더 밝은 빛이 임했거나 지금은 나에게 맞지 않기 때문입니다. 그때에 더 참된 것을 선택할 수 있는 용기가 필요합니다.

익숙한 것이 더 좋을 수도 있습니다. 평화의 시대라면 그럴 수 있습니다. 그러나 지금은 이 세대의 물결이 우리를 끊임없이 죽음으로 몰아가는 그런 세상입니다. 가만히 있으면 떠내려갑니다. 살기 위해서라도 개혁하고 바꾸어야 합니다. 어제 옳았던 것이 오늘

옳다는 보장은 없습니다. 우리 영이 알고 우리 몸이 느낍니다. 아닌데 하는 생각이 들면 그게 정확하고 바꿔야 합니다.

율법도 한때는 빛이었습니다. 그러나 지금은 아닙니다. 율법은 하나님께로부터 나왔지만 멀리서 보고 어렴풋이 그린 것에 불과합니다. 모세가 시내 산에서 하나님을 만나는 장면이 상징적으로 잘 보여줍니다. 모세는 하나님께 여호와의 영광을 보여 달라고 하였습니다. 그때 하나님이 이렇게 말씀하셨습니다. "네가 내 얼굴을 보지 못하리니 나를 보고 살 자가 없음이니라 여호와께서 또 이르시기를 보라 내 곁에 한 장소가 있으니 너는 그 반석 위에 서라 내 영광이 지나갈 때에 내가 너를 반석 틈에 두고 내가 지나도록 내 손으로 너를 덮었다가 손을 거두리니 네가 내 등을 볼 것이요 얼굴은 보지 못하리라"(출애굽기 33:20-23)

모세는 하나님을 직접 본 것이 아니라 하나님의 등만 보았습니다. 이는 인간이 하나님을 직접 볼 수 없음을 상징합니다. 그래서 그렇게 받은 율법은 한계가 있습니다. 그렇지만 그런 율법의 영광도 대단합니다. 모세가 하나님의 등만 보고 내려왔는데도 사람들이 모세의 얼굴을 보지 못합니다. 모세의 얼굴에 하나님의 영광의 빛이 남아 있기 때문이었습니다. 그래서 모세는 사람들 앞에 설 때 수건으로 그 얼굴을 가려야 했습니다.

그런데 이런 율법이 왜 갑자기 초라한 빛이 되었습니까? 율법이 약화된 것입니까? 아닙니다. 예수 그리스도라는 태양 빛이 임했기 때문입니다. 더 환하고 밝은 빛이 임하니까 율법은 촛불처럼 미약해 보입니다. 더 나아가 이제는 촛불을 꺼야 합니다. 촛불은 그 기능을 다했습니다.

품속에 계셨던 독생자

예수 그리스도는 태양 빛입니다. 아무도 하나님을 본 사람이 없었는데 하나님 품속에 계셨던 분이 세상에 나타나셨습니다. 진짜가 나타났습니다. 더듬어 찾을 필요도 없습니다. 희미하지도 않습니다. 진리의 심장이 드러났습니다.

예수 그리스도를 독생자라 부릅니다. 헬라어로 '모노게네스'입니다. 유일한 아들이란 뜻입니다. 그러므로 하나님을 가장 잘 아는 분은 예수님뿐입니다. 요한복음은 다른 진리들에 대해 매우 배타적인데 그 이유는 그리스도만 참된 것을 보았기 때문입니다. 그리스도만이 유일한 진리이고, 그리스도를 통해서만 하나님께 이를 수 있기 때문입니다. 진리 주장은 본질적으로 배타적일 수밖에 없습니다. 확신하지 않고 어떻게 선포하며, 확실하지 않은 것을 어떻게 믿을 수 있겠습니까?

요한복음의 저자는 자신의 이름보다는 주님의 '사랑받는 자'로 불리길 좋아합니다. 이 저자는 예수님이 제자들의 발을 씻던 최후의 만찬 석상에서 처음으로 등장합니다. 그때 이 제자의 모습을 다음과 같이 설명합니다. "예수의 제자 중 하나 곧 그가 사랑하시는 자가 예수의 품에 의지하여 누웠는지라"(13:23) 여기서 '품'은 본문 18절의 아버지 품과 동일한 헬라어 '코르포스'입니다. 예수 그리스도가 하나님의 품속에 있었듯이 사도 요한은 예수님의 품속에 있었습니다. 요한은 예수님을 누구보다도 더 잘 알았고 그렇게 해서 기록된 것이 바로 요한복음입니다. 그래서 요한복음은 다른 복음서들보다 내용이 깊고 심오합니다.

18절의 '나타내셨다'는 단어는 영어로 'explain' 곧 '설명하셨다'는 뜻입니다. 하나님이 어떤 분이신지 제대로 설명해주셨습니다. 사실 그리스도를 통해서 알려진 새로운 정보는 많지 않습니다. 하나님이 사랑이시라는 것은 구약시대에도 이미 밝혀졌습니다. 여호와 하나님은 자비가 무궁무진하신 분으로 소개되지 않았습니까? 그 차이는 글로 배운 사랑과 실제 경험하는 사랑의 차이입니다. 사랑의 쓴맛과 단맛과 간절함과 무력함을 경험했을 때 그때에 비로소 사랑을 알았다고 말할 수 있습니다. 하나님이 인간을 얼마나 사랑하시는지가 자기를 부정하고 희생하는 성육신 사건과 십자가 사건으로 밝히 드러났습니다. 그리스도는 하나님의 사랑을 몸소 알려주신 분입니다.

우리에게 부족한 것은 하나님에 대한 정보가 아닙니다. 하나님에 대한 정보는 구약 성경에도 나와 있고, 수많은 종교와 철학에서 어렴풋하게 밝혀 놓았습니다. 실제 우리에게 필요한 것은 관계입니다. 하나님을 알고 하나님이 우리를 아는 관계입니다. 예수님은 우리와 하나님을 연결해주기 위해서 오셨고, 그렇게 우리 또한 하나님을 아버지라 부를 수 있게 되었습니다.

진리는 밝히 드러났지만 그 진리를 인식하지 못하는 것은 인간의 문제입니다. 인간은 혈과 육에 매여서 그 이상의 것을 보지 못합니다. 예수님은 영원한 생명의 떡을 주시기를 원하는데 인간은 먹는 떡만 고집합니다. 인간에게는 목마르지 않는 영원한 생수가 필요한데 인간은 땅의 우물만 붙잡고 있습니다. 편견과 욕망과 무지로 인해 제대로 보지 못하면서도 인간들은 마치 모든 것을 안다는 듯이 착각합니다.

그리스도를 통해서 하나님을 알게 된 사도 요한은 이렇게 증언합니다. "태초부터 있는 생명의 말씀에 관하여는 우리가 들은 바요 눈으로 본 바요 자세히 보고 우리의 손으로 만진 바라"(요한일서 1:1) 혈과 육을 입은 인간의 몸으로 하나님의 실체를 본 자의 고백입니다.

은혜와 진리

예수 그리스도 안에서 하나님을 본 자는 은혜와 진리가 충만했다고 고백합니다. "은혜와 진리가 충만하더라"(14), "은혜 위에 은혜러라"(16), "은혜와 진리는 예수 그리스도로 말미암아 온 것이라"(17)

진리는 헬라어로 '알레테이아'입니다. 이 단어는 '아'not와 '란타노'감추다가 합성된 명사로 '감추어지지 않음', '드러남'의 의미입니다. 진리는 캄캄한 방에서 전등 스위치를 켜서 환하게 밝히는 것과 같습니다. 사람들은 그림자와 허상을 붙잡고 있습니다. 빛이 비추자 그림자가 달아나버리고 맙니다. 전통과 교리에 매인 예배를 드리는데 거기에 빛을 비추니 하나님이 계시지 않은 것이 훤히 드러납니다. 그러자 사람들이 화를 내며 빛을 다시 끄려 하고 등불을 든 자를 박해합니다. 진리는 날카로움이고 명료함입니다. 명료하기에 더러운 것이 다 드러나고, 옳고 그름의 경계가 분명해집니다.

그런데 진리 앞에 은혜가 있습니다. 진리가 칼이라면 은혜는 칼집과 같습니다. 칼집이 없는 칼은 적도 베지만 자신도 벨 수 있습니다. 하나님은 공의롭고 거룩한 분입니다. 그런 성품만 있다면 인간은 두려워서 하나님 앞에 설 수 없을 것입니다. 동시에 성경은 하나님이 인자하고 자비로우신 분이라 말씀합니다. 은혜가 앞서 있기에 우리는 진리의 길에서 다시 일어설 수 있습니다.

은혜와 진리는 함께 가야 합니다. 은혜만 있으면 윤리가 없고 방만합니다. 진리만 있으면 분열과 심판의 연기만 자욱합니다. 은혜와 진리가 함께할 때 아픈 상처 싸매며 지치지 않고 바른길을 갈 수 있습니다. "인애와 진리가 같이 만나고 의와 화평이 서로 입맞추었으며"(시편 85:10)

광야의 소리

(1:19-23)

나는 주의 길을 곧게 하라고
광야에서 외치는 자의 소리로라

너는 누구냐?

세례 요한이 "너는 누구냐?"란 질문을 받고 있습니다. 요한이 세례를 베풀며 온 유대 땅에 평지풍파를 일으켰기 때문입니다. 이 질문은 우리 자신에게도 중요합니다. 어렸을 때 어른들이 항상 물었던 것이 "너 꿈이 뭐니?"였습니다. 처음에는 대통령부터 시작하여 검판사 또는 과학자까지 내려옵니다. 요즘 아이들은 매우 현실적인 꿈을 말합니다. 어찌되었든 이 질문은 곤혹스럽습니다. 아직 미래가 구체적으로 그려지지 않을 나이이기 때문입니다.

그런 질문을 하는 사람 당신은 꿈이 뭡니까? 그 꿈을 이뤘습니까? 도대체 당신이 사는 목적은 무엇입니까? 하고 물으면 자신 있게 대답할 수 있는 사람은 많지 않습니다. 별문제 없이 살고 있는데 굳이 왜 사느냐고 묻는 것이 인간이란 존재입니다. 동물들은 이런 질문을 하지 않습니다. 살아 있다는 것 자체가 소중하고 의미가 있지 또 다른 의미가 있어야 하는 것입니까? 동물들에게는 자살이 없는 이유가 여기 있습니다. 생명 자체에 충실하기 때문입니다.

이런 질문에는 단순한 호기심을 넘어 무언가 좀 더 의미 있는 일을 하고 싶은 소망이 담겨 있습니다. 먹고사는 것 외에 좀 더 보람되고, 스스로 만족할 만한 그런 삶에 대한 기대입니다. 이것을 소명 또는 사명이라 불러도 좋을 것입니다. 처음 만물이 창조되었을 때 모든 생물은 생명이 목적이었습니다. 생육하고 번식하는 것 자체가 목적입니다. 그러나 인간에게는 여기에 더하여 또 하나가 주어졌습니다.

창세기 1장 26절입니다. "하나님이 이르시되 우리의 형상을 따라 우리의 모양대로 우리가 사람을 만들고 그들로 바다의 물고기와 하늘의 새와 가축과 온 땅과 땅에 기는 모든 것을 다스리게 하자" 인간에게는 자연 만물을 다스리는 사명이 주어졌습니다. 아담과 하와를 지은 후 그들에게 주어진 사명이 있습니다. "여호와 하나님이 그 사람을 이끌어 에덴동산에 두어 그것을 경작하며 지키게 하시고"(창세기 2:15) 사는 거 외에 경작하고 동산을 지키는 일입니다.

이는 예수님의 달란트 비유에서도 잘 드러나고 있습니다. "또 어떤 사람이 타국에 갈 때 그 종들을 불러 자기 소유를 맡김과 같으니 각각 그 재능대로 한 사람에게는 금 다섯 달란트를, 한 사람에게는 두 달란트를, 한 사람에게는 한 달란트를 주고 떠났더니"(마태복음 25:14-15) 주인은 하나님이고, 각 사람에게는 그 재능에 따라 달란트가 주어졌습니다. 주어진 달란트로 일해야 하며 후에 그 열매에 대한 심판을 받습니다.

직업을 의미하는 영어 단어 'calling'에는 '부르심, 소명'이라는 뜻이 있습니다. 유사한 단어 'vocation'은 라틴어 'vocao'에서 파생되었습니다. '보카오' 또한 부르다는 뜻입니다. 우리 각자에게는 부름받은 자신의 일이 있습니다.

그것이 소명인지 아닌지는 스스로가 판단해야 하지만 일반적으로 다음 세 가지 기준을 만족하면 소명일 가능성이 높습니다. 첫째, 즐겁다. 둘째, 잘한다. 셋째, 보람 있다. 자기에게 맞는 일을 하면 즐겁습니다. 즐겁기 때문에 열심히, 꾸준히 하고 탁월하게 됩니다. 사명은 이기적이지 않고 다른 사람을 살리거나 우주를 아름답게 하는 봉사가 되기에 보람 있습니다. 이 세 관문을 통과했다면 마음껏 일하십시오. 세례 요한은 자신의 사명이 무엇인지 분명히 알았습니다.

나는 아니라

너는 누구냐라는 질문에 대한 세례 요한의 답은 먼저 부정어로 시작합니다. 첫 번째 대답입니다. "나는 그리스도가 아니라." 두 번째 네가 엘리야냐라는 질문에 대해서는 "나는 아니라." 마지막으로 모세가 예언했던 그 선지자냐 라는 질문에는 최종적으로 "아니라."고 대답합니다. 부정형이고 갈수록 짧고 단호해집니다.

이것저것 선택이 어려울 때는 먼저 아닌 것을 제외하는 것이 좋습니다. 일단 싫거나 할 수 없는 것을 제하고 나면 선택의 폭이

줄어듭니다. 우리 인생도 마찬가지입니다. '이건 아니야!' '내 것이 아니야!' 하고 선을 긋는 일이 쉽지 않지만 매우 중요합니다. 자기 것이 아닌데, 자기 자리가 아닌데 탐내는 것을 욕심이라고 합니다. 유혹입니다. 욕심은 자기뿐만 아니라 다른 사람도 힘들게 합니다. 역량이나 인격을 볼 때 지도자의 자리가 합당치 않은 사람이 있습니다. 이런 사람이 리더의 자리에 오르면 그 조직이 위태롭습니다.

자신의 한계를 아는 사람이 지혜롭습니다. 중국 고사에 요 임금이 자기 자리를 소부에게 선양하려 하였습니다. 이 소리를 들은 소부가 자기 귀가 더럽게 되었다며 강가에 가서 그 귀를 씻었습니다. 허유는 소를 끌고 왔다가 이 모습을 보며 소부를 나무랐습니다. "자네가 그런 욕심이 전혀 없었다면 어떻게 사람들이 자네를 찾아 여기까지 왔겠는가?" 허유는 소부가 귀 씻은 물이 더럽다고 하여 상류 쪽으로 올라가서 소에게 물을 먹였다고 합니다.

단호한 '아니오'의 정신입니다. 자기 자리가 아니고 자기가 마실 잔이 아니라면 단호히 거절해야 합니다. 동양에서는 50세의 나이를 지천명知天命이라 합니다. 자기가 무엇을 해야 할지는 여전히 잘 모를 수 있지만, 자기가 하지 말아야 할 것은 분명히 알아야 합니다. 그 일에서 탁월하지 않거나, 일보다는 자리에 취한다면 자기 것이 아닙니다. 반면에 그 자리에 오르고 그 일을 해야 할 사람이 있습니다. 이런 사람들은 지나치게 겸손하여 주저하거나 양보하는 경향이 있습니다. '운명이다'는 말은 이 때 사용하는 말입니다. 우리나라는 대통령 임기가 5년, 1회로 고정되어 있어 많은 지도자를 보게 됩니다. 그릇에 합당한 사람도 있고 모자란 사람도 있습니다.

이념이나 정파를 벗어나 제대로 된 지도자를 세우는 현명함이 국민에게 요구됩니다. 그러할 때 나라가 안전하고 번영합니다.

외치는 소리

세례 요한은 '아니다'를 넘어 자기가 누구이고, 무슨 일을 해야 하는지 확실히 알고 있습니다. "나는 선지자 이사야의 말과 같이 주의 길을 곧게 하라고 광야에서 외치는 자의 소리로라"[23] 헬라어 원문은 'I am the voice...' 형식입니다. "나는 소리다."

소리는 형체가 없습니다. 소리는 공기의 울림입니다. 초당 340m의 속도로 움직이는 단순한 파장일 뿐인데 이것이 사람의 마음을 울립니다. 사람과 사람 사이를 연결하는 수단이 바로 이 소리입니다. 우리는 소리를 통해서 상대방의 마음이 어떠한지를 압니다. 타인의 생각이나 정보를 소리로 주고받습니다. 소리는 주인이 아니라 단지 전달체일 뿐입니다. '이 사람이 생명입니다.' '이 사람이 그리스도입니다.' 할 때 우리는 소리에 주목하지 않고, 소리가 가리키는 그 사람을 향합니다. 사람의 귀와 마음에 메시지를 전달한 후에 공기 중에 사라지는 것이 소리입니다. 주인공이 아니라 주인공을 돋보이게 하는 역할입니다.

이 소리가 광야에서 울리고 있습니다. 광야는 도시가 아닌 사람이 드문 곳입니다. 그런데 사람들이 이 광야로, 요단강으로 몰려듭니다. 소리를 듣기 위해서입니다. 그 소리에 생명이 있고, 그 소리에 진실이 있고, 그 소리에 희망이 있기 때문입니다.

우리는 소리가 아니라 소음 가운데 살고 있습니다. TV 소리, 자동차 소리, 아이 우는 소리, 무의미한 대화와 잡담 등. 갑자기 이런 소리들이 멈추는 침묵을 우리는 불안해합니다. 침묵은 죽음의 소리라서 그런가요? 그런데 정작 들어야 할 소리는 들리지 않습니다. 영의 소리, 영혼의 소리, 진실의 소리입니다. 귀를 때리는 소리가 아니라 마음을 울리는 소리가 우리 생명을 살립니다.

요한의 말에는 생명이 있었기에 사람들이 그 말을 들으러 광야로 몰려들었습니다. 80년대에 강원도 태백이라는 깡시골에 '예수원'을 열고 수도에 정진했던 대천덕 신부가 있었습니다. 이분이 쓴 『산골짜기에서 온 편지』는 영혼의 소리에 목말라하던 당시 청년들에게 단비와 같은 생수였습니다. 예수원이 있던 이 산골짜기로 사람들이 몰려들었습니다. 이 미국인 성공회 신부의 어눌하지만 사랑과 진실이 담겼던 우리말 소리는 지금도 귀에 쟁쟁합니다.

세례 요한의 소리에 생명이 있었던 이유는 그 소리에 생명이신 그리스도를 담았기 때문입니다. 설교자들 또한 세례 요한과 같습니다. 그 안에 그리스도를 담지 못하면 생명이 없습니다. 그리스도는 말씀으로 존재합니다. 내 말이 곧 영이요 생명이라 하였습니다. 그리스도는 소리를 통하여 우리 영혼 안으로 들어오십니다. 요한복음에 그리스도의 말씀이 다른 어떤 곳보다 많은 이유는 그리스도의 소리가 곧 생명이기 때문입니다. 설교는 우스갯소리나 어설픈 감동을 나누는 잡담이나, 호기심을 채우고 건전한 교훈을 듣는 강연이 아닙니다. 설교에 그리스도라는 생명이 담기지 않는다면 그 설교는 죽은 설교입니다.

물세례와 성령세례

(1:24-34)

성령이 내려서 누구 위에든지 머무는 것을 보거든
그가 곧 성령으로 세례를 주는 이인 줄 알라 하셨기에

요한의 물세례

요한의 세례는 기독교 세례의 기원입니다. 세례는 침례가 맞습니다. 요단강 물에 온몸이 푹 잠기게 합니다. 세례 요한의 운동은 회개운동이었습니다. 죄악된 몸을 물속에 완전히 수장하고, 하나님의 새 백성으로 거듭나게 하는 운동입니다. 이스라엘에서 회개의 방식은 일반적으로 옷을 찢고 머리에 티끌을 뒤집어쓰는 식입니다. "여호수아가 옷을 찢고 이스라엘 장로들과 함께 여호와의 궤 앞에서 땅에 엎드려 머리에 티끌을 뒤집어쓰고 저물도록 있다가"(여호수아 7:6) 요한은 그 정도로는 안 되고 우리 존재 자체를 완전히 부정하는 회개운동을 벌였습니다.

이스라엘은 재난, 전쟁, 패배, 기근 같은 어떤 좋지 않은 일이 일어나면 그 원인을 백성들의 죄에서 찾았습니다. 재난은 하나님의 심판이고 구원받기 위해서는 죄를 씻는 회개가 선행되어야 합니다. 때로 집단적인 금식이 선포되기도 했습니다. "니느웨 사람들이 하나님을 믿고 금식을 선포하고 높고 낮은 자를 막론하고 굵은 베 옷을 입은지라"(요나 3:5) 예배 의식의 시작부에 있는 참회의 기도는 구약시대의 회개의 재연입니다.

　현대사회에서도 재난이나 어려움이 있을 때 이런 회개가 필요합니다. 물론 재난에는 여러 이유가 있고, 그것을 누구의 죄 때문이라고 몰아가서는 안 될 것입니다. 또 재난을 하나님의 심판과 연결하여 하나님을 무자비한 분으로 만드는 일도 삼가야 할 것입니다. 그러나 반성적 태도는 필요합니다. 자신의 잘못된 삶을 고치는 계기로 삼는 것입니다. 코로나 사태를 계기로 인류문명이나 삶의 방식에 대해 재고하는 기회로 삼는다면 인류는 다른 차원으로 발전하게 될 것입니다. 고난의 때에 반성하는 자세가 인류를 변화와 진보로 이끌었고 이것이 회개의 본질입니다.

　예수님 시대 이스라엘은 여전히 포로 상태에 있다는 생각이 지배적이었습니다. 바벨론 포로에서 해방된 지 오래되었지만 그들의 삶은 개선되지 않았습니다. 여전히 로마라는 다른 형태의 제국의 폭력과 압제하에 있습니다. 헬레니즘 문화가 곳곳에 침투하여 향락과 우상숭배의 길로 몰아갑니다. 세례 요한은 현재의 포로 상태에서 하나님의 구원을 받으려면 회개해야 한다며 백성들을 요단강으로 이끌었습니다.

　세례 요한의 운동은 하나님의 개입을 준비하는 예비적 운동이었습니다. 이스라엘의 구원을 위해서 행차하시는 하나님의 대로를 정리하고 평탄케 하는 작업입니다. 세례 요한이 닦은 길을 따라 예수님이 오셨습니다. 그러나 예수님이 펼치실 구원 운동은 세례 요한의 생각을 뛰어넘는 것이었습니다. 이스라엘 민족을 넘어 온 세계 만민을 향한 것이었고, 정치적 해방이 아닌 죄와 사망으로부터의 해방이라는 보다 근원적인 것이었습니다.

성령이 비둘기같이

세례 요한은 "나도 그를 알지 못하였으나"(31, 33)라는 말을 반복합니다. 그런데 세례를 명하셨던 하나님이 세례 요한에게 알려주셨습니다. '성령이 그 위에 임하는 자가 있을 터인데 바로 그 사람이 메시야다.' 어느 날 세례 요한이 세례를 베풀다 예수님이 자기에게 오는 것을 보았습니다. 예수님이 세례를 받는 순간 성령이 비둘기같이 임했습니다. 그런데 요한복음에서는 요한 자신이 직접 예수님에게 세례를 주었다는 사실을 밝히지 않습니다. 요한은 예수님이 자기보다 앞선 분이라고 말하며 자신이 부각되는 것을 삼갑니다. 그는 주인공이 아니라 외치는 소리일 뿐입니다.

성령은 거룩한 하나님의 영입니다. 성령이 비둘기같이 임했다고 했는데 성령이 비둘기 형상을 취했다는 말인지, 비둘기같이 부드럽게 성령이 임하셨다는 뜻인지 분명하지 않습니다. 성령강림절을 상징하는 빨간색 휘장에는 성령을 비둘기 형상으로 묘사합니다. 성령이 부드럽게 예수님 머리 위에 임하였고 요한은 그때에 예수님이 하나님이 보내신 메시야임을 알아보았습니다.

요한복음에서 성령은 진리의 영입니다. 참된 것을 밝히는 영입니다. 세례 요한은 구약성경이나 체험이나 지식을 통해 메시야를 인식한 것이 아닙니다. 하나님의 영이라는 위로부터 덮치는 신비의 바람이 불자 그의 눈이 열렸습니다. 인간은 죄와 육체적 한계로 인하여 하나님이나 진리를 보지 못합니다. 스스로는 눈을 뜰 수 없습니다. 하나님이 우리 눈을 열어주셔야 우리는 알 수 있습니다. 그런 면에서 '문득'이나 '별안간'이라는 말이 신의 계시 사건에는 적합합니다.

성령 사건은 기독교에서만 일어나지 않습니다. 일반 사람들도 성령 사건과 유사한 신적 체험을 합니다. 심리학에서는 이것을 '절정체험'이라 부릅니다. 에이브러햄 매슬로Abraham H. Maslow는 생리적 욕구, 안전, 사랑과 소속감, 존경, 자아실현 등 인간의 욕구를 분석하면서 그 최고의 단계를 '절정 경험'이라 하였습니다. 절정 경험은 깊은 몰입과 황홀감을 수반하는 개인의 인생에서 최고로 고양된 만족과 환희의 체험입니다. "그 결과 심리적인 병이 제거되고, 자신을 보다 건강한 양식으로 보고, 타인을 보는 견해와 타인과의 관계에 변화를 가져온다. 세계에 대한 견해가 달라지며, 창의성, 표현력과 자발성이 표출되고, 궁극적으로 인생을 넓고 값진 것으로 보게 된다."

에디슨이 "천재는 99%의 노력과 1%의 영감으로 태어난다."는 유명한 말을 했습니다. 그런데 이는 노력의 중요성을 강조하는 말이 아닙니다. 『에디슨의 메모』란 책을 썼던 하마다 가즈유키는 에디슨의 원래 의도는 1%의 영감을 얻기 위해 99%의 온갖 노력을 기울여야 한다는 뜻이었다고 설명합니다. 노력의 힘을 무시하는 것은 아니지만 노력만 가지고는 안 됩니다. 풀리지 않은 문제를 놓고 온 힘을 기울이고 수많은 시행착오를 겪습니다. 그런 끝에 문득 하늘로부터 영감이 주어지면서 문제가 풀리거나 기발한 착상을 얻습니다. 초월이나 신비나 영감은 인생 어느 곳에서나 만날 수 있고 그런 체험들이 우리 영혼을 살아나게 하고 사고의 도약을 가져옵니다.

성령세례

요한은 물로 세례를 주었지만 예수님은 성령으로 세례를 주시는 분입니다. 화학적 변화와 물리적 변화의 차이입니다. 물리적 변화는 혼합되거나 형태만 변하지 본질은 변하지 않습니다. 반면에 화학적 변화는 다른 존재로 바뀌는 것입니다. 불로 태우면 다른 물질이 됩니다. 예수님은 성령의 불세례로 우리 존재를 바꿉니다. 성령은 불입니다. 우리를 씻는 정도가 아니라 완전한 변화를 일으킵니다.

성령세례는 우리 신분을 변화시킵니다. 더 이상 육체의 자녀가 아니라 하나님의 자녀입니다. 유대인이나 이방인이 아닌 하늘나라의 시민입니다. 주인이나 노예가 없고 모두가 자유인입니다. 남성이나 여성이라는 차별이 없이 그리스도 안에서 한 몸입니다.

성령은 우리의 인격을 바꿉니다. 더 이상 육신의 일에 매이고 육정에 매인 사람들이 아닙니다. "그리스도 예수의 사람들은 육체와 함께 그 정욕과 탐심을 십자가에 못박았느니라"(갈라디아서 5:24) 더 이상 육체의 일에 힘을 쏟지 않습니다. "육체의 일은 분명하니 곧 음행과 더러운 것과 호색과 우상숭배와 주술과 원수 맺는 것과 분쟁과 시기와 분냄과 당 짓는 것과 분열함과 이단과 투기와 술 취함과 방탕함과 또 그와 같은 것들이라"(갈라디아서 5:19-21)

이제는 성령을 따라 사는 것이 더 즐거운 존재가 되었습니다. "오직 성령의 열매는 사랑과 희락과 화평과 오래 참음과 자비와 양선과 충성과 온유와 절제니 이같은 것을 금지할 법이 없느니라"(갈 5:22-23) 입맛이 바뀌었습니다. 예전에 좋던 것이 이제는 값없고, 쓰다고 멀리하던 것이 이제는 우리의 즐거움이 되었습니다.

성령은 불과 같이 우리 안에서 꿈을 불러일으킵니다. 사람을 변화시키고 다르게 만드는 것은 그의 꿈입니다. 꿈은 그의 미래입니다. 시인 예이츠W. B. Yeats는 "교육은 양동이를 채우는 것이 아니라 불을 지피는 것이다."라고 했습니다. 성령이 그러합니다. 성령은 교육이 아니라 변화가 목적입니다. 오순절에 성령이 강림하자 모두가 꿈꾸는 자들이 되었습니다. "내가 내 영을 모든 육체에 부어 주리니 너희의 자녀들은 예언할 것이요 너희의 젊은이들은 환상을 보고 너희의 늙은이들은 꿈을 꾸리라"(사도행전 2:17) 꿈을 꾸는 자가 청년이요, 꿈을 잃은 자가 노인입니다. 성령은 우리 나이도 잊게 합니다. 초대 교회 성도들은 성령이 임하자 모두가 '땅 끝'을 향하는 인생이 되었습니다.

하나님의 어린양

(1:29-36)

보라 세상 죄를 지고 가는
하나님의 어린 양이로다

아그누스 데이

세례 요한이 예수님을 가리키며 "보라 하나님의 어린양이로
다"라고 증언합니다(29, 35). 이는 라틴어로 'ecce agnus Dei'에케 아
그누스 데이입니다. 이와 관련한 찬양들이 일찍부터 발전했습니다. "하
나님 어린 양 세상의 죄를 속하시는 주여, 우리를 불쌍히 여기소
서."라는 사랑받는 찬양도 그중에 하나입니다. 헨델의 오라토리오
《메시야》 중 "하나님의 어린 양을 보라"도 있습니다. 우리나라에서
작곡된 유명한 곡도 있습니다. 부활절 칸타타로 자주 불리는 김두
완 곡의 〈어린양을 보라〉입니다. "세상 죄 지고 가는 어린양을 보
라."는 대목은 음악성도 탁월하고 매우 감동적입니다.

그 장중함으로 기억에 남는 또 한편의 곡은 20세기 사무엘 바
버Samuel Barber가 작곡한 〈아그누스 데이〉입니다. 영화 《플래툰》의

삽입곡입니다. 베트남 전쟁으로 파괴된 인간상을 처절하게 그려낸 30년 전 영화입니다. 영화의 전반적인 분위기를 이 테마 음악이 장악하는데 그 장중함은 오랫동안 무겁게 남습니다. 베트남 전쟁의 참상과 아픔, 인간성 파괴를 이 하나님의 어린 양이 정화하는 듯한 느낌입니다.

회화에서도 예수는 하나님의 어린양으로 자주 상징되었습니다. 16세기 초 독일의 그뤼네발트Mathias Grünewald는 이젠하임 성당에 《십자가에 달린 그리스도》라는 제단화를 그렸습니다.책 표지 그림 제단화의 한 중앙에는 압도적인 크기로 십자가에 달린 예수 그리스도를 그렸습니다. 그 오른쪽에는 성경을 펼쳐 들고 십자가의 예수를 가리키는 세례 요한이 있습니다. 세례 요한 뒤로 "그는 흥하여야 하겠고 나는 쇠하여야 하리라"(3:30)는 라틴어를 새겼습니다. 세례 요한의 발치에 어린양 한 마리를 그렸는데 그 어린양은 십자가를 안고 있으며 그 목에서 흘러내린 피가 성찬 잔에 쏟아집니다. 십자가에서 흘린 예수의 피가 성찬의 포도주가 되어 세상의 죄를 깨끗하게 함을 보여줍니다. 작고 무력한 어린양이 세상을 구원합니다.

요한복음만큼 예수를 하나님의 어린양으로 상징화하는 복음서도 없습니다. 이는 예수님의 십자가 죽음에서 잘 드러납니다. 예수님이 십자가에 못 박힌 시간은 바로 유월절 양을 잡는 시간이었습니다. "이날은 유월절의 준비일이요 때는 제 육시라 빌라도가 유대인들에게 이르되 보라 너희 왕이로다"(19:14) 육시는 12시를 가리킵니다. 이때부터 제사장들은 유월절 만찬을 준비하기 위해 어린양을 잡습니다. 유월절 양은 그 뼈를 꺾어서는 안 됩니다. 보통 금요일 저녁이 유월절이요 안식일이기에 십자가에 달린 죄수들의 무릎뼈를 쳐서 빨리 죽게 만듭니다. 그러나 예수님은 이미 돌아가셨기에 뼈를 치지 않아도 되었습니다. "이 일이 일어난 것은 그 뼈가 하나도 꺾이지 아니하리라 한 성경을 응하게 하려 함이라"(19:36) 예수의 옆구리에서 물과 피가 나왔다고 요한은 보도하는데, 이 피는 문지방에 발랐던 유월절 양의 피처럼 우리를 죄와 죽음에서 구원하는 효력이 있습니다. 예수는 유월절의 어린양으로 오셨습니다.

세상 죄를 지고 가는

세상 죄를 지고 가는 하나님의 어린양은 매우 역설적입니다. 죄는 얼마나 무겁습니까? 그것도 모든 인류와 온 우주의 죄를 다 모아 놓는다면 그 무게는 얼마나 더 하겠습니까? 그런데 그 세상 죄를 힘없고 연약하며 측은해 보이기조차 하는 어린 양이 짊어지고 있습니다. 얼마나 기괴합니까? 가장 무거운 것을 가장 연약한 것이 짊어지고 있으니 말입니다.

그런데 그 무력함이 주는 힘이 있습니다. 그뤼네발트의 작품은 이젠하임 성당 제단에 놓여 있습니다. 당시 그 고통 속에서 죽어가는 예수의 모습을 보며 감격의 눈물을 흘렸던 사람들이 있었습니다. 경건한 신앙인들? 수도사들? 아닙니다. 바로 나병 환자들이었습니다. 이 그림이 걸렸던 이젠하임 성당은 나병환자 수용시설이었습니다. 이들은 먼발치, 격리된 창살 밖에서 예배를 드렸지만 그림을 보면서 끊임없이 눈물을 흘렸을 것입니다. 예수님의 짓무르고 으깨어진 손발과 몸에서 자신들의 모습을 보았기 때문입니다.

온 우주가 죄 때문에 신음하고 있습니다. 세상 죄를 짊어진 어린 양은 바로 우리의 모습이기도 합니다. 자기 죄를 짊어지고 가기에도 우리는 벅찹니다. 장례식 입관식 때 죽은 자의 모습을 보면 대부분 편안합니다. 잔뜩 긴장하였던 신경들이 무력해져 힘을 놓으니 편안해진 것입니다. 죽는 순간 그 죄의 짐을 벗어버렸기에 비로소 평안을 찾은 듯합니다.

어린양은 강하지 않고 무력합니다. 이런 어린양의 모습은 하나님도 죄를 제거하는 일이 쉽지 않음을 보여줍니다. 그런데 이 무력함이 동병상련의 마음을 불러일으킵니다. 서로 공감하게 만들고 그 공감이 이상하게 우리에게 힘을 불어넣습니다. 같이 아픔을 이겨내자는 마음입니다. 더 나아가 자기보다 더 불쌍한 존재를 보며 그의 짐마저 대신 짊어지고 싶은 결연한 의지를 불러일으키기도 합니다.

본회퍼Dietrich Bonhoeffer는 자신의 『옥중서간』에서 이렇게 기록하고 있습니다. "신은 이 세계에서 약하고 무력하다. 정확히 이런 방식으로만 신은 우리와 함께하고 우리를 돕는다. 그리스도는 그의 전능성에 의해서가 아니라 그의 약함과 고난에 의해서 우리를 돕는다. 이것이 기독교와 다른 종교 간의 결정적 차이이다. 인간의 종교성은 자신의 곤경을 해소하기 위해 신의 권능에 호소하도록 만든다. 이는 신을 일종의 기계장치로서 이용하는 것이다. 그러나 성서는 우리를 신의 무력함과 고난으로 인도한다. 고난을 당하는 신만이 도울 수 있다."

인간 주체성의 자각입니다. 이제 세상과 역사를 책임져야 할 존재는 인간입니다. 문제를 해결할 힘이 내 안에 있고, 신은 이제 주관자가 아닌 조력자일 뿐입니다. 부모의 무력함이나 죽음이 자녀를 성숙하게 하고 가장의 역할을 하게 하듯, 신의 무력함과 신의 죽음이 인간을 '성숙한 인간'으로 만듭니다.

어린 양

그런데 사실 어린 양은 매우 강한 힘을 가진 양입니다. 요한계시록에서 그리는 어린 양의 모습은 권력자입니다. 천군 천사와 수많은 성도들이 모인 하늘의 영광스런 잔치의 중심에 어린 양이 있습니다. "그 어린 양이 나아와서 보좌에 앉으신 이의 오른손에서 두루마리를 취하시니라 그 두루마리를 취하시매 네 생물과 이십사 장로들이 그 어린 양 앞에 엎드려"(요한계시록 5:7-8) 이 어린 양은 최후의 전쟁을 수행하는 군사령관이기도 합니다. "그들이 어린 양과 더불어 싸우려니와 어린 양은 만주의 주시요 만왕의 왕이시므로 그들을 이기실 터이요"(요한계시록 17:14)

이 어린양의 어깨는 실상은 매우 커서 세상의 모든 짐을 능히 질 수 있습니다. "수고하고 무거운 짐 진 자들아 다 내게로 오라 내가 너희를 쉬게 하리라"(마태복음 11:28) 그런 점에서 어린 양의 어깨는 블랙홀과 같습니다. 블랙홀은 크기에 비해 엄청난 무게를 가지고 있습니다. 손톱만한 크기의 질량이 무려 100억 톤에 달합니다. 엄청난 중력으로 주변의 물질들을 끌어당깁니다. 예수님이 그렇습니다. 우리의 모든 짐을 지시기에 전혀 부족하지 않습니다.

죄의 짐은 인간이 해결할 수 없습니다. 죄는 어린 양의 넓은 어깨에 맡기고 인간들은 자유의 몸으로 새롭게 시작할 것을 하나님은 바라십니다. 성경은 생로병사生老病死의 원인이 죄에 있다고 말씀합니다. "죄의 삯은 사망이요"(로마서 6:23) 예수님을 믿을 때 우리의 죄와 저주를 예수님이 가져가고, 예수님의 의와 생명이 우리에게 전가되는 놀랍고 즐거운 교환이 일어납니다.

우리는 또한 결과의 짐에서 자유로워야 합니다. 결과를 이루기 위해서는 많은 변수가 작용하고, 하나님의 계획과 때도 있기 때문입니다. 최선을 다하는 것은 우리 몫이지만 그 결과는 우리의 책임이 아닙니다. 일의 결과는 하나님의 몫입니다. 결과의 짐을 어린 양의 든든한 어깨에 맡기면 우리는 두려움 없이, 용기 있고, 담대하게 하나님의 뜻을 수행할 수 있습니다.

우리가 메시야를 만났다

(1:37-42)

예수께서 이르시되 와 보라 그러므로 저희가
가서 계신 데를 보고 그날 함께 거하니

와서 보라

세례 요한의 두 제자가 처음 예수를 만났습니다. 예수님이 묻습니다. "무엇을 구하느냐?" 아직 이름이 알려지지 않은 두 제자가 말합니다. "랍비여 어디 계십니까?" 제자들의 답변성 질문은 "당신이 어떤 분이신지 알고 싶다."는 뜻입니다. 예수님은 흔쾌히 "와서 보라."라고 답하셨습니다. 영어 문장이 더 명쾌합니다. "Come and See." 두 제자는 그날 밤 예수님이 계신 곳에서 함께 머물렀습니다. 그리고 그 만남은 그들 인생을 송두리째 바꾸어버렸습니다.

머문다는 단어인 헬라어 '메노'가 여러 번 반복됩니다(38, 39). 요한복음에서 '거한다'는 단어는 매우 중요합니다. 젊었을 때는 소위 '잠포지움'이란 것을 자주 했습니다. 친구 집에 가서 함께 먹고 자면서 이야기를 나눕니다. 인생이나 민족이나 사랑이나 여러 의견을 나누며 서로를 알아가는 과정입니다. 이것이 사귐이고, 이런 사귐을 통해야 진정한 하나 됨에 이를 수 있습니다.

요한복음 15장에서 "내 안에 거하라 나도 너희 안에 거하리라 가지가 포도나무에 붙어 있지 아니하면 스스로 열매를 맺을 수 없음 같이 너희도 내 안에 있지 아니하면 그러하리라"(4)라고 예수님이 말씀합니다. 여기 '거하다'는 단어가 동일한 '메노'입니다. 거한다는 것은 포도나무에 가지가 붙어 있는 것과 같습니다. 함께 거함으로 온전한 하나 됨을 이룹니다. 요한복음에서 진리를 안다는 말은 진리 안에 거한다는 말과 같습니다. 단순히 정보를 얻는 것이 아니라 그 진리가 내 살이 되고 내 몸이 되는 것입니다.

예수님은 하나님 품속에 거하셨던 분입니다. 이제 제자들이 그 예수님 품에 거하기를 원합니다. "예수의 제자 중 하나 곧 그가 사랑하시는 자가 예수의 품에 의지하여 누웠는지라"(13:23) 남자가 남자의 품속에 기대고 있는 이상한 장면입니다. 왜 요한은 이런 모습으로 자신을 묘사했을까요? 이는 진리와 연합하는 삶을 가장 효과적으로 보여줄 수 있기 때문이었습니다.

17장의 예수님이 최후로 기도하셨던 대제사장적 기도의 핵심은 "아버지여, 아버지께서 내 안에, 내가 아버지 안에 있는 것 같이 그들도 다 하나가 되어 우리 안에 있게 하사"(17:21)입니다. 삼위일체 하나님의 연합 안에 제자들 또한 거하는 것입니다. 성만찬의 신비는 빵과 포도주이신 예수님을 내 안에 모시는 것입니다. 교회론적으로는 예수님이 신랑이고 교회는 그의 신부라 말씀합니다. 모두가 함께 연합하고 거하는 것이 목표입니다.

예수님 안에 거하지 않는 자는 생명의 은혜를 받을 수 없습니다. "사람이 내 안에 거하지 아니하면 가지처럼 밖에 버려져 마르나니" (15:6) 진리의 양분을 먹고 생명의 샘에 연결된 사람은 마르지 않고 그 얼굴에 빛이 납니다. 내 얼굴이 빛을 잃고 있다면, 내 심령이 마르고 있다면 그것은 내가 예수님 안에 거하지 않기 때문입니다.

메시야

제자들이 예수님과 하룻밤을 동거한 후 외친 첫 마디는 "우리가 메시야를 만났다"(41)입니다. 메시야는 구원자란 뜻입니다. 정확히는 기름 부음을 받은 자라는 뜻으로 정치적인 용어입니다. 구약에서는 왕이나 선지자나 제사장을 기름 부어 세웠습니다. 사울도 다윗도 예후도 그 머리에 기름 부음을 받고서 왕이 되었습니다. 그런데 이스라엘이 나라를 빼앗겼고, 그들은 해방과 독립을 소망했습니다. 그 기도가 "우리에게 기름 부음 받은 왕을 세워주십시오."였습니다. 하나님의 약속은 "내가 기름 부음 받은 자를 시온에 세우리라."로 주어졌습니다. 메시야는 히브리어이고 이를 헬라어로 번역한 것이 '그리스도'입니다. 그리스도는 이제 예수님의 이름이 되었습니다.

메시야는 역사나 정치적 과정에서 탄생합니다. 우리 힘으로 극복할 수 없는 압도적인 불의나 압제가 있을 때 우리는 초월적인 메시야를 기대합니다. 메시야의 도래는 비이성적이고 때로는 신비적으로 보일지라도 그런 기대는 인간이 가진 희망의 강렬함을 보여줍니다. 이런 희망조차 없다면 지금의 상황을 도무지 견딜 수 없습니다. 메시야 신앙은 불의에 굴하지 않겠다는 저항입니다.

이 희망이 헛되지 않은 것은 인간의 간절함은 실제 이루어지는 힘이 있기 때문입니다. 파울로 코엘료Paulo Coelho의 『연금술사』에서 유명해진 말 한마디가 있습니다. "자네가 무언가를 간절히 원할 때 온 우주는 자네의 소망이 실현되도록 도와준다네." 성경 또한 그렇습니다. "믿음은 바라는 것들의 실상이요 보이지 않는 것들의 증거니" (히브리서 11:1) 보이지 않는 것을 실상으로 만드는 것이 믿음이요 희망입니다. 민족 해방에 대한 이스라엘의 간절한 염원이 하나님을 이 땅에 오시도록 만들었습니다. 제자들은 이스라엘 역사의 희망을 예수 그리스도에게서 보았던 것입니다.

메시야는 정치사회 영역에서뿐만 아니라 실존의 영역에서도 필요합니다. 인생이나 운명이라는 벽 앞에 우리는 너무 왜소하기 때문입니다. 어떻게 살아야 옳은지 알 수 없습니다. 내가 원하는 방향으로 살 수 없습니다. 압도적인 불의, 통칭 사망이라 불리는 괴물 앞에 우리는 무력합니다. 운명이라는 쳇바퀴에서 도무지 벗어날 수 없을 것 같습니다. 우리 인생에 구원자가 필요합니다.

고흐Vincent van Gogh의 작품 중에 ≪복권 판매소≫가 있습니다. 비오는 날 아침, 수많은 사람이 복권 판매소 앞에 모여 있습니다. 그들 대부분은 가난한 노파들이었는데 복권 가게 앞에 뒷모습만 보인 채 서 있습니다. 우리는 복권을 사는 그들을 보며 불건전하다느니 요행수니 하는 핀잔을 하기 쉽습니다. 그러나 고달픈 삶의 현실, 도무지 변화될 것 같지 않은 그런 현실에서 복권이란 것은 단번에 자신의 삶을 바꿀 수 있는 마법의 수단입니다. 아무리 확률이 희박할지라도 그들은 그곳에서 희망을 찾습니다.

반 고흐, 《복권판매소》, 1883

고흐 자신도 동생에게 보낸 자신의 편지에서 그들의 희망에 대해서 이렇게 기록하였습니다. "복권에 대한 환상을 갖는 것이 우리 눈에 유치해 보일 수 있지만, 그들 입장에서 생각해보면 정말 심각한 문제가 될 수도 있겠지. 음식을 사는 데 썼어야 할 돈, 마지막 남은 얼마 안 되는 푼돈으로 샀을지도 모르는 복권을 통해 구원을 얻으려는 그 불쌍하고 가련한 사람들의 고통과 쓸쓸한 노력을 생각해보렴." 『반고흐, 영혼의 편지』

자기 인생에 대해서 자신이 없기 때문에 불안하고 초월적 힘을 의지하고 싶은 것입니다. 우리 인생에는 메시야가 필요합니다.

시몬에서 게바로

이름짓기는 존재의 탄생과 같습니다. 그리스도는 우리에게 새로운 이름을 부여하십니다. 이전에 베드로는 시몬으로 불렸습니다. 시몬은 시므온에서 왔습니다. 평범한 이스라엘 지파의 일원이었을 뿐입니다. 그런 시몬의 이름을 예수님이 게바로 바꿉니다. 게바는 아람어로 '반석'이라는 뜻입니다. 이것을 헬라어로 번역하여 나온 이름이 '베드로'입니다. 베드로는 반석과 같은 인생이 되었습니다. 초대교회를 세우고, 2000년 교회사의 든든한 반석이었습니다.

성경에서는 한 사람의 운명이 바뀔 때 이름을 바꿉니다. '아브람'은 단순히 '큰 사람' 정도였는데 '아브라함'으로 곧 '열국의 아비'로 바뀌었습니다. '야곱'은 다른 인생의 '뒷다리나 붙잡는 존재'에서 '이스라엘'이라는 '하나님과 겨룬 자'가 되었습니다. 이스라엘의 조상들인 열두 지파의 아버지가 되었습니다. 제자들은 한낱 어부에서 사람을 낚는 위대한 어부로 바뀌었습니다.

신앙인은 이제 '크리스천'이라 불립니다. 그리스도의 사람이라는 뜻입니다. 예수 안에서 운명이 바뀐 사람들입니다. 이름은 실질적 변화를 가져옵니다. 옛 시대에 살던 나는 죽었습니다. 내 중심에 그리스도의 말씀이 자리 잡고 있습니다. 나는 새로운 생각과 새로운 목표를 향하여 사는 존재가 되었습니다. 관계의 망이 바뀌면 나는 다른 존재입니다. 메시야가 오셨고 그분이 나의 이름을 바꾸어 주십니다.

나사렛에서 무슨 선한 것이

(1:43-46)

나사렛에서 무슨 선한 것이 날 수 있느냐
빌립이 이르되 와 보라

나사렛에서

빌립이 나다나엘을 찾아서 메시야를 만났는데 그분은 요셉의 아들 나사렛 예수라 전합니다. 이에 대한 나다나엘의 반응은 냉소적입니다. "나사렛에서 무슨 선한 것이 날 수 있느냐?" '나사렛과 같은 시시한 동네에서 무슨 메시야가 날 수 있겠어!'라는 의미입니다. 이것을 편견 또는 선입관이라 합니다. 사실을 그대로 보지 않고 과거의 가치관이나 시각으로 사람이나 어떤 사건을 평가하는 태도입니다.

사실 나사렛이란 동네는 그런 선입관이 생길만했습니다. 나사렛이 속한 갈릴리는 원래는 북왕국의 영토였습니다. 그렇지만 앗수르에게 망한 후 오랜 세월 이방인들이 거하는 혼합지역이 되었습니다. 그러다 기원전 100년경에 유다에 편입되었습니다. 그래서 '이방의 갈릴리'라 불렸습니다. 토지는 주로 예루살렘이나 타지역의 부재지주들이 소유했습니다. 예수님의 '불의한 농부 비유'(마가복음 12:1-11)는 이런 배경에서 나왔습니다. "한 사람이 포도원을 만들어 산울타리로 두르고 즙 짜는 틀을 만들고 망대를 지어서 농부들에게 세로 주고 타국에 갔더니"(1) 사회경제적인 갈등이 심해 이곳에서는 농민 반란이나 열심당 운동들이 자주 일어났습니다. '갈릴리 유다' 의 폭동이 대표적입니다. 갈릴리는 이방의 땅, 착취의 땅, 반란의 땅이었습니다. 나사렛은 이런 갈릴리의 한복판에 있었습니다.

　빌립이나 나다나엘은 다 갈릴리 출신입니다. 빌립은 갈릴리 북쪽 벳새다 사람이고, 나다나엘은 갈릴리 가나 출신입니다(21:2). 대화로 보아 나다나엘은 매우 자조적입니다. '우리는 안 돼!'라는 태도입니다. 예전에 우리 민족을 비하하여 '냄비근성'이라 하였습니다. 지속적이지 못하고 쉽게 끓고, 빨리 식는다는 부정적 의미입니다. '빨리빨리'가 우리 민족을 상징하는 언어가 되기도 했습니다.

　그런데 사실 조선시대 양반들은 비가 와도 뛰지를 않았습니다. "동창이 밝았는데 소치는 아이는 아직 일어나지 않았느냐?"며 시조로 게으름을 탓할 정도였습니다. 세종 때는 농민들의 토지세 개혁을 하는데 13년이나 걸렸다고 합니다. 저항 때문에 그런 것이 아니라 국민투표도 하고 가장 좋은 방향을 찾다가 그렇게 된 것입니다. 그런데 제국주의의 침략과 근대화 과정에서 삶의 척박함 때문에 여유를 잃고 '빨리빨리'로 바뀌고 말았습니다. 환경에 따라 사람도, 민족도 바뀝니다. 그 변화를 보지 못하고 이전 생각을 고집하는 것을 편견이라고 합니다.

진리를 추구하는 데 있어 가장 큰 적은 이 편견입니다. 이를 달리 집착 또는 아집이라 부릅니다. 인간이 가지기 쉬운 편견은 베이컨Francis Bacon이라는 철학자가 잘 정리하였습니다. 베이컨은 인간이 과학적이고 합리적인 판단을 하지 못하도록 만드는 폐단을 네 가지 우상으로 정의하였습니다.

첫째는 종족의 우상입니다. 한 종족 전체가 가지는 폐단입니다. 공통된 경험에서 감정과 욕망이 생기고 이것이 사물을 일방적 시선으로 보게 만듭니다. 인간이라는 종족, 또는 특정 민족이 갖는 왜곡된 시각입니다. 예컨대, 버섯을 식용 버섯과 독버섯으로 구분 지으면 독버섯 입장에서는 억울한 면이 있을 겁니다. 독버섯이라는 명명은 버섯 나름의 생존 방식을 무시한 인간 종족의 먹거리 기준의 분류이니까요. 유대인이 이방인을, 이방인이 유대인을 볼 때 바로 이런 편견이 작동합니다.

둘째는 동굴의 우상입니다. 평생을 동굴에 매여 그림자를 실체인 것으로 보는 사람의 편견입니다. 우물 안 개구리가 갖는 편견이기도 합니다. 자기가 보는 것이 다인 줄 압니다. 나다나엘의 좁은 경험이 메시야를 알아보지 못하게 합니다.

셋째는 시장의 우상입니다. 교역하는 시장이나 사람 관계에서 발생하는 편견입니다. 그 시장 안에서 통용되는 규정이나 가치, 언어가 있고 이 기준으로 모든 세상을 재단합니다. 아메리카의 발견을 신대륙의 발견이라고 하지만 그곳에는 이미 인디언들이 살고 있었습니다. 이는 서구인 편향의 판단일 뿐입니다. 백인 중류층 남성의 견해일 뿐인데 그것을 보편적이라 착각합니다. 갈릴리를 이방의 갈릴리로 보는 유대인의 시각이 그렇습니다.

넷째는 극장의 우상입니다. 학문의 패러다임이나 학파로부터 생기는 우상입니다. 관람자가 되어 무대의 메시지를 경청하고 추종하는 것처럼 전통이나 주류의 권위를 무비판적으로 맹신합니다. 나다나엘은 바리새인들이 만든 정치적 이념이나 종교의 신념을 추종합니다. 그러다 보니 현실을 제대로 보지 못합니다.

내가 그리스도와 함께 십자가에 못 박혔다는 말은 무엇보다 이런 완고한 편견, 자기라는 아집이 죽었다는 뜻입니다. 그래야 참된 지식에 이를 수 있습니다. 자기 항아리가 가득 찬 채로는 새로운 것을 채울 수 없습니다. 내 안경이 잘못되면 세상을 바르게 볼 수 없습니다.

무슨 선한 것이

편견이 위험한 것은 사람을 함부로 판단하거나, 합당하지 못한 잣대로 다른 사람을 심판하기 때문입니다. 우리 사회는 편견으로 가득한 정치과잉 사회입니다. 모두가 자신의 판단 기준들이 있고, 언론은 이를 부추기거나 한 방향으로 몰아갑니다. 정치인이나 유명인들은 마치 속이 훤히 들여다보이는 어항 속에 사는 물고기처럼 되었습니다. 온 국민이 지켜봅니다. 좀 가려지는 부분도 있고 신비적으로 남아야 사람이 숨 쉴 수 있습니다. 우리 사회에서 정치인이나 유명인이 되려면 좀 뻔뻔스럽지 않고는 그 무게를 견디기 힘듭니다. 예민한 사람은 자신의 작은 잘못에도 목숨을 끊기까지 합니다. 그런데 정작 중한 벌을 받아야 할 사람은 아무렇지도 않은 듯 삽니다.

모두가 심판자입니다. 언론이나 댓글을 보면 자기가 왕이고 하나님입니다. 우리는 한 사람에 대해서 제대로 알 수 없습니다. 그 속마음이 어땠고 어떤 상황에서 이런 일이 벌어졌는지 명확히 알지 못합니다. 자기 자신에 대해서도 모를 때가 많지 않습니까? 설사 어떤 행동이 잘못으로 판명날지라도 한 사람의 인생을 깡그리 무시하거나 경멸할 이유가 될 수는 없습니다. 인간은 모두 죄인입니다. 단지 그 죄가 드러난 자와 그렇지 않은 자의 차이일 뿐입니다.

판단하지 말라, 비방하지 말라는 것은 성서의 분명한 가르침입니다. 유다서에 보면 천사장 미가엘이 모세의 시체를 놓고 마귀와 다툽니다. 아마 누가 그 시체를 가져가느냐는 논쟁이었을 것입니다. 그때 미가엘은 마귀를 저주하거나 판단하지 않았습니다. 다만 "주께서 너를 꾸짖으시기를 원하노라"(유다서 1:9)라고 했을 뿐입니다. 유다 사도는 "이 사람들은 무엇이든지 그 알지 못하는 것을 비방하는도다"며 훈계합니다. 천사장도 절대적인 악에 대해서 판단하지 않고 하나님께 맡겼습니다. 하물며 판단이 그릇되고 편견에 사로잡히기 쉬운 우리 인간이야 일러 무엇하겠습니까?

우리 사회의 이데올로기적 편견 또한 매우 위험합니다. 이데올로기는 사람이나 진실을 보지 못하게 합니다. 누구 편이냐만 중요합니다. 자기편이면 아무리 악해도 옹호하고, 자기편이 아니면 왜곡하고 조롱합니다. 이념의 죄는 살인죄와 방불합니다. 이념 죄가 더 악한 것은 자기 확신에 차 있고 도무지 반성할 줄 모른다는 점입니다. 자기편이 아니면 죽이기 위해 안달하니 우리 사회에 무슨 선한 것이 날 수 있겠습니까?

와서 보라

이런 편견을 깨는 방법이 47절의 "와서 보라"입니다. 직접적 만남입니다. 안드레와 요한이, 베드로가, 빌립이 와서 예수를 만나보니 알게 되었습니다. 모든 편견을 깨고 예수님을 메시야로 고백하기에 이릅니다. 소문으로, 말로는 부족합니다. 직접 보면 달라집니다. 『맹자』의 '측은지심'惻隱之心의 교훈이 여기에 적절합니다.

제선왕이 당상에 앉아 있었는데 어떤 사람이 제사에 바칠 소를 끌고 가고 있었습니다. 소가 두려워 바들바들 떠는 모습이 제선왕의 눈에 보였습니다. 그래서 제선왕은 신하에게 그 소는 살려주고 대신 양을 바치라고 명하였습니다. 이 일을 두고 사람들은 왕이 비싼 소는 살리고 싼 양을 바쳤다며 비난했습니다. 그렇지만 맹자는 제선왕의 행동을 오히려 칭찬하며 이것이 인의 실천이라고 하였습니다.

"소는 보았지만 양은 보지 못했기 때문입니다. 군자는 금수가 살아 있는 것을 보면 그 죽어가는 것을 차마 보지 못하며 그 소리를 듣고는 자마 그 고기를 먹지 못합니다. 그래서 군자는 주방을 멀리하는 것입니다."

이것이 측은지심입니다. 제선왕은 소의 불쌍한 모습을 보자 측은한 마음이 솟았던 것입니다. 보았기에 일어난 일입니다. 코로나 팬데믹으로 인해 사람과 사람이 직접 만나는 대면을 기피하는 경향이 있습니다. 실시간 화상이나 동영상으로 회의나 강의나 예배를 진행합니다. 접촉에 따른 감염 위험은 피하겠지만 이런 상태가 오래 지속되는 것은 좋지 않습니다. 그 이유는 만남이 없기 때문입니다. 사람은 직접 만나서 대화하다 보면 그 사람의 미세한 표정 변화나 동작을 예민하게 읽고 반응할 수 있습니다. 여기서 공감능력이 나옵니다. 디지털 정보만 주고받다 보면 우리는 어떤 무감각한 냉혈한이 될지 모릅니다. N번방 사건의 당사자들이 디지털이 아니라 직접 고통받는 사람을 목격했다면 그런 악한 짓을 계속할 수 있었을까요?

말씀에 은혜를 받거나 수업 시간에 큰 깨달음을 얻는 것은 단지 주어진 지식과 정보를 통해서만이 아닙니다. 흐르는 땀과 냄새와 공기와 다른 사람들의 소리와 당시의 여러 환경과 조건들이 어우러져 우리는 별안간 깨달음을 얻습니다.

그리스도께서 우리에게 주신 성령은 대면의 영입니다. 2천 년의 시간을 뛰어넘어 나사렛 예수 그리스도를 현재의 시간에서 경험하게 하시는 영입니다. "와서 보라."는 직접적인 진리 체험으로 이끄는 초청입니다.

하늘이 열리고

(1:47-51)

하늘이 열리고 하나님의 사자들이
인자 위에 오르락내리락하는 것을 보리라

어떻게 나를 아시나이까?

나사렛에서 무슨 선한 것이 날 수 있겠느냐며 회의적이던 나다나엘이 바뀌었습니다. 나사렛 사람인 예수를 하나님의 아들이요 이스라엘의 왕으로 고백합니다. 이렇게 된 이유는 예수가 자신을 알아주었기 때문입니다. 예수님은 나다나엘을 향하여 "이는 참으로 이스라엘 사람이라 그 속에 간사한 것이 없다"(47)고 말씀하셨습니다. 나다나엘은 진짜 이스라엘인입니다. 하나님을 사랑하는 사람, 하나님이 주신 율법을 주야로 묵상하며 행하는 사람, 이스라엘 민족의 영광을 소망하며 하나님 나라를 긴절히 기다리는 사람입니다.

반면에 말로만 '이스라엘, 이스라엘'하고 외치는 사람이 있습니다. 민족을 위한 희생은 전혀 없고 좋은 자리 차지하며 이익만 취하거나 자기 명예만 높이는 사람은 참 이스라엘인이 아닙니다. 한국인도 참 한국인이 있고 가짜 한국인이 있습니다. 안중근 의사는 친필 글씨를 쓴 후 낙관이나 사인을 대신하여 약지가 잘린 손바닥 인장을 찍었습니다. 그리고 그 위에 '대한국인 안중근'이라 썼습니다. 우리 민족의 자주와 해방을 위해 희생하였기에 충분히 그럴 자격이 있습니다. 그런데 일제 강점기나 해방된 조국에서나 전혀 희생도 없이 호의호식했던 자들이 버젓이 현충원에 안장되는 모습은 쓸쓸하기만 합니다. 그저 자신의 이익을 위해 산 사람에게 '대한국인'이라는 명예를 부여하기는 어렵습니다.

이스라엘을 사랑하는 사람에게 이처럼 참 이스라엘이라 부른다면 정말 기분이 좋을 것입니다. 자신이 소중하게 생각하는 가치나 관심사를 타인이 알아줄 때 사람은 진정으로 자신이 인정받는다는 느낌이 듭니다. 예수님은 나다나엘의 주요 관심사를 알아보았을 뿐만 아니라 그의 은밀한 것까지 보고 이해하셨습니다.

"네가 무화과나무 아래에 있을 때에 보았노라" 이 말은 무슨 말일까요? 실제 지나가다 우연히 보았다는 말인가요? 그렇다면 나다나엘이 이렇게까지 놀라지 않았을 것입니다. 나다나엘에게 무화과나무 아래는 자신만의 은밀한 장소였을 가능성이 높습니다. 은밀히 기도하던 곳, 말씀을 조용히 묵상하던 곳, 아니면 자신의 아픔이나 어떤 추억이 있던 곳입니다. 이곳에 오면 평안해지고 자신을 정리할 수 있었습니다.

우리에게는 나만의 무화과나무가 필요합니다. 엘리야에게는 로뎀나무가 있었습니다. 바알 선지자들을 대항한 싸움에 지친 엘리야가 쓰러져 먹고 자고 쉬었던 곳입니다. 엘리야는 이곳에서 기운을 회복하여 다시 이스라엘의 개혁을 위해 일어섰습니다. 이것은 장소가 될 수도 있고, 어떤 시간이 될 수도 있고, 특정 행동이나, 은밀하게 즐기는 일이 될 수도 있습니다. 내 영혼의 지성소와 같은 곳이 필요합니다.

『단테 신곡 강의』를 썼던 이마미치 도모노부에게는 시간의 지성소가 있었습니다. 이 사람은 단테의 『신곡』을 너무 좋아해서 매주 토요일 밤, 세 시간을 『신곡』 연구에만 쏟았다고 합니다. 그렇게 50년을 지속했고 그 과정에서 수많은 노트들이 쌓였습니다. "이 비밀스러운 학문적 습관에 대해서는 아무에게도 말하지 않았다." 마치 비밀스런 의식을 치르듯 그렇게 50년을 연구했던 것입니다. 결국 이것이 다른 사람들에게 발각되어(?) 70세가 넘은 나이에 『신곡』을 강의하게 되었고 이것을 책으로 엮어 『단테 신곡 강의』를 출판하였습니다. 누구에게든 자기만의 방, 자기만의 시간이 필요하고 이것이 우리 영혼을 풍요롭게 합니다.

이스라엘의 왕이로소이다

진리를 깨닫는 데 꼭 오랜 시간이 필요한 것은 아닙니다. 찰나에도 우리는 깊은 만남에 이를 수 있습니다. 나다나엘이 그렇습니다. 반면에 하룻밤을 함께하며 예수님을 알아간 이들이 있습니다. 요한이나 안드레나 베드로나 빌립이 그렇습니다. 하나님의 계시로 또는 오랫동안 지켜보며 예수님을 만난 이도 있습니다. 세례 요한이 그렇고 예수님의 가족이 그렇습니다. 요한복음에서는 많은 사람들이 다양한 방식으로 예수님을 만났습니다. 공통적인 한 가지는 그 만남 후에 반드시 자신들의 신앙고백이 있었다는 사실입니다.

그 고백 또한 다양합니다. 나다나엘은 "당신은 하나님의 아들이시요 당신은 이스라엘의 임금이로소이다"(49)라 고백했습니다. 참 이스라엘인답게 이스라엘 민족이 그렇게 기다렸던 이스라엘의 왕이라는 고백입니다. 세례 요한은 예수님에 대해 "세상 죄를 지고 가는 하나님의 어린 양"이라 하였습니다(29, 36). 세례 요한은 세상 짐을 지고 가는 예수의 무거운 어깨를 보았던 것입니다. 시몬의 형제 안드레는 "우리가 메시야를 만났다"(41)라고 고백했습니다. 빌립은 "모세가 율법에 기록하였고 여러 선지자가 기록한 그 분"(45)을 만났다고 고백했습니다. 사마리아 여인은 물동이를 버리고 마을로 내려가 "내가 행한 모든 일을 내게 말한 사람을 와서 보라 이는 그리스도가 아니냐"(4:29)라고 증언했습니다. 맹인은 출교의 위협에서 진실을 붙잡고 그리스도를 믿는다는 고백을 합니다.(9:38) 마르다는 오라비 나사로의 죽음 앞에서 부활이요 생명이신 주님을 만났습니다.(11:25-26) 예수님의 부활을 의심했던 도마는 "나의 주님이시요 나의 하나님이시니이다"(20:28)라고 고백했습니다.

우리는 다양한 방식으로 하나님을 만납니다. 우리 삶의 아픔, 문제, 관심사, 성장배경, 직업, 불운한 처지 이 모든 것이 우리를 하나님께로 인도하는 도구입니다. 그 가운데서 우리는 하나님을 만나고 자신만의 신앙고백을 합니다. 주님은 교리가 아니라 자신의 체험에서 나온 신앙고백을 원하십니다.

하늘이 열리고

예수님은 나다나엘에게 더 큰 일을 보게 될 것이라 하시며 놀라운 비전을 말씀합니다. "진실로 진실로 너희에게 이르노니 하늘이 열리고 하나님의 사자들이 인자 위에 오르락내리락하는 것을 보리라"(51) 이 말씀은 창세기 28장의 야곱과 관련된 사건을 배경으로 합니다. 야곱이 형 에서의 눈을 피해 밧단아람으로 도망가다가 벧엘이란 곳에서 돌베개를 베고 잠이 들었습니다. 그러다 꿈을 꾸었습니다. "꿈에 본즉 사닥다리가 땅 위에 서 있는데 그 꼭대기가 하늘에 닿았고 또 본즉 하나님의 사자들이 그 위에서 오르락내리락하고"(창세기 28:12)

유대인들은 이 의미를 '악가다'Aggadah 방식으로 해석하였습니다. 악가다는 이야기식 풀이를 말하는데 흔히 접하는 탈무드의 흥미로운 이야기나 교훈은 다 이런 식으로 탄생했습니다. 지상의 야곱이 있고 그 원형에 해당하는 천상의 야곱이 있습니다. 이 천상의 야곱을 하나님이 얼마나 소중하게 여기시는지 천사들에게조차 그 얼굴을 보여주지 않습니다. 그러던 어느 날 천사 하나가 땅에 내려갔다가 돌베개 위에 잠든 지상의 야곱을 보게 되었습니다. 그 모습을 보고 흥분한 천사가 하늘에 있는 동료들에게 이 소식을 전합니다. 그러자 천사들이 야곱의 얼굴을 보기 위해 줄지어서 사다리를 타고 오르락내리락했다고 합니다.

이는 야곱, 곧 이스라엘로 상징되는 존재의 존귀함을 보여줍니다. 현실의 야곱은 고단하고 볼품없지만 하늘나라에서는 천사들도 흠모할 만큼 존귀합니다. 오랜 세월 디아스포라 상태로 이곳저곳을 떠돌며 비참한 삶을 살았던 유태인들은 야곱의 이야기에서 위로를 받았습니다.

예수님은 이 교훈을 이스라엘의 영광을 넘어 온 세상이 받을 복으로 확대합니다. 예수님은 야곱의 사다리 대신 인자의 사다리를 말씀합니다. 인자 위에 하나님의 사자들이 오르락내리락합니다. 인자 곧 예수 그리스도를 통해서 하늘과 땅이 소통하는 모습입니다. 천사가 하늘의 신령한 것들을 가지고 예수 그리스도를 통하여 지상에 내려옵니다. 이 땅의 문제나 기도들을 가지고 천사들이 그리스도를 통하여 하늘로 올라갑니다. 막혔던 하늘의 통로가 열렸습니다. "하늘이 열리고 하나님의 사자들이 인자 위에 오르락내리락 하는 것을 보리라"(51)

그동안 하늘은 닫혔고 구름이 가득해서 제대로 볼 수 없었습니다. 이것을 민감하게 깨달은 자들이 있었으니 바로 영지주의자들입니다. 영지주의를 상징하는 대표적 그림은 별들과 태양이 박혀 있는 반원형의 우주가 있고 어떤 영지주의자가 그 세계를 찢고 그 너머에 있는 영원한 세계에 머리를 내밀고 보는 그림입니다. 하늘의 비밀이 신령한 지식의 형태로 이들에게 알려지고, 이들은 영혼의 상승을 통하여 하늘의 세계로 가는 것이 목표였습니다.

사도 바울은 다음과 같이 고백합니다. "우리가 지금은 거울로 보는 것같이 희미하나 그때에는 얼굴과 얼굴을 대하여 볼 것이요 지금은 내가 부분적으로 아나 그때에는 주께서 나를 아신 것 같이 내가 온전히 알리라"(고린도전서 13:12) 고대 사회의 거울은 청동거울입니다. 잘 닦인 청동거울로 사물의 모습을 어느 정도 인식할 수는 있으나 선명하지는 않습니다. 정과 욕심에서 벗어나지 못한 우리의 진리 인식 또한 그와 같습니다.

　이제 그리스도로 말미암아 하늘이 열렸습니다. 우리의 믿음과 사랑과 청결한 마음만큼 하늘은 보입니다. "마음이 청결한 자는 복이 있나니 그들이 하나님을 볼 것임이요"(마태복음 5:8)

2~4장

물의 종교 포도주의 종교

물로 포도주를 만들다

(2:1-11)

항아리에 물을 채우라 하신즉
아구까지 채우니

기적과 표적

가나의 혼인잔치에서 포도주가 떨어졌습니다. 예수님이 기적적인 방법으로 물로 포도주를 만드셨습니다. 요한은 이것을 예수님이 행하신 첫 번째 표적이라 말씀합니다. 표적은 헬라어로 '세메이온'인데 기적과 다릅니다. 기적은 기적 자체가 중요합니다. 인간의 경탄을 자아내는 초월적 행위로 주로 마술사나 예언자들이 행합니다. 반면에 표적은 기적을 통해서 전하는 메시지에 중점이 있습니다. 기적의 의미가 중요하고 그 상징을 통해서 보이지 않는 진리의 세계로 우리를 인도합니다. 요한복음은 예수님의 생애에서 행해졌던 기적들 중 일곱 가지만 엄선하여 이를 통해 그리스도의 진리를 전합니다.

사흘째 되던 날은 아마 예수님이 빌립과 나다나엘을 만났던 그

날로부터 사흘째일 것입니다. 예수님 일행은 요단강 근처에서 북쪽으로 올라가 예수님의 고향인 나사렛 인근의 가나로 갔습니다. 나다나엘이 가나 사람(21:2)으로 불리는 것으로 보아 결혼하는 가정이 나다나엘의 친척이었을 가능성이 있습니다. 팔레스타인 지역에서는 신랑 집에서 결혼식을 치릅니다. 결혼식은 인생에서 가장 즐거운 시간입니다. 그런데 흥겨운 잔치에 그만 포도주가 떨어지고 말았습니다.

그러자 예수의 어머니가 예수에게 "저들에게 포도주가 없다."라고 말합니다. 여기 예수의 어머니는 누구입니까? 당연히 마리아라 생각할 것인데 요한복음 전체에서는 예수의 어머니가 마리아란 이름으로 불리지 않습니다. 십자가 아래서 요한을 아들로 입양하는 듯한 그 유명한 장면에서도 마리아의 이름은 등장하지 않습니다. "예수께서 자기의 어머니와 사랑하시는 제자가 곁에 서 있는 것을 보시고 자기 어머니께 말씀하시되 여자여 보소서 아들이니이다"(19:26)

예수님은 2장 4절에서도 "여자여 나와 무슨 상관이 있나이까?"하고 반문합니다. 이 '여자여'라는 호칭은 많은 논란이 있습니다. 중동지방에서는 존칭어로 사용되었다거나, 하나님이신 예수님과 차별을 두는 호칭이라는 주장이 있었습니다. 그보다는 요한이 마리아의 이름을 거론하시 않은 채 '여자'라고 부르는데 더 주목해야 합니다. 요한 문헌군에 속하는 요한계시록에서도 '여자'가 등장합니다. 예수를 상징하는 한 아이를 낳은 여인이 '여자'로 불립니다. "여자가 아들을 낳으니 이는 장차 철장으로 만국을 다스릴 남자라"(요한계시록 12:5) 이 여자는 또한 사탄인 용에게서 박해를 받아 광야로 피신합니다(요한계시록 12:13-14). 이를 종합하면 여자는 메시야를 낳은 교회를 상징합니다.

포도주가 떨어진 위기에서 예수님께 간청하는 자는 바로 마리아로 상징되는 교회입니다. "너희에게 무슨 말씀을 하시든지 그대로 하라"(5)는 여자의 말은 교회를 향한 말씀입니다. 이 말을 들어야하는 것은 하인들이 아니라 교회입니다. 말씀에 순종하는 교회에 기적이 일어납니다.

어머니의 말에 예수님은 "여자여 나와 무슨 상관이 있나이까 내 때가 아직 이르지 아니하였나이다"(4)라고 말씀합니다. 하나님의 때가 있고 그 때에 맞추어 행동하는데 지금은 내가 기적을 행하여 영광을 보일 때가 아니라는 뜻입니다. 그런데 결국 예수님은 기적을 행하셨습니다. 어머니의 간구가 그 때를 앞당긴 것입니다.

우리는 하나님의 때와 계획이 있다고 믿습니다. 그러나 그 때는 하나님만 아시지 인간에게는 가려져 있습니다. 결국 인간 쪽에서 할 수 있는 일은 이를 무시하고 기도하는 것뿐입니다. 이리저리 간구하고 행동하다 보면 하나님의 때와 계획이 어렴풋이 보이기 시작합니다. 행동하는 자가 볼 것이고 알게 될 것입니다. 행하는 자는 경솔한 자가 아니라 진실로 믿음이 있는 자입니다.

물의 종교, 포도주의 종교

마침 거기에 "유대인의 정결예식을 따라 두세 통 드는 돌항아리 여섯이 놓였는지라"(6) 정결예식이라 함은 음식을 먹기 전에 손을 씻는 것을 말합니다. 두세 통 들이 돌 항아리 여섯 개면 대략 500L 정도입니다. 750ml가 포도주 한 병이니 대략 660병이 나옵니다. 엄청난 양입니다. 이 양이 너무 많아서 돌 항아리 물 전체가 아니라 그중에서 떠다 준 물만 포도주로 변했다고 해석하는 사람도 있습니다. 아닙니다. 돌 항아리에 가득 찬 물마다 포도주로 바뀌었습니다.

예수님은 "항아리에 물을 채우라" 하셨고 하인들은 "아귀까지 채웠습니다."(7) 이들은 그대로 순종했고 그래서 그 많은 포도주를 얻었습니다. 적당히 채웠다면 적은 양의 포도주를 얻었을 것입니다. 기적은 하나님이 행하시지만 기적의 크기는 인간의 순종이 결정합니다. 이는 구약의 엘리사 선지자가 한 가난한 여인에게 내렸던 명령과 같습니다. "너는 밖에 나가서 모든 이웃에게 그릇을 빌리라 빈 그릇을 빌리되 조금 빌리지 말고… 모든 그릇에 기름을 부어"(열왕기하 4:3-4) 엘리사의 말대로 여인은 방안을 많은 그릇으로 채웠고, 엘리사는 방안의 모든 그릇에 기름으로 가득 채웠습니다. 여인이 그릇을 조금만 빌렸다면 작은 기적을 보았을 것입니다. 온전한 순종이 더 큰 기적을 가져옵니다.

돌 항아리와 그 안에 담긴 물은 유대교를 상징합니다. 정결용이리는 말과 6이라는 숫자가 이를 잘 보여줍니다. 완전수인 일곱보다 하나가 모자란 인간의 수입니다. 그런데 지금 유대교는 물과 같이 무미건조하고, 포도주가 떨어진 파장이 난 잔치와 같습니다. 구원의 힘과 기쁨을 상실한 죽은 종교가 되었습니다. 유대교의 실패는 이어지는 성전 정화사건에서 잘 드러납니다. 만민이 기도하는 집을 장사치의 소굴로 만들었습니다. 유대교의 무기력은 3장의 니고데모에게서 잘 나타납니다. 니고데모는 유대교의 선생이지만 하나님 나라에 어떻게 들어갈 수 있는지 알지 못하며 확신도 없습니다. 4장의 혼합종교인 사마리아교 또한 실패했습니다. 사마리아 여인은 정오에 사람들의 눈을 피해 우물가로 나온 권태로운 인생입니다. 종교가 그에게 아무런 영향력이나 도움을 주지 못합니다.

반면에 예수 그리스도를 통하여 시작된 기독교는 잔치의 종교입니다. "사람마다 먼저 좋은 포도주를 내고 취한 후에 낮은 것을 내거늘 그대는 지금까지 좋은 포도주를 두었도다"(10) 하나님이 만들었으니 품질과 맛이 오죽하겠습니까? 잔치의 기쁨이 있고 사람들은 흥이 넘칩니다. 예수님 공생애 동안 제자들은 금식하지 않았습니다. 이에 대해서 사람들이 비난하자 예수님이 다음과 같이 말씀하셨습니다. "예수께서 그들에게 이르시되 혼인 집 손님들이 신랑과 함께 있을 때에 금식할 수 있느냐 신랑과 함께 있을 동안에는 금식할 수 없느니라"(마가복음 2:19) 예수님과 함께하는 시간은 마치 혼인잔치와 같습니다.

"불교는 초상집 같고, 유교는 제삿집 같고, 기독교는 잔칫집 같다."는 말은 각 종교의 특징을 잘 드러내고 있습니다. 신앙인들은 장례식장에서도 노래하며 찬송합니다. 죽음을 넘어 부활의 세계를 바라보기 때문입니다. 신앙인의 기본적 정서는 기쁨입니다. 예수를 믿는 순간 재물이나 권세나 명예나 안전이 보장되는 것은 아닙니다. 그러나 예수를 믿으면 즉각 주어지는 것이 있는데 그것은 기쁨입니다. 설교학의 대가 루돌프 보렌Rudolf Bohren은 "설교의 제1목표는 기쁨이다."라고 하였습니다. 전하는 자나 듣는 자나 잔치에서 흥이 난 듯 즐거움 가득한 것이 예배여야 합니다. 그런 점에서 청교도들의 검은 옷은 신앙인들에게는 합당치 않습니다. 한숨과 후회 대신 감사와 찬양이 우리의 노래입니다. 불평과 분노 대신 기쁨과 놀이로 채워지는 것인 신앙인의 삶입니다.

포도주를 물로 만드는 사람들

그런데 현대 기독교는 그 기쁨을 잃어버렸습니다. 키르케고르(S. Kierkegaard)의 말입니다. "예수님은 물을 포도주로 만드는 기적을 행했다. 그러나 오늘날의 교회는 더 위대한 능력을 행하고 있다. 그들은 그 포도주를 물로 만들어버렸기 때문이다." 교회가 평화와 사랑의 안식처가 아니라 전투장이 되었습니다. 세상 이념과 심판의 소리로 가득합니다. 생명의 말씀보다는 율법과 죽음의 말이 횡행합니다. 분열과 차별을 남발하고, 썩어질 재물과 권력을 자랑하는 곳이 되었습니다.

종교의 풍미는 기쁨에 있습니다. 교회는 진리의 보루 이전에, 교회는 최전선의 돌격부대 이전에 잔칫집입니다. 화약 연기 풍기는 곳이 아닌 맛있는 포도주 향내로 가득한 곳입니다. 기쁨을 상실한 기독교는 기독교가 아닙니다.

성전 정화 사건

(2:12-17)

주의 전을 사모하는 열심이 나를 삼키리라

예루살렘 성전 체제

예수님은 공생애를 시작하자마자 예루살렘으로 올라가셨습니다. 올라가셨다는 정도로는 약하고 예루살렘으로 돌진하셨습니다. 이 점에서 요한복음은 마태 마가 누가 등 다른 공관복음서와는 다릅니다. 공관복음서의 구조는 단순합니다. 예수님은 갈릴리에서 활동하셨고 그 생애 마지막에 예루살렘에 올라가셨습니다. 그곳에서 십자가에 못 박히고 부활하셨습니다. 그래서 공관복음서만 읽으면 예수님은 마치 1년 공생애를 보낸 것처럼 보입니다.

예수님의 3년 공생애 설이 나온 것은 전적으로 요한복음 때문입니다. 예수님은 유월절을 맞아 오늘 말씀처럼 예루살렘에 올라가셨습니다. 요한복음에는 세 번에 걸쳐 유월절이 언급됩니다. 13절 말씀이 그 처음이고 두 번째는 6장 2절입니다. "마침 유대인의 명절인 유월절이 가까운지라" 마지막 예루살렘 방문은 11장 55절입니다. "유대인의 유월절이 가까우매 많은 사람이 자기를 성결하게 하기 위하여 유월절 전에 시골에서 예루살렘으로 올라갔더니"

예루살렘은 세상 권력의 중심입니다. 예수님은 공생애 처음부터 예루살렘을 향해 돌진하셨습니다. 그것은 유대교의 심장부를 쳐서 유대 종교의 실패를 만천하에 폭로하기 위해서입니다. 예수님은 예루살렘 성전에서 장사치를 내쫓는 정화작업을 하시는데 이는 마치 예수님이 홀로 유대교와 전쟁을 하는 것과 같습니다. 유대교는 맛 잃은 물의 종교가 되었습니다. 새 술은 새 부대에 붓듯이 유대교는 해체되어야 합니다.

특별히 예수님은 유월절 즈음에 예루살렘을 방문하셨습니다. 유월절은 출애굽을 기념하여 생긴 절기입니다. 이스라엘의 민족해방절입니다. 이스라엘의 해방절을 맞아 메시야 신앙의 기대가 높아집니다. 이스라엘은 여전히 포로 상태에 있고 지금의 권력자는 로마제국입니다. 그러나 유대교가 지금 제공하는 희망은 헛됩니다. 참된 해방은 현 유대교의 길에 있지 않습니다. 하나님께서 보내신 참된 빛을 영접할 때 거기에 진정한 자유와 해방이 있습니다.

예수님이 성전 정화하는 모습을 유대인들은 열심당 운동의 일종으로 보았을지 모릅니다. 그들의 눈은 현실적이며 정치적 해방에만 관심이 있기 때문입니다. 그러나 예수님이 목표로 한 것은 일시적 해방이 아니라 영구한 해방입니다. 정치체제야 시시각각 변합니다. 한 체제가 무너지고 새로운 체제가 들어서지만 어느새 그것도 또 다른 억압 세력이 됩니다. 인간의 어리석음과 욕심 때문입니다.

예수님은 자기 혁명을 원하셨습니다. 우리에게 진정 필요한 것은 외부의 변화가 아니라 자신의 변화입니다.

혁명은 제도적 혁명과 의식의 혁명 양자가 함께 갈 때 완전합니다. 정치적 혁명만 꾀한다면 단지 어제의 왕비가 오늘의 시녀가 되고 어제의 시녀가 오늘의 왕비가 되는 그런 교체일 뿐입니다. 1789년 프랑스 대혁명이 있었지만 얼마 지나지 않아 왕정복고가 되고 이어서 나폴레옹이 등장했습니다. 다시 혁명과 복고가 엎치락뒤치락 하다가 결국 1871년 제5차 혁명인 파리 코뮌까지 이어졌습니다. 자기 변화 곧, 의식의 혁명 없이 권력만 바꾸는 운동을 반복했기 때문입니다.

우리 사회는 부동산 문제가 심각합니다. 언론이나 사람들은 정부의 부동산 대책을 탓하거나 외부 환경을 문제 삼습니다. 그런데 실제 문제의 주범은 무엇입니까? 우리들의 욕망입니다. 내 집값은 오르길 바라고 손쉽게 재산을 불리려는 욕심이 부동산에 투사되었습니다. 자신 안에 있는 욕심을 죽여야 합니다. 자기 집 한 채 소유하는 것으로 만족해야 합니다. 좁은 땅덩어리에서 함께 살기 위해서는 공동체 정신이 필요합니다. 이런 가치관의 변화가 동반될 때가 진정한 혁명입니다.

예수님이 바라시는 것은 영구한 혁명이고 자기 변화입니다. 예수님의 말씀이나 행동은 유대교 체제에 헛된 희망을 두고 교묘히 자기 문제를 회피하는 사람들을 향하고 있습니다. 예수님은 민족해방보다는 인간해방을 목표로 나아가고 있습니다. 성전은 인간의 모든 욕망이 집결된 곳입니다.

장사치의 소굴

　성전을 정화하시는 예수님의 모습은 매우 폭력적입니다. 성전 안에 소와 양과 비둘기를 파는 사람들과 돈 바꾸는 사람들이 앉아 있었습니다. 이곳은 제사드리는 성소 안쪽이 아니라 집합건물인 성전 내부의 이방인의 뜰 근처였을 것입니다. 소와 양과 비둘기는 제사용입니다. 먼 곳에서 오는 사람들은 제사용 짐승을 가지고 오기 힘드니 이곳에서 구입을 하였습니다. 돈 바꾸는 자들은 성전세나 성전에 바칠 헌금을 환전하는 데 필요했습니다. 유대인들은 우상숭배를 엄격히 금하여 황제나 우상의 초상이 새겨진 데나리온 화폐를 받지 않았습니다. 이곳에서 드라크마나 세겔로 바꾸었을 것입니다. 모두가 하나님 예배를 위한 나름 선한 방편들이었습니다.

　그러나 사람의 마음은 주객이 전도되는 경향이 있습니다. 필요를 위해서 불가피하게 허용했던 것이 이제는 주인이 됩니다. 장사치들은 이곳에서 큰 이익을 얻으려 하고, 제사장들은 자릿세나 세금을 통한 수익에 혈안이 됩니다. 중이 염불에는 마음이 없고 잿밥에만 마음이 있다는 말이 이에 해당합니다. 이런 일은 현대 교회에서도 일어납니다. 예배를 위해서 교회 건물을 필요로 하였는데 나중에는 건축이 교회의 목표가 되어버리고 맙니다. 영혼 구원의 결과가 성장인데, 어느새 한 영혼에 대한 사랑은 사라지고 성장이 목표가 되어버립니다.

　우리 영혼이 성전입니다. "너희가 하나님의 성전인 것과 하나님의 성령이 너희 안에 계시는 것을 알지 못하느냐"(고린도전서 3:16) 성테레사 수녀는 우리 영혼을 하나님이 거하시는 '영혼의 궁방'이라 표현하였습니다. 성전은 하나님을 예배하는 곳입니다. 기도하는 곳입니다. 그런데 이곳에서 무슨 소리가 들려오고 있습니까? 침묵과 평화보다는 소와 양의 두려움과 배고픔의 울음소리, 재물에 대한 염려와 이루지 못한 욕망의 한숨소리, 각종 불평과 원망과 비방과 다툼의 소리… 주님은 다시 채찍을 들고 우리 영혼의 성전에서 이 장사치들을 다 내쫓고 싶은 심정일 것입니다.

주의 전을 사모하는 열심

주님은 노끈으로 채찍을 만드셨습니다. 채찍을 휘둘러 양이나 소를 다 내쫓으셨습니다. 돈 바구니를 바닥에 쏟으셨습니다. 동전이 구르는 소리가 들립니다. 상을 다 엎으셨습니다. 요란한 소리를 내고 사람들은 놀란 표정으로 바라봅니다. 매우 격한 분노의 발산입니다. 학자들은 이를 열심당적 행위로 봅니다. 기원전 164년에 안티오쿠스 에피파네스로 인해 더럽혀졌던 성전을 다시 회복하고 깨끗이 씻는 수전절 사건이 있었습니다. "예루살렘에 수전절이 이르니 때는 겨울이라"(10:22) 바리새인과 대제사장들이 예수님을 죽이려 했던 가장 결정적 이유를 하나 든다면 바로 이 성전 정화사건이었을 것입니다.

주님의 이 폭력적 행동의 이유에 대해서 성경은 "주의 전을 사모하는 열심이 나를 삼키리라"고 설명합니다. 하나님의 집은 만민이 기도하는 집입니다. 가장 거룩하고 순결해야 하는 이곳을 장사치의 소굴로 만들었습니다. 도무지 그 분노를 주님은 참을 수 없었던 것입니다. 화를 마냥 참거나 온순한 것이 신앙인의 모습의 다가 아닙니다. 17절의 '열심'이라는 헬라어는 '젤로스'인데 여기서 '열심당'이라는 명칭이 나왔습니다.

좀 더 거슬러 올라가면 민수기의 비느하스의 열심에서 그 기원을 찾을 수 있습니다. 이스라엘 자손 중 하나와 미디안 여인이 바알 우상을 섬긴 후 섹스 의식을 하고 있었습니다. 제사장 비느하스가 이 모습을 보고 의분이 나서 창으로 두 남녀를 한꺼번에 찔러 죽였습니다. 그러자 하나님이 심판을 그치며 이렇게 말씀하셨습니다. "비느하스가 내 질투심으로 질투하여 이스라엘 자손 중에서 내 노를 돌이켜서 내 질투심으로 그들을 소멸하지 않게 하였도다"(민수기 25:11) 여기 '질투'로 번역된 단어가 바로 '젤로오'입니다. 의인의 분노는 바로 하나님을 대신하는 분노입니다. 세상이 악이나 허무를 향하는 것에 분노하는 사람, 그들에 의하여 정의는 굳건히 섭니다.

프랑스의 스테판 에셀Stephane F. Hessel이 쓴 『분노하라』는 책에서는 의로운 분노에 대해서 말합니다. 93세의 에셀이란 노인이 쓴 34페이지 분량의 작은 책인데 프랑스에서는 출간된 지 7개월 만에 200만 부를 돌파했을 정도로 반향을 일으켰던 책입니다. 지은이는 제2차 세계대전 당시 레지스탕스였는데 그때의 경험을 기초로 요즘 세대를 향하여 분노할 것을 명합니다. 레지스탕스란 말 자체가 '저항한다.'는 의미인데 그 근본은 분노에서 출발하였습니다. 에셀은 언론 매체가 부자들에게 장악된 사회에 분노하라고 합니다. 극빈층과 최상위 부유층의 격차가 이렇게 벌어진 적은 없었다고 하며 그런 사회에 대해서 분노하라고 합니다. 돈을 좇아 질주하는 경쟁 사회를 향하여 분노하라고 합니다. 평화와 민주주의를 위협하는 세력에 대해, 국제 금융시장의 독재에 분노하라고 외칩니다.

에셀은 "최악의 태도는 무관심"이라고 하며 이 무관심이야말로 사람이 사람답게 살 수 있는 기회를 스스로 포기하는 행위라고 말합니다. 물론 그렇다고 해서 폭력투쟁으로 나서라는 의미는 아닙니다. 에셀은 합법적이며 평화적인 봉기를 제시합니다. 우리 주변에서 일어나는 일을 부당하다고 느낄 때 한숨만 쉬지 말고 의견을 표출하고 참여하고 조직화할 때 그것이 세상을 아름답게 바꾸어갑니다. 이런 분노는 정당합니다.

기득권 세력은 예수님의 분노에서 유발된 행동에 폭력의 프레임을 씌우려 합니다. 그런데 이 정도는 폭력이라고 부를 수 없는 사소한 것입니다. 실상 주먹만 휘두르지 않았지 언론에 의한 펜의 폭력이나 보이지 않게 사람을 옥죄는 제도적 폭력이 더 폭력적입니다. 탈레반과 같은 현대의 근본주의자들이 휘두르는 교리의 폭력도 매우 폭력적입니다. 예수님의 분노는 사람을 향하지 않고 제도를 향합니다. 죄인이 아니라 죄 자체를 향합니다. 십자가는 죄를 향한 하나님의 분노입니다. 분노의 근본 동기는 사랑입니다. 사람의 생명을 억압하고 왜곡하는 악에 대해서 분노하고 저항합니다.

참 것과 그림자

(2:18-25)

너희가 이 성전을 헐라
내가 사흘 동안에 일으키리라

성전이란 무엇인가?

'성전이란 무엇인가?' 이런 식의 질문은 사람을 질리게 합니다. '교회는 무엇인가?' '사랑이란 무엇인가?' '결혼이란 무엇인가?' '분노란 무엇인가?'도 그런 범주에 들어갑니다. 설명하는 데 시간이 걸리고 답을 찾기도 쉽지 않습니다. 현대인들은 즉각적인 답을 원합니다. 그렇지만 신앙이나 철학은 인간의 근본적인 문제들을 다루기에 이런 식의 질문에 익숙해야 합니다. 성전은 왜 생겼고, 그 의미와 목적이 무엇인지 항상 질문을 받아야 성전이 제대로 기능할 수 있습니다.

성전은 하나님의 집이라 불렸습니다. 하나님이 거하시는 곳입니다. 그렇지만 하나님은 우주를 만드신 분이기에 이 세상에는 하나님이 거하실만한 공간이 없습니다. 사실 하나님의 집은 하나님을 위해서가 아니라 인간을 위해서 필요했습니다. 하나님이 특정 시공간에 얽혀 있어야 인간은 하나님을 인식할 수 있습니다. 그런 점에서 보면 성전은 하나님이 계신 공간이면서 또한 하나님이 계실 수 없는 곳입니다. 이 한계를 알아야 성전이 제 기능을 합니다.

솔로몬은 성전 낙성식에서 이렇게 기도했습니다. 열왕기상 8장 27절입니다. "하나님이 참으로 땅에 거하시리이까 하늘과 하늘들의 하늘이라도 주를 용납하지 못하겠거든 하물며 내가 건축한 이 성전이오리이까" 크신 하나님을 좁은 공간에 가두어둘 수 없습니다. 그러면 성전은 무용한가? 아닙니다. 성전은 하나님의 이름을 두신 곳입니다. "주께서 전에 말씀하시기를 내 이름이 거기 있으리라 하신 곳 이 성전을 향하여 주의 눈이 주야로 보시오며"(열왕기상 8:29) 하나님이 성전에 자신의 이름을 두셨기에 그곳에서 하나님을 만나며, 하나님을 예배하며, 하나님의 이름으로 기도할 수 있습니다. 성전은 만민이 기도하는 집입니다.

예루살렘이 위대한 것은 그곳에 하나님의 성전이 있기 때문입니다. 솔로몬 성전이 무너진 후 이스라엘은 바벨론 포로에서 돌아와 성전을 다시 지었습니다. 이것을 스룹바벨 성전 또는 제2 성전이라 합니다. 그러나 그 모습이 초라했습니다. 예수 시대에 이방 이두매 출신으로 유대인의 왕이 된 헤롯은 유대인들의 환심을 사기 위해 이 스룹바벨 성전을 중건했습니다. 기록에 의하면 BC 20년부터 시작하여 AD 63년경에 완공되었다고 합니다. 80년 넘게 지었습니다. 얼마나 화려했던지 헤롯 성전을 보지 않은 자는 아름다운 건축물을 보았다고 말하지 말라고 할 정도였습니다.

유대 역사가 요세푸스는 그 성전의 위용에 대해서 이렇게 묘사합니다. "성전의 외부형태를 보는 자는 그 눈과 영혼으로 감탄할 수밖에 없었다. 왜냐하면 이 성전은 어느 곳이든 거대한 금판으로 덮여 있었고 해가 뜨면 금판에서 불같은 광선이 반사되어 그것을 똑바로 보려 해도 해를 직시할 수 없는 것 같이 눈을 돌려야 할 정도이기 때문이다." 그러나 이 거대한 성전은 예수님의 예언처럼 완공된 지 7년 후인 AD 70년에 그야말로 돌 위에 돌 하나도 남기지 않고 로마군에 의해서 철저히 파괴되었습니다. 그때 살아남았던 성전 벽의 일부가 바로 오늘날의 '통곡의 벽'입니다.

예수님 공생애 기간에도 성전은 공사 중이었습니다. 46년 동안 짓고 있었습니다. 성전은 거룩한 공간이었기에 구역이 엄격히 통제되었습니다. 유대 여인들은 '나오스'라 불리는 성소 공간 안으로는 들어갈 수 없습니다. 그 바깥의 여인의 뜰까지만 접근 가능했습니다. 제사장들은 성소 안에서 앉아 있어서는 안 되고 맨발로 다녀야 했습니다. 이 때문에 겨울에는 동상에 자주 걸렸습니다. 이방인들은 성전 접근이 엄격하게 통제되었는데 성전 광장의 중간에 경계석을 세웠고 이 안으로 들어갔다가는 죽임을 면치 못했습니다.

유대인들의 삶의 중심에 이 성전이 있습니다. 외롭고 힘들 때마다 이 성전 쪽을 향하여 기도했습니다. 절기를 따라서 예루살렘 성전을 순례하는 셋이 삶의 기쁨이요 보람이었습니다. 예루살렘 성전 주변에 묘지가 많은 것도 그런 연유에서입니다. 나이 들고 혼자가 된 사람들이 성전에 와서 여생을 마치는 것이 마지막 그들의 행복이었습니다.

진짜 성전

성전 앞에서 예수님은 이렇게 말씀합니다. "너희가 이 성전을 헐라 내가 사흘 동안에 일으키리라"(19) 성전은 그 신성함이 사라지고 인간의 욕망과 인간의 어리석음과 인간의 전통과 인간의 온갖 이데올로기로 얽힌 곳이 되었습니다. 헛된 것들은 무너져야 합니다. 인간적인 것들이 무너져야 참된 것이 설 수 있습니다. 예수님은 사흘 만에 새로운 성전을 세우시겠다고 하십니다. 어떤 성전입니까? "예수는 성전 된 자기 육체를 가리켜 말씀하신 것이라"(21) 사흘은 예수님이 십자가에 돌아가시고 부활하신 그 삼 일의 시간입니다. 예수님이 몸소 성전입니다.

어떻게 한 인격체가 성전이 될 수 있는가? 성전의 원래 기능을 생각한다면 이는 불가능한 말이 아닙니다. 예수님을 통해서 하나님이 온전히 계시되었습니다. 예수의 이름으로 기도할 때 하나님은 응답하십니다. 예수님을 모시며 드리는 예배를 하나님은 기뻐하십니다. 그러니 예수님이 성전입니다. 유대인들도 하나님의 말씀을 읽고 연구하는 그 순간은 하나님의 쉐키나영광가 임하여 지성소에 있는 것과 같다고 하였습니다. 예수님은 건물 성전을 무너뜨리고 새로운 인격체 성전을 세우셨습니다.

하나님의 성전은 이제 한 개인을 넘어섭니다. 인간들의 공동체가 성전입니다. 사도 바울은 고린도 교회를 향하여 이렇게 말씀합니다. "너희가 하나님의 성전인 것과 하나님의 성령이 너희 안에 계시는 것을 알지 못하느냐"(고린도전서 3:18) 예수 그리스도는 성령의 형태로 교회와 우리 마음 가운데 임합니다. 이제 예수 그리스도를 믿는 공동체가 하나님의 성전입니다. 바울은 고린도 교회, 기껏해야 수십 명 정도 모인 가정교회, 비린내 나고 가죽 냄새나는 바로 그곳이 성전이라 하였습니다. 하나님이 영으로 그곳에 임하시기 때문입니다.

사실 유대교에서도 이미 성전은 그 기능을 상실하고 있었습니다. 사마리아 종교의 그리심산 성전은 스룹바벨 성전 체제에 반발한 일단의 야훼주의자들이 그리심산이 하나님께서 모세에게 "그 이름을 두시려고 택하신 곳"(신명기 16:2)이라 여기며 세웠던 것입니다. 쿰란 공동체는 예루살렘 성전이 타락했다고 하여 광야로 물러가 수도원적인 생활을 했는데 자신들의 공동체 공의회를 '아론을 위한 지성소'라 불렀습니다. 이후에 유대교에서는 회당이 성전의 기능을 대체하였는데 결정적으로 '회개'가 '속죄의 제사'를 대체하고, '하나님 말씀'이 하나님을 대신했기 때문입니다. 모세오경 토라를 넣어둔 함을 법궤라 불렀고, 이 보관소를 지성소처럼 여겨 휘장으로 가리기도 했습니다. 성전이라는 건물보다는 그 의미에 주목한 결과입니다. 그래서 진짜 성전은 한 인격자 예수라는 선언이 불가능하지 않습니다.

실제와 그림자

예수님이 진짜 성전이데아이고 땅 위의 성전은 모형그림자입니다. "그들이 섬기는 것은 하늘에 있는 것의 모형과 그림자라 모세가 장막을 지으려 할 때에 지시하심을 얻음과 같으니"(히브리서 8:5) 모세가 지었던 지상 성전은 실은 하늘에 있는 진짜를 흉내 낸 모형이었습니다. 그림자일 뿐입니다. "그리스도께서는 참 것의 그림자인 손으로 만든 성소에 들어가지 아니하시고 바로 그 하늘에 들어가사"(히브리서 9:24) 참 것과 그림자의 차이입니다. 하늘에 있는 것이 참 것이고, 땅의 성전은 그림자입니다. 그림자를 붙잡는다면 아무리 기도하고 헌신한다 할지라도 아무 소용이 없습니다. 그곳에는 살아 계신 하나님이 없습니다. "너희는 알지 못하는 것을 예배하고 우리는 아는 것을 예배하노니"(4:22)

세상은 그림자놀이에 빠져 있습니다. 그림자는 아무리 소유해도 남지 않습니다. 우리가 애써 소유하려는 재물은 땅따먹기 놀이와 같습니다. 납작한 작은 돌을 훔치며 열심히 나왔다 들어갔다 하며 자기 소유의 땅을 넓힙니다. 그렇게 신나게 놀고 있는데 엄마가 "아무개야 와서 밥 먹어!" 하는 소리에 모든 것을 놓고 집으로 돌아가야 합니다. 그것이 그림자입니다.

그림자는 먹어도 배부르지 않습니다. 예수님은 떡에 취한 무리를 향해 다음과 같이 말씀합니다. "너희가 나를 찾는 것은 떡을 먹고 배부른 까닭이로다 썩을 양식을 위하여 일하지 말고 영생하도록 있는 양식을 위하여 하라"(6:26-27) 썩을 양식과 영원한 양식을 구분할 수 있어야 합니다. 빵은 그림자요, 실체인 예수를 먹어야 삽니다.

나란 존재도 그림자입니다. 진짜 나는 어디에 있는지 알지 못합니다. 요즘 철학이나 심리학에서 주목하는 현상입니다. 포스트모더니즘을 대표하는 정신분석학자 라깡Jacques Lacan의 말입니다. "내가 있는 곳에 나는 존재하지 않고, 내가 없는 곳에 나는 존재한다.”
‘나’라고 생각하는 ‘나’는 세상이 규정한 ‘나’입니다. 내 욕망이 아
닌 세상의 소리이고, 내 생각이 아닌 세상이 강요한 규범입니다. 기
껏 의식이 풀리는 꿈속에서나 가끔 자기 욕망을 확인합니다. 반성
하고 결단하는 각성에서 ‘참 나’는 어렴풋이 실체를 드러냅니다.

　우리는 끊임없이 참 것을 찾아가야 합니다. 예수도 참 예수가
있고 그림자 예수가 있습니다. 과거의 예수, 교리의 예수는 죽은 예
수, 그림자 예수입니다. 날마다 새롭게 만나는 예수가 살아 있는 예
수, 참 예수입니다.

니고데모의 실패

(3:1-5)

사람이 물과 성령으로 나지 아니하면
하나님 나라에 들어갈 수 없느니라

니고데모

니고데모가 밤중에 예수님을 찾았습니다. 밤이라는 시간이 갖는 상징성이 잘 보여주듯 니고데모는 혼란에 빠졌습니다. 그의 심리 상태는 어둡습니다. 길이 보이지 않습니다. 니고데모의 실패입니다. 그의 실패는 단순하게 볼 수 없는데 니고데모는 유대교의 대표적 엘리트이기 때문입니다.

니고데모는 바리새인이었는데, 당시 바리새파는 평신도 운동 집단으로 약 8천 명 정도 되는 엘리트 개혁세력이었습니다. 니고데모는 또한 유대인의 지도자였는데 오늘날 국회의원 신분에 해당하는 산헤드린 의회 의원이었습니다. 10절에서는 이스라엘 선생이라 불립니다. 니고데모는 사상가요 대중에게 길을 제시해야 하는 사람이었습니다. 그런 그가 이스라엘이 그토록 고대하던 하나님의 나라에 들어갈 수 있는 길도 모르고, 확신도 없다고 하니 얼마나 심각한 사태입니까?

니고데모가 실패한 이유는 무엇입니까? 그는 무엇보다 세상성에 갇혔기 때문입니다. 니고데모가 예수님을 찾은 이유에서 직접적으로 확인할 수 있습니다. "우리가 당신은 하나님께로부터 오신 선생인 줄 아나이다 하나님이 함께하시지 아니하시면 당신이 행하시는 이 표적을 아무도 할 수 없음이니이다"(2) 예수님이 놀라운 기적들을 많이 행하시는 것을 보니 그는 하나님으로부터 온 선생이고, 그가 무슨 답을 가지고 있지 않을까 하는 기대였습니다.

기적을 통해서 하나님을 믿는 것이 틀린 것은 아닙니다. 그러나 표적신앙 저변에는 이 세상에 대한 긍정과 이 세상의 힘의 논리에 대한 신뢰가 깔려 있습니다. 사도 바울은 노골적으로 "유대인은 표적을 구하고 헬라인은 지혜를 찾으나 우리는 십자가에 못 박힌 그리스도를 전한다"(고린도전서 1:22-23)라며 유대인의 표적신앙을 비난합니다. 종교가 추구하는 길과 세상성은 서로 다른 길입니다.

신앙은 육체의 질병보다는 우리 마음과 영혼의 질병을 문제 삼습니다. 물질의 축복보다는 하늘나라의 복으로 부요할 것을 말씀합니다. 군림하고 권력을 행사하는 것보다 무력해지고 십자가에 희생할 것을 요구합니다. 먹을 것으로 배부른 것보다 영혼의 양식으로 풍요로울 것을 요구합니다. 배부른 돼지가 아니라 배고픈 소크라테스의 길이 행복하다는 것이 신앙의 진리입니다. 세상성, 곧 물질성에 빠진 현대인들에 대해 키르케고르는 다음과 같이 비꼽니다. "돈 5달러를 잃었을 때는 심각해지는 사람들이 정작 자기를 잃은 것에 대해서는 심각해 하지 않는다." 세상성에 빠져서는 하나님의 나라를 볼 수 없습니다.

표적 신앙에 매인 자들은 결국 예수를 죽입니다. 그들은 능력과 보이는 것을 숭상하는 자들입니다. 그 효용성이 떨어지면 다른 것으로 쉽게 바꾸어 버립니다.

한국교회는 현대판 니고데모가 되었습니다. 노골적으로 기복신앙을 찬양합니다. 미신과 어리석음으로 성도들을 현혹합니다. 교회의 크기와 건물을 자랑합니다. 권력과 힘을 추구하고 가난한 자를 무시합니다. 반공주의와 정치이념에 빠져 광화문으로 나가고 설교 단상을 온갖 가짜뉴스로 어지럽힙니다. 거짓의 아비를 닮아서 거짓을 일삼고 권력욕에 혈안이 되었습니다. 한마디로 세상성에 빠져 있습니다. 세상성의 논리에서 벗어나지 못한다면 하나님 나라를 볼 수 없습니다.

거듭나라

니고데모는 세상성에서 벗어나지 못하기에 예수님의 말씀을 도무지 이해하지 못합니다. 니고데모를 향하여 예수님은 "사람이 거듭나지 아니하면 하나님의 나라를 볼 수 없느니라"(3)라고 말씀합니다. 이 말씀을 듣자 니고데모가 다음과 같이 반문합니다. "사람이 늙으면 어떻게 날 수 있사옵나이까 두 번째 모태에 들어갔다가 날 수 있사옵나이까"(3) 서로의 언어 이해가 다르고 커뮤니케이션이 되지 않습니다. 설마 예수님이 늙은 니고데모에게 모태에 다시 들어가라고 말씀하셨겠습니까? 예수님이 말씀하신 거듭나라는 단어는 헬라어로 '아노텐'입니다. 아노텐은 '거듭, 다시'라는 뜻도 있지만, '위로부터'라는 뜻도 있습니다. 예수님은 하늘로부터 나는 거듭남을 말씀하셨습니다. 달리 말하면 영적인 거듭남입니다.

이스라엘의 선생인 니고데모는 물질의 논리에 갇혀 영적인 세계를 이해하지 못합니다. 플라톤의 동굴 우화의 그림자에 매인 지식인이 니고데모입니다. 바깥 세계에서 참 빛을 보고 온 자와 여전히 사슬에 묶여 그림자만 보고 있는 자 사이에 발생하는 커뮤니케이션의 위기입니다.

신앙의 언어는 논리적이 아니라 믿음의 언어입니다. 하나님, 그리스도, 부활, 영생, 하나님의 나라 등 다 논리적으로, 과학적으로 설명할 수 있는 언어들이 아닙니다. 철학과 신앙의 길은 다릅니다. 철학은 보이는 세계와 인간 의식의 문제를 다룹니다. 반면에 신앙은 눈으로 검증할 수 없는 존재와 의미와 죽음 너머의 세계 등 보이지 않는 세계에 대해서 다룹니다. 보이지 않기에 신앙의 언어는 논리적이지 않고 믿으라는 말로 귀착이 됩니다.

이것이 답답했던지 파스칼은 그의 책 『팡세』에서 내기 논증으로 신앙의 우월성을 증명하려 하였습니다. 사후의 세계가 없다면 '0'이고, 있다면 '전부'를 얻는 내기입니다. 없다는 데 내기를 건 사람은 실제 내세가 있다면 이 사람은 없다고 하였기에 전부를 잃게 될 것이고, 정말 없다면 설사 맞혔다 할지라도 내세가 없기에 아무것도 얻을 수 없습니다. 이 사람이 얻을 수 있는 점수는 어떤 경우에도 '0'입니다. 반대로 사후의 세계가 있다는 데 내기를 건 사람은 손해를 보지 않습니다. 실제 사후 세계가 있다면 이 사람은 '전부'를 얻게 될 것입니다. 그러나 실제 없다고 할지라도 상관없습니다. 없으면 그것으로 끝이니까요. 무엇이 더 현명할까요?

죽음 이후의 세계나 보이지 않는 세계에 대한 것은 논리적으로 확증하기 어렵습니다. 사실 사람이 왜 서로 사랑하고, 왜 선하게 살아야 하는지도 논리적 결론으로 도출되지 않습니다. 그런데 일단 믿고 난 후에는 우리 삶에 긍정적 변화가 일어난다는 것이 신앙이 가진 놀라운 힘입니다.

죽음을 두려워하지 않습니다. 모든 생명을 사랑하고 가난하고 연약한 자들을 향한 연민이 생깁니다. 자기 삶에 대한 사랑과 존중이 있습니다. 물질적인 욕심이 사라지고 비움의 가치를 소중히 여깁니다. 삶에 대한 감사가 있고 낙심하지 않으며 인내합니다. 바람을 볼 수 없지만 나뭇잎이 흔들리는 것을 보며 간접적으로 바람의 존재를 알 수 있듯이, 신앙인들의 삶의 변화가 믿음의 실재를 증거합니다.

물과 성령으로

주님은 "사람이 물과 성령으로 나지 아니하면 하나님의 나라에 들어갈 수 없느니라"(5)고 단언합니다. 이 말씀은 사람에게는 적당한 개혁이나 개선이 아니라 뿌리째 뽑는 개벽이 필요하다는 말씀입니다. 어떤 사람이 돌배나무를 정성껏 길렀습니다. 영양분도 잔뜩 주고 잡초나 병충해도 제거하였습니다. 가지치기를 하여 충실한 열매를 맺도록 하였습니다. 그 결과 풍성한 수확을 얻었는데 100배의 돌배를 얻었습니다. 이게 개혁입니다.

바리새파는 유대교의 개혁을 꿈꾸었습니다. 말씀을 연구하고 새롭게 적용하고 이것을 온 이스라엘이 실천하면 하나님 나라가 임할 것이라 하였습니다. 그러나 예수님은 거기에 소망이 없다고 말씀합니다. 인간적 개혁으로는 좀 더 나은 인간이 나올 뿐입니다. 그 인간도 시간이 가면 다른 나쁜 인간으로 굳어집니다. 물과 성령으로 나라는 말씀은 철저한 개벽을 가리킵니다. 인간 존재 자체가 완전히 탈바꿈하지 않으면 소망이 없습니다.

이를 달리 하나님의 자녀라 부릅니다. 단순히 더 나은 인간이 되는 게 아닙니다. 하나님으로부터 태어난 자들입니다. 개벽 사건입니다. 개벽을 형상화한 것이 십자가와 부활입니다. 이전의 '나'가 죽고 새로운 '나'로 다시 삽니다. "내가 그리스도와 함께 십자가에 못 박혔나니"(갈라디아서 2:20) "그런즉 누구든지 그리스도 안에 있으면 새로운 피조물이라 이전 것은 지나갔으니 보라 새것이 되었도다"(고린도후서 5:17)

동양적 시각으로 요한복음을 강해하는 데 탁월했던 이현주 목사의 거듭남에 대한 설명입니다. "태어난다는 것은 존재하는 '방법'과 몸담아 사는 '세계'를 바꾸는 것이다. 그동안 자신을 살아있게 한 생명줄탯줄을 끊고 새로운 줄에 목숨을 매다는 것이다." 존재 자체의 완전한 탈바꿈 이게 거듭남이고, 성령으로 난 사람입니다.

많은 신앙인이 자신들에게 일어난 이 대개벽 사건을 자각하지 못하고 있습니다. 요한복음은 사실 초신자용이 아닙니다. 이미 믿는 신자들을 대상으로 자신들에게 일어난 생명 사건을 다시 일깨울 목적으로 기록되었습니다. "오직 이것을 기록함은 너희로 예수께서 하나님의 아들 그리스도이심을 믿게 하려 함이요 또 너희로 믿고 그 이름을 힘입어 생명을 얻게 하려 함이니라"(20:31) 교회 안에 있는 우리가 니고데모이고, 다시 복음을 들어야 할 대상입니다.

물과 성령으로 거듭나라

(3:5-12)

육으로 난 것은 육이요
성령으로 난 것은 영이니

거듭나라

'거듭나다'⑶, '물과 성령으로 나다'⑸, '영으로 나다'⑹, '성령
으로 난 사람'⑻ 등 말씀이 반복되며 거듭남의 정체가 점점 구체화
됩니다. '겐나오'라는 헬라어 뜻은 '태어나다'인데 오늘 말씀에서
매 구절 반복됩니다. 하나님 나라에 들어가는 것을 출생 사건에 비
유합니다. 거듭나라는 것은 어머니의 모태로 들어가라는 말이 아닙
니다. '거듭'을 뜻하는 헬라어 '아노텐'은 '위로부터'라는 의미입니
다. 이는 하늘로부터 태어나라는 뜻입니다. 어떻게 하늘로부터 납
니까? 성령으로 다시 태어나는 것이 곧 거듭남입니다.

예수 그리스도를 믿는 자들은 성령으로 거듭난 사람들입니다.
이 말은 이해하기 쉽지 않습니다. 내 의식은 뚜렷하고, 성령이라는
이타적 존재는 감각되지 않는데 성령으로 난다는 것이 도대체 무슨

말입니까?

이 거듭남의 비밀을 이해하기 위해서는 '~이다.'는 긍정명제보다는 '~아니다.'는 부정명제로 접근하는 것이 낫습니다. "육으로 난 것은 육이요 영으로 난 것은 영이니"(6)란 말씀은 성령의 길은 세상의 길과 다르다는 뜻입니다. 육이라고 규정한 인간적이거나 기존의 종교나 사상이 제시했던 길이 아닙니다. "바람이 임의로 불매 네가 그 소리는 들어도 어디서 와서 어디로 가는지 알지 못하나니"(8) 요즘이야 바람의 원리를 알고 기상예보가 발달해서 그렇지만 이전 사람들은 바람이 어디에서 와서 어디로 가는지 알 수 없었습니다. 이는 성령의 역사를 예측할 수 없다는 뜻입니다. "내가 땅의 일을 말하여도 너희가 믿지 아니하거든 하물며 하늘의 일을 말하면 어떻게 믿겠느냐"(12) 이번에는 땅의 일과 하늘의 일로 대조합니다. 땅의 논리로는 알 수 없다는 뜻입니다.

이 모든 것이 뜻하는 것은 결국 인간이 생각하고 인간이 노력하는 그 길에는 답이 없다는 것입니다. 왜 예수가 "내가 곧 길이요 진리요 생명이다 나로 말미암지 않고는 아버지께 올 자가 없다"(14:6)는 매우 배타적이고 독단적인 선언을 했겠습니까? 근본적으로 인간적인 것으로서는 어떤 희망도 어떤 구원의 길도 없기 때문입니다.

많은 종교가 이렇게 저렇게 하면 구원을 얻는다고 말합니다. 많은 이념과 사상이 이런 방향으로 가면 사회가 나아질 것이라고 합니다. 요한복음 말씀은 그것은 "다 거짓이다."라고 선언합니다. 제아무리 노력해도 육이요, 땅의 일이요, 땅의 논리입니다. 하늘에 이를 수 없습니다. 성령은 모든 인간적인 것에 대한 절망입니다. 인간은 늪에 빠졌습니다. 허우적댈수록 오히려 깊이 빠져듭니다. 오직 밖으로부터 던져진 밧줄만이 우리를 이 늪에서 구원할 수 있습니다.

성령을 언급하는 이유는 우리 구원을 돕기 위해서가 아닙니다. 먼저는 심판입니다. 파멸입니다. 모든 인간적인 것에 대비되는 하늘의 실체로서 '아니오'의 선언입니다. 모든 것은 거짓이고, 그림자고, 망상이라 외칩니다. 이 절망의 소리를 들어야 우리는 진정한 구원으로 나갈 수 있습니다.

성령으로 난 사람

성령으로 난다는 것은 철저한 혁명입니다. 인간적 기초 위에 쌓은 것은 100% 부패합니다. 거기에는 소망이 없습니다. 이 싸움은 믿음을 가진 후에도 계속됩니다. 신앙은 육과 영의 전쟁입니다. 우리는 영의 사람이 되었지만, 여전히 육의 습성이 우리 몸에 잠복해 있습니다. 성령으로 났다는 것을 육에 대한 절망 선언으로 읽지 않고, 그 실체적 임재에만 초점을 두어 단회성을 강조하기 때문에 거듭남을 오해합니다. 한 번 구원은 영원한 구원이라는 식으로 말입니다. 성령으로 났다는 것은 싸움의 시작입니다.

한국 기독교의 실패는 영으로 육을 제어하지 못한 데서 비롯되었습니다. 한국 근대화기의 선교사 헐버트H. B. Hulbert의 『대한제국 멸망사』에서 한국인의 종교 심성을 다음과 같이 탁월하게 분석한 바 있습니다. "한국인은 사회적으로는 유교적이며, 철학적으로는 불교적이며, 밑바닥에는 샤머니즘이 자리 잡고 있다." 이 샤머니즘이 불교를 내세종교로, 유교를 제사종교로 만들더니 이제 한국기독교를 기복신앙으로 바꾸었습니다. 육은 육의 열매를 맺습니다. 탐욕, 미신성, 배타성, 권력지향성, 폭력성이 그 열매입니다. 거듭남은 매일의 사건이어야 합니다. 성령으로 난다는 것은 모든 육적인 것, 세상적인 것에 대한 단절 선언입니다.

이는 또한 겉보기에 선한 자들을 향한 경고이기도 합니다. 칼 바르트Karl Barth가 말했듯이 혁명적인 인간들이 더 위험합니다. 헛된 희망을 주기 때문입니다. 소위 성인이라는 존재가 더 위험합니다. 인간적 가능성을 여전히 제시하기 때문입니다. 혁명을 꿈꾸는 적색동지가 더 위험합니다. 사회에 무슨 희망이 있는 것 같은 착각을 주기 때문입니다. 교회에서는 자칭 더 나은 교회를 추구하는 자가 더 위험할 수 있습니다. 교회를 분열로 몰아가기 때문입니다. 진리와 정의를 추구하지 말라는 말이 아닙니다. 항상 육과 세상성에 대해 경계하고 조심하라는 경고입니다. 신앙의 길은 단번에 이루는 혁명보다는 영원한 개혁의 길입니다. 철저히 절망하고 영의 음성에 순종할 때 역설적으로 역사의 진보는 거기에서 일어납니다.

이 거듭남의 신비를 오해하게 만드는 것은 한 번 예수를 믿고 거듭나면 과거 현재 미래의 모든 죄가 일시에 용서된다는 구원파 류의 교리입니다. 그 이후에는 어떤 죄를 지어도 천국행 티켓은 철회될 수 없습니다. 그 구원교리는 너무나 절대적이어서 하나님도 건드릴 수 없을 정도입니다. 아닙니다. 그것은 인간의 교리를 믿는 것이지 하나님을 믿는 것이 아닙니다. 인간적인 안전판을 만들어냈는데 성령은 우리의 볼모나 안전장치가 아닙니다. 성령은 심판하는 방망이요 파멸의 방아쇠입니다.

어떤 교파는 거듭남의 체험을 중시합니다. 언제 거듭났는지 때와 장소를 기억해야 한다고 합니다. 오순절에 성령이 임하듯이 방언이나 어떤 성령 체험이 있어야 온전히 거듭났다고 합니다. 아닙니다. 그런 체험조차도 인간적인 방편들입니다. 체험이 필요하다면 인간은 불가능하다는 절망 체험뿐입니다. 자신의 실패를 고백하는 눈물이 더 중요합니다.

물과 성령으로

그러면 우리는 어떻게 구원을 받을 수 있습니까? 답은 "물과 성령으로"입니다. 물은 세례를 가리킵니다. 세례는 곧 신앙을 뜻합니다. 그리스도를 우리의 주님으로 모시는 믿음입니다. 믿을 때 부어지는 것이 성령입니다. 믿음은 하늘을 향해 손을 뻗는 행위입니다. 그때 하늘에서 우리의 손을 붙잡는 분이 있습니다. 성령입니다. 성령은 우리가 하나님의 자녀가 되었음을 보증합니다. "누구든지 그리스도의 영이 없으면 그리스도의 사람이 아니라"(로마서 8:9)

성령은 바람 같은 존재입니다. 구약에서는 성령을 '루아흐'헬라어, 프뉴마 라고 했는데 '바람'이란 뜻입니다. 바람은 하나님의 능력의 도구입니다. 창조의 기적을 일으켰던 것이 이 바람입니다. 어둠과 혼돈의 물을 쫓아낸 것도 바람이었습니다. 바람은 하나님의 역사를 일으키는 신의 손입니다. 바람은 또한 생명입니다. 인간을 만들고 하나님이 그 코에 생기를 불어넣었습니다. 인간의 호흡은 하나님의 숨의 일부입니다. 하나님이 이 숨을 거두어가면 인간은 죽습니다. 에스겔이 보았던 환상 중에서 마른 뼈의 환상이 있습니다. 마른 뼈만 가득한 곳에서 하나님의 말씀으로 에스겔이 대언하자 죽은 뼈들이 일어나 서로 맞추어지고 힘줄이 생기고 살이 오릅니다. 마지막으로 하나님이 그 마른 뼈를 향해 "생기야 사방에서부터 와서 이 죽음을 당한 자에게 불어서 살아나게 하라"(에스겔 37:9)라고 외치자 온전한 생명이 되어 하나님의 군대가 되었습니다. 지금 주님은 마른 뼈와 같은 니고데모에게 이 생기가 불어야 산다고 말씀합니다.

인간은 하나님의 영이 없으면 산 생명이 아닙니다. 그래서 성경에서는 인간을 부를 때 헬라인들이 그렇듯 '프쉬케'라 부르지 않습니다. 프쉬케는 영혼으로, 육체와 구분되는 이분법적 실체입니다. 사도 바울은 인간을 '프뉴마', 곧 영이라 부릅니다. 성령을 지칭할 때 사용하는 프뉴마와 같습니다. 그래서 성경을 읽을 때 프뉴마를 인간의 영혼으로 해석할지 성령으로 해석할지 혼란스러울 때가 많습니다. 그러나 이를 통해 인간이란 존재가 무엇인지는 분명히 보여줍니다. 하나님의 영이 함께 할 때, 곧 하나님과 관계성 안에 있을 때만 인간은 의미가 있고 '살아있는 영'입니다.

우리가 영으로 거듭난다는 것은 하나님과의 관계성의 회복을 말합니다. 귀신 같은 어떤 능력의 덮침이나 체험이 본질이 아닙니다. 그래서 예수님은 이를 바람의 현상으로 설명합니다. "바람이 임의로 불매 네가 그 소리는 들어도 어디서 와서 어디로 가는지 알지 못하나니 성령으로 난 사람도 다 그러하니라"(8) 거듭난 사람은 자신이 거듭난 지 모를 수 있습니다. 바람의 자취처럼 성령을 인식하지 못할 수도 있습니다. 현재 우리가 호흡하는 이 숨이 하나님으로부터 온 루아흐인지도 모르는 것처럼 말입니다.

그러나 바람에 의해서 나뭇잎이 흔들릴 때 간접적으로 확인할 수 있습니다. 내 안에 있는 평화나 기쁨이 바람이 스쳐간 흔적입니다. 나의 삶의 변화나 열매는 간접증거입니다. 직접 성령의 임재를 뜨겁게 경험할 수도 있습니다. 그러나 나 개인이 아니라 다른 지체들 위에, 공동체 위에 성령의 은사가 나타날 때 우리는 성령이 우리 가운데 있음을 확인합니다. 분명한 한 가지는 그리스도를 믿는 자들은 누구나 다 성령으로 거듭난 사람들이라는 것입니다. 자신이 인식하든 인식하지 못하든 이미 성령은 우리 위에 부어졌습니다.

하나님이 세상을 이처럼 사랑하사

(3:13-17)

하나님이 세상을 이처럼 사랑하사 독생자를 주셨으니
이는 저를 믿는 자마다 멸망치 않고 영생을 얻게 하려 하심이라

하나님의 사랑

"하나님이 세상을 이처럼 사랑하사 독생자를 주셨다"는 요한복음 3장 16절은 신앙인들이 가장 사랑하고 또 복음을 전할 때 가장 자주 사용되는 말씀입니다. 하나님은 이 세상에 있는 사람들을, 그가 신앙이 있든지 없든지 간에 사랑하셨습니다. 그 사랑의 증거는 하나님이 가장 사랑하는 아들을 세상을 위해 내어주셨다는 데 있습니다. 기독교의 근본정신은 사랑입니다.

코로나 팬데믹 중에 사랑이냐 예배냐의 논쟁이 벌어졌습니다. 일부 교회가 대면예배를 고집하면서 문제가 되었습니다. 코로나란 전염병으로 인해 세상이 고통을 당하고 있습니다. 교회가 주요 감염원이 되었습니다. 그렇다면 이때 이웃을 위해서 예배를 포기하는 것이 옳고 이것이 하나님의 사랑입니다. 목숨 걸고 지켜야 할 것

은 예배가 아니고 이웃사랑입니다. 산상수훈의 말씀입니다. "예물을 제단에 드리려다가 거기서 네 형제에게 원망들을 만한 일이 있는 것이 생각나거든 예물을 제단 앞에 두고 먼저 가서 형제와 화목하고 그 후에 와서 예물을 드리라"(마태복음 5:23-24) 예배보다 형제 화목이 먼저입니다. 예배보다 사랑이 먼저입니다.

하나님은 세상을 사랑하셨습니다. 하나님의 사랑은 십자가의 사랑으로 나타났습니다. 인간을 살리기 위해 하나님이 자신의 목숨을 바쳤습니다. 이 십자가 사랑은 우리가 당하는 인생의 문제들과 신정론神正論에 대한 열쇠입니다. 내게 소중한 것들이 빼앗길 때 우리는 하나님이 원망스럽습니다. 어둠 속에 방치되고 전혀 도움의 손길이 주어지지 않을 때 우리는 신의 존재를 의심합니다. 그런데 그 순간 우리가 붙잡아야 할 것이 바로 이 십자가 사랑입니다. 자기 목숨을 내어놓을 정도로 우리를 사랑하시는데 무언가 다른 뜻이 있겠지! 나를 구렁텅이에 방치하는 것이 나를 사랑하는 분이 할 짓은 아니지, 무언가 다른 이유가 있겠지! 십자가의 사랑이 운명의 우연성과 폭력을 이기는 힘입니다.

역사가 약육강식의 짐승의 법칙처럼 흘러가는 것 같이 보일 때, 힘없는 자들이 짓밟히고 불의한 자들이 아무 일 없이 잘사는 것처럼 보일 때도 우리는 절망하지 않습니다. 십자가의 사랑을 통해서 하나님의 징의를 확인했기 때문입니다. 하나님이 자신의 목숨을 내어놓아야 할 정도로 악은 만만치 않습니다. 그러나 하나님은 악과 싸우고 계십니다. 하나님은 결국 모든 것을 다시 정상으로 돌려놓으실 것입니다. 신앙은 바로 이런 하나님을 믿는 것입니다.

모세가 뱀을 든 것 같이

예수님은 십자가의 능력에 대해 14절에서 이렇게 말씀합니다. "모세가 광야에서 뱀을 든 것 같이 인자도 들려야 하리니" 이 말씀의 배경은 이러합니다. 출애굽 한 후 이스라엘이 광야 생활하면서 먹을 것이 변변치 않았습니다. 이 때문에 이스라엘 백성이 불평을 터뜨렸고 하나님이 불뱀을 보내 이들을 심판하셨습니다.(이 폭력적인 하나님의 모습은 십자가 이후에는 다시 해석해야 합니다.) 이스라엘 백성이 회개하고 살려달라고 하자 하나님은 모세에게 놋뱀을 만들어 장대에 매달라는 명령을 내렸습니다. 신기하게도 그 놋뱀을 본 자는 다 살아났습니다. 마치 고대의 동형 주술과 같습니다. 이열치열의 논리처럼 뱀으로 뱀을 잡는 방식입니다.

그런데 여기서 주목할 것은 장대에 달린 놋뱀이 아니라, 놋뱀을 이용해서 역사하시는 하나님의 말씀에 있습니다. 이 사건을 오해하여 이스라엘은 이후에 놋뱀을 우상처럼 이용했습니다. 히스기야 왕의 종교개혁기에 있었던 일입니다. "그가 여러 산당들을 제거하며 주상을 깨뜨리며 아세라 목상을 찍으며 모세가 만들었던 놋뱀을 이스라엘 자손이 이때까지 향하여 분향하므로 그것을 부수고 느후스단이라 일컬었더라"(열왕기하 18:4) 이들은 하나님의 말씀이 아니라 놋뱀에 현혹되었습니다. '지혜서'라는 구약의 외경에서도 놋뱀에 대한 오류를 교정합니다. "회심하고 돌아온 사람들은 구원을 받았는데 그들이 본 짐승놋뱀 때문이 아니라 모든 사람의 구원자이신 주님 때문에 구원을 받은 것이다."(지혜서 16:6-7)

십자가상도 자칫 우상화될 수 있습니다. 마치 십자가 형상만 있으면 악한 것이 물러갈 것처럼 착각하는데 이런 태도를 주술적이라고 부릅니다. 최근에 퇴마 관련 드라마에서 십자가가 마치 악을 물리치는 도구처럼 사용되는데 실제 악마도 그렇게 단순하지 않습니다. 십자가상이 중요한 것이 아니라 십자가에서 이루신 그리스도의 사랑이 효력이 있습니다.

말씀의 초점은 놋뱀이 아니라, 놋뱀이 높이 '들린' 것처럼 예수님도 '들려야' 한다는 데 있습니다. 헬라어 '휲소오'의 원 단어를 찾아가면 '높이 오르다.'와 '십자가에 달리다.'라는 두 가지 뜻이 있습니다. 예수님은 이 두 가지 의미를 중의적으로 사용합니다. 들림을 받는다는 것은 십자가의 죽음을 의미합니다. 동시에 들림을 받는다는 것은 하늘 아버지께로 가는 영광을 뜻합니다.

요한복음에서 십자가는 죽음의 비참함이 아니라 하나님께 오르는 영광의 길이요 승리입니다. 예수님은 십자가를 앞두고 "아버지여 때가 이르렀사오니 아들을 영화롭게 하사 아들로 아버지를 영화롭게 하옵소서"(17:1)라고 기도합니다. 십자가는 영광입니다. 승리입니다. 십자가를 통하여 인간에게 구원이 이루어지기 때문입니다. 높이 들린 십자가는 마치 하늘에 오르는 영광의 통로와 같기 때문입니다. 그래서 요한복음에서 전하는 골고다의 십자가에는 비동함이나 비극이 없습니다. 오히려 영광스럽습니다. 예수님의 마지막 외침인 "다 이루었다"(19:30)는 승리의 선언입니다. 십자가는 하늘나라로 가는 첩경이요 대로입니다. 하나님의 사랑은 십자가를 통해서 완성되었습니다.

영생

하나님 사랑의 최종 목적은 우리에게 생명을 주는 것입니다. 예수 그리스도를 믿음으로 말미암아 우리에게 주어지는 것은 영생, 곧 영원한 생명입니다. 다른 공관복음서에서는 '하나님 나라'란 표현을 사용하는데 요한복음의 예수님은 영생이라는 말을 즐겨 사용합니다. 하나님 나라가 역사적 사회적 지평을 갖는 데 비해 영생은 개인 실존적 지평을 갖습니다. 우리에게는 영생이라는 말이 더 친숙합니다. 하나님 나라라는 거대 담론보다는 내가 그 나라에 들어갈 수 있는지 없는지가 더 중요한 문제로 다가오기 때문입니다.

요한복음을 묵상하며 우리는 계속해서 '생명'이 무엇인가를 질문해야 합니다. 우리는 목숨이 붙어 있는 것을 생명이라 생각합니다. 죽음은 목숨을 잃는 것입니다. 그러나 예수님은 생명을 다른 식으로 정의합니다. "내가 곧 길이요 진리요 생명이다"(14:6) "영생은 곧 유일하신 참 하나님과 그가 보내신 자 예수 그리스도를 아는 것이다"(17:3) 일단 육체적 생명과는 관계가 없습니다. 생명은 하나님과의 관계성에 있습니다. 하나님을 아는 사람에게 생명이 있습니다. 하나님을 내 안에 모신 사람에게 생명이 있습니다.

그것은 사랑과 같습니다. 사랑하는 사람이나 그렇지 않은 사람은 겉보기에는 아무런 차이가 없습니다. 그러나 실질적으로 매우 다릅니다. 누구를 사랑하거나 사랑을 받으면 깊은 관계가 형성이 됩니다. 거기서 나오는 기쁨과 설렘은 이루 말할 수 없습니다. 사랑하기 전과 그 이후는 하늘과 땅 차이입니다. 하나님과의 관계도 마찬가지입니다. 우리가 믿는다는 것은 하나님을 안다는 것이고 사랑한다는 것입니다. 하나님을 사랑하는 자들에게 생명이 있습니다.

영생은 두 가지 의미를 담고 있습니다. 일차적으로는 정말 죽지 않는 생명입니다. 하나님과의 관계가 영적이고 정신적인 성격만 갖는 것은 아닙니다. 이것은 실제 육체의 변화를 일으킵니다. 영생은 종말 때에 다시 사는 부활의 생명이고, 천국에서 사는 영원한 생명입니다. 죽음이 없는 영원성을 말합니다.

그것은 또한 현재 주어질 수 있는데 하나님과 나누는 사랑의 관계성이기 때문입니다. 내가 하나님의 자녀가 되고 하나님을 예배하고 있다면 나는 영원한 생명을 얻었습니다. "내 말을 듣고 또 나 보내신 이를 믿는 자는 영생을 얻었고^{현재형} 심판에 이르지 아니하나니 사망에서 생명으로 옮겼느니라^{완료형}"(5:24) 영생을 얻는 것은 현재형입니다. 사망에서 생명으로 옮긴 것은 완료형으로서 이미 과거에 일어났던 사건입니다. 나는 이미 심판에서 벗어났습니다. 나는 이미 영생을 누리고 있습니다. 왕자는 왕은 아니지만 왕에 버금가는 권세를 현재적으로 누립니다. 상속자는 아직 손에 재산이 쥐어지지 않았지만 이미 재산권을 사용하고 존중을 받습니다. 미래가 현재에 영향을 미칩니다. 우리는 마치 모든 것을 지금 가진 자처럼 행동합니다.

빛과 어둠의 싸움

(3:17-21)

빛이 세상에 왔으되 사람들이 자기 행위가 악하므로
빛보다 어둠을 더 사랑한 것이라

하나님의 심판

유대인들은 메시야가 오면 죄인이나 이방인들을 향한 심판이 있을 것이라고 믿었습니다. 여호와의 날은 두려운 심판의 날입니다. 그러나 예수님은 이를 뒤집으셨습니다. 하나님은 심판하지 않습니다. 예수님은 세상을 구원하기 위해서 오셨지 심판하기 위해서 오시지 않았습니다.

사실 그렇습니다. 모든 인간은 하나님의 자녀입니다. 자녀를 심판하려는 부모는 없습니다. 누가복음에서는 예수 그리스도의 기원을 거슬러 올라가며 아담과 하나님까지 이릅니다. "그 위는 아담이요 그 위는 하나님이시니라"(누가복음 3:38) 그렇다면 모든 사람은 하나님의 자녀입니다. 고아는 부모가 누구인지 모를 뿐이지 자기를 낳은 부모는 분명 있습니다. 자녀 중에는 효자도 있고 불효자도 있습니다. 부모를 인정하지 않는 불효자라고 해서 자녀가 아닌 것은 아닙니다. 그래서 저는 불신자의 장례식을 집전하며 그들이 천국에 갔는지 지옥에 갔는지 말하지 않습니다. 어찌되었든 모두가 하나님의 자녀이고, 하나님의 사랑 안에 있으며, 하나님의 자비하심에 의탁한다고 설교합니다. 죽음 이후에 대해 판단한다는 것은 인간의 교만입니다. 하나님의 사랑에 대한 섣부른 판단입니다.

17절 말씀은 하나님의 의도를 분명히 밝힙니다. "하나님이 그 아들을 세상에 보내신 것은 세상을 심판하려 하심이 아니요 그로 말미암아 세상이 구원을 받게 하려 하심이라" 하나님은 인간을 바른길로 인도하고 생명을 주기 위해서 독생자 예수 그리스도를 보내셨습니다. 그러면 하나님의 심판은 무엇입니까? 그것은 하나님이 심판하신 것이 아니라 본인이 결정한 것입니다. 하나님이 주신 선물을 받지 않는 것이 심판입니다. 물에 빠져서 구명튜브를 던져 주었는데 본인이 받지 않아서 죽임을 당하였습니다. 그러면 하나님이 심판하신 것입니까?

하나님은 심판하기를 원치 않습니다. 니느웨를 심판하기를 원했던 요나에게 하나님은 이렇게 말씀하셨습니다. "이 큰 성읍 니느웨에는 좌우를 분변하지 못하는 자가 십이만여 명이요 가축도 많이 있나니 내가 어찌 아끼지 아니하겠느냐"(요나 4:11) 하나님은 이방인들뿐만 아니라 그 가축들까지도 아끼고 사랑하시는 분입니다.

악이란 문제도 그렇습니다. 하나님이 악을 만드신 분인가? 그렇지 않습니다. 이것은 빛과 어둠의 관계에서 쉽게 이해할 수 있습니다. 빛이 본질이고 그림자는 빛을 외면할 때 생깁니다. 하나님이 그림자를 만드신 것이 아니라 스스로 빛에서 멀어질 때 그림자가 생기고 어둠이 됩니다. 그래서 아우구스티누스St. Augustine는 악을 선의 결핍이라 규정하였습니다. 악마는 독립적으로 존재하는 것이 아닙니다. 선이 없는 곳에 생기는 것이 악입니다.

이 하나님의 심판은 즉각적입니다. "그를 믿는 자는 심판을 받지 아니하는 것이요 믿지 아니하는 자는 하나님의 독생자의 이름을 믿지 아니하므로 벌써 심판을 받은 것이니라"(18) '믿는 자는 심판을 받지 않는다.'고 할 때 동사의 시제는 미래가 아니라 현재입니다. 바로 지금 심판에서 면제됩니다. '믿지 않는 자는 벌써 심판을 받았다.'고 할 때 이는 현재완료입니다. 과거에 이미 심판을 받아서 현재에 이른다는 뜻입니다. 이는 믿음이 가진 놀라운 능력을 보여줍니다. 초점은 심판에 있지 않습니다. 믿음이 주는 이 엄청난 선물을 왜 당장 받지 않느냐는 절박한 호소입니다.

믿는 자는

결국은 인간의 선택입니다. 우리를 지옥에 보내는 것은 사탄이 아니라 자기 자신입니다. 우리를 천국에 보내는 것 또한 그리스도가 아니라 자기 자신입니다. 밥상은 하나님이 차려주시지만 먹지 않겠다고 하면 어쩔 수 없습니다. 그래서 요한복음에서 계속 강조하는 것이 그를 '믿는 자'입니다. "이는 그를 믿는 자마다 영생을 얻게 하려 하심이니라"(15) "이는 그를 믿는 자마다 멸망하지 않고 영생을 얻게 하려 하심이라"(16) "그를 믿는 자는... 믿지 아니하는 자는…"(18) 믿고 안 믿고는 자신이 결정합니다. 칼빈주의자들은 하나님의 절대주권을 강조하기 위해 예정론을 말합니다. 인간의 의나 노력이 전혀 끼어들지 않도록 선행은총이니, 오직 믿음이니 하는 말들을 합니다.

그러나 현실적 인간을 보십시오. 예수 그리스도를 믿겠다고 결정하는 자는 누구입니까? 그 배후에 어떤 기묘한 하나님의 은혜나 은총이 있을지라도 결국 자기 자신입니다. 우리 자신의 입술로 결정을 합니다. "말씀이 네게 가까워 네 입에 있으며 네 마음에 있다 하였으니 곧 우리가 전파하는 믿음의 말씀이라 네가 만일 네 입으로 예수를 주로 시인하며 또 하나님께서 그를 죽은 자 가운데서 살리신 것을 네 마음에 믿으면 구원을 받으리라"(로마서 10:8-9) 생명은 내 입술 끝에 달려 있습니다.

인간은 책임적 존재입니다. 어떤 불가항력적인 사태는 분명 있습니다. 그러나 이 또한 인간이 결정한 경우가 많습니다. 인간 사회는 공동체입니다. 나는 죄를 저지르거나 악을 행하지 않았지만 타인의 죄나 실수 때문에 함께 어려움을 겪습니다. 넓게는 의로운 공동체를 만들거나, 그런 공동체를 선택하지 못한 인간의 책임으로 남습니다. 하나님은 인간을 어린아이가 아닌 성인으로 대하십니다. 성인은 자기가 결정을 하고 자기가 책임을 집니다.

전 세계가 코로나로 위기를 겪고 있습니다. 코로나 사태의 이유를 설명하면서 제러미 리프킨Jeremy Rifkin은 기후변화에서 그 원인을 찾았습니다. 기후변화로 생태계가 그 서식지를 잃고 있습니다. 이에 더하여 인간의 탐욕과 무분별한 개발은 야생동물들을 멸종시키거나 인간 쪽으로 내몹니다. 이 야생생물들이 가지고 있던 바이러스가 인간을 새로운 숙주로 삼고 그 결과 질병을 일으킵니다. 페스트, 천연두, 매독 등 인류 역사에서 대부분의 치명적 질병은 인간이 동물을 가축화하면서 시작되었습니다. 그렇다면 결국 인간의 탐욕이 이런 질병들을 만들어냈습니다. 누구를 탓하겠습니까?

기후변화 또한 인간이 재촉하였습니다. 근 1세기 넘게 휘발유 자동차가 문명을 이끌어왔습니다. 최근에는 휘발유 자동차보다는 전기차가 미래형 자동차로 각광을 받고 있습니다. 그런데 처음 자동차가 개발되었을 때는 전기 자동차가 휘발유 차보다 많았답니다. 석유업자들이, 가솔린 연료 개발 자동차 회사들이, 싸거나 편리하다는 이유로 그렇게 휘발유를 태우며 우리 문명을 몰아갔습니다. 결국 우리의 욕심과 무지와 폭력이 이처럼 공기 질을 나쁘게 하고 이산화탄소 배출량을 늘린 셈입니다. 인간 불행의 많은 부분은 자초한 측면이 있습니다.

빛과 어둠

악은 없고, 악은 본질이 아니라 하였지만 그것이 쌓이면 돌이킬 수 없는 지경에 이릅니다. 악이 진짜 힘을 얻게 되고, 그림자가 모여 거대한 어둠을 이룹니다. "악을 행하는 자마다 빛을 미워하여 빛으로 오지 아니하나니 이는 그 행위가 드러날까 함이요"[20] 탐욕이 주는 쾌락이 있습니다. 내가 좀 더 욕심을 내고, 내가 좀 더 악을 행하면 타인의 소유를 빼앗을 수 있습니다. 반면에 빛의 행위는 나눔입니다. 사랑입니다. 함께함입니다. 그 원리가 다르기에 악은 선을 피하고 미워하기조차 합니다.

인간 사회에서 대부분의 악은 공동체성에서 비롯됩니다. 내가 무인도에 혼자 산다면 무슨 짓을 해도 악은 없습니다. 함께 모여 살다 보니 악이 생기는데 그 근본은 탐욕과 이기심입니다. 이웃의 집을 탐내고 자기의 욕망만 채우려 합니다. 하나님은 이타적 삶이 모두를 행복하게 하고 이기적인 것은 결국 자기 생명을 위협할 수 있다고 경고합니다. 악을 경계하기 위해 하나님께서 우리 마음에 심어주신 것이 부끄러움입니다. 정의의 근본은 부끄러워하는 마음, 곧 수오지심羞惡之心에 있습니다. 악은 어둠 속에서 행해집니다. 부끄럽기 때문입니다. 부끄러움을 느껴야 우리는 멈출 수 있습니다.

악이 밖으로 나와 공공연하게 행해진다면 그것은 정말 위험합니다. 자본주의 사회는 욕망을 합리화합니다. 구조적으로 부끄러움을 잊고 악이나 경쟁을 추구하도록 격려합니다. 이념이나 근본주의적 교리 또한 양심을 마비시킵니다. 신의 이름으로, 이념의 이름으로 폭력과 혐오를 합리화합니다. 예수님이 바리새인들을 신랄하게 비판하셨던 이유가 여기에 있습니다. 그들은 생명의 율법으로 사람을 정죄하고 억압하는 반생명적 행위를 하였습니다. 악을 미화하거나 합리화해서는 안 됩니다.

"진리를 따르는 자는 빛으로 오나니 이는 그 행위가 하나님 안에서 행한 것임을 나타내려 함이라"(21) 선이 본질이라고 하여 저절로 선이 승리하는 것은 아닙니다. 투쟁해야 합니다. 우주에는 빛의 공간보다 어둠의 공간이 더 많습니다. 빛이 사라졌기 때문입니다.

예수님 시대에 쿰란 종파가 있었습니다. 이들은 광야에서 수도생활 하면서 메시야를 기다렸습니다. 그들은 자신들을 빛이라 여겼습니다. "진리의 원천은 빛의 샘물이고, 거짓의 원천은 어두움의 샘물입니다. 모든 의의 자녀들에 대한 지배는 빛의 임금의 장중에 있고, 그들은 빛의 길로 행합니다. 거짓의 자녀들에 대한 모든 지배는 어두움의 천사의 장중에 있고, 그들은 어두움의 길로 행합니다." 빛과 어둠의 싸움을 신비한 영적 전투로까지 승화시켰습니다.

그러나 영적 전투가 아닙니다. 보이는 생활 투쟁입니다. 사도 바울의 말씀입니다. "내가 하나님의 모든 자비하심으로 너희를 권하노니 너희 몸을 하나님이 기뻐하시는 거룩한 산 제물로 드리라 이는 너희가 드릴 영적 예배니라 너희는 이 세대를 본받지 말고 오직 마음을 새롭게 함으로 변화를 받아 하나님의 선하시고 기뻐하시고 온전하신 뜻이 무엇인지 분별하도록 하라"(로마서 12:1-2) 이 세대의 가치관을 따르지 않는 것이 영적 전투입니다. 생활의 매 사건이나 문제 하나하나에서 주님의 선하시고 온전한 뜻을 분별하여 행동하는 것, 그것이 빛의 자녀가 취해야 할 마땅한 진리 행동입니다. 빛의 길을 따르는 자들이 많아질수록 세상은 밝아집니다.

그는 흥하고 나는 쇠하고

(3:22-30)

그는 흥하여야 하겠고
나는 쇠하여야 하리라

하늘이 아니면

세례 요한의 운동은 이스라엘을 넘어 전 세계 디아스포라 유대인들에게 미칠 정도로 대단했습니다. 현대에도 그 영향은 남아 있는데 이란과 이라크 지역에 만다야교Mandaenism라는 종파가 있습니다. 10만 명도 안 되는 작은 종파인데 초대교회로부터 시작된 영지주의를 2천 년 가까이 계승하고 있습니다. 그들이 시조로 삼은 이가 바로 세례 요한입니다. 세례 요한의 제자들이 이 종파를 창건했다고도 합니다. 신약학의 거장 불트만Rudolf K. Bultmann의 『요한복음연구』 주석서에서는 매우 빈번히 이 종파를 언급하며 그 영향사를 추적합니다.

예수님 공생애 당시에 세례 요한파는 예수 운동과 함께 유대교 개혁의 경쟁 세력이었습니다. 세례 요한의 제자들이 예수의 세례에 더 많은 사람이 몰린다고 시기할 정도였습니다. 더군다나 세례의 원조는 세례 요한입니다. 요한복음에서는 미묘하게 처리합니다만 공관복음서에 보면 예수님은 요한으로부터 세례를 받았습니다. 지금 요단강을 사이에 두고 양쪽에서 경쟁적으로 세례를 베풀고 있습니다.

그러나 예수님이 "여자가 낳은 자 중에 세례 요한보다 큰 이가 없다"(마태복음 11:11)고 인정했듯이 세례 요한은 진실로 탁월한 인격의 소유자였습니다. 운동의 후배에 대해 괘씸하다고 생각하거나 질투하지 않습니다. 사람을 쉽게 넘어지게 하는 것이 질투입니다. 재물에 대한 욕심 못지않게 명예에 대한 욕심도 인간에게는 크게 작용합니다. 아무리 개혁적이고 도덕적인 사람일지라도 인기에 대한 욕심을 피하기 어렵습니다. 아마 수도자나 목회자가 가장 빠지기 쉬운 유혹일 것입니다.

어느 사막에 유명한 수도사가 있었습니다. 마귀들이 그를 넘어뜨리려고 물질로, 여자로 유혹하고, 배고픔과 두려움 등으로 겁을 주었지만 미동도 하지 않았습니다. 모든 마귀들이 실패했을 때 대장 마귀가 한 수 가르쳐 주겠다고 하더니, 정말 말 한마디로 그 수도사를 넘어뜨리고 말았습니다. 대장 마귀는 그 수도사의 귀에 "자네 친구 아무개가 수도원 원장이 되었다네." 하고 속삭였습니다. 그 순간 수도사는 "아니 그런 사람이 어떻게!" 하며 그만 시기심에 넘어지고 말았습니다.

세례 요한은 나이나 모든 면에서 예수보다 앞섰는데도 어떻게 이런 태도가 가능했을까요? 그 비결은 첫째, "하늘에서 주신 바 아니면 사람이 아무것도 받을 수 없느니라"(27)는 그의 판단기준에서 찾을 수 있습니다. 모든 것을 하늘이 결정한다고 믿고, 자신은 하늘의 뜻에 따랐습니다. 현대인들에게 가장 취약한 삶의 태도입니다. "신은 죽었다."라고 선언한 이래 이제 모든 것은 인간이 결정하고 책임져야 하는 시대가 되었습니다. 그 결과도 책임져야 하니 부담감이 크고 거짓을 행하기도 합니다. 세례 요한은 그렇지 않았습니다. 세례 운동은 자신의 독창적인 아이디어가 아니라 하나님이 주신 감동에서 출발하였습니다. 목적은 이스라엘의 회개이고 누구든 그 일을 할 수 있습니다. 예수가 성공적으로 그 일을 했기에 요한은 그것을 하나님의 뜻으로 받아들였습니다. 그러니 시기심이 나지 않았던 것입니다.

모든 것에는 하나님의 뜻이 있습니다. 하나님이 원하면 될 것입니다. 하나님이 원하지 않으면 되지 않을 것입니다. 우리는 이런 저런 모색을 하며 주어진 상황에서 최선을 다할 뿐이고 그 결과는 하나님의 몫입니다. 현대인들은 결과가 중요하기에 무리를 하는 경향이 있습니다. 무리하면 반드시 탈이 나게 되어 있습니다. 성공의 결과를 얻은 대신 몸이 병들고 속이 썩습니다. 실패하면 열심히 일하고도 절망에 빠집니다. 최선을 다했으면 실패해도 받아들일 줄 알아야 합니다. 순리, 곧 하나님의 뜻에 순응할 때 무리하지 않고 편안합니다. 실패할지라도 좌절하지 않습니다. 결과는 하나님의 뜻이기 때문입니다. 다른 사람의 성공도 질투하지 않습니다. 하나님의 뜻이 거기에 있었기 때문입니다. 세례 요한은 자신의 성공이 아니라 하나님의 뜻을 이루는 것을 더 중요하게 생각했습니다.

세례 요한은 취하거나 교만하지 않았습니다. 자신의 일이 무엇이고 자신의 역할이 어디까지인지 그 한계를 분명히 알았기 때문입니다. "나는 그리스도가 아니요 그의 앞에 보내심을 받은 자라고 한 것을 증언할 자는 너희니라"(28) 세상의 많은 부작용은 증언자가 주인공이 되려 할 때 일어납니다. 그릇이 안 되는데 머리의 자리에 오르면 많은 사람이 고통을 당합니다.

친구의 기쁨

세례 요한은 억지로 그렇게 행하려 애쓴 것이 아닙니다. 그의 감정이 함께 움직였습니다. 마음은 내키지 않는데 도덕적으로, 의무적으로 행해야 한다면 얼마나 고통스럽겠습니까? 세례 요한은 자신을 낮추면서도 만족합니다. "신부를 취하는 자는 신랑이나 서서 신랑의 음성을 듣는 친구가 크게 기뻐하나니 나는 이러한 기쁨으로 충만하였노라"(29) 신부는 교회를 상징하고 신랑은 예수님을 상징합니다. 세례 요한은 결혼식 주인공의 들러리가 되어 그들의 결합을 기뻐합니다.

이 기쁨은 쉬운 것이 아닙니다. 자기는 손해 보면서 경쟁하는 친구가 잘 되는 것에 만족하며 갖는 기쁨입니다. 이럴 수 있었던 비결은 요한이 그 만족을 하나님께 두었기 때문입니다. 물질이나 자리나 명예에 욕심을 내면 친구나 다른 사람들이 경쟁자가 됩니다. 그럴 경우 나의 손해가 상대방의 이익이 되고, 상대방의 실패가 나의 성공이 됩니다. 이런 관계에서는 친구의 성공이 기쁘지 않습니다.

만족을 하나님께 두었다는 것은 보다 영원하고 고상한 것에서 의미를 찾았다는 뜻입니다. 물질보다는 사랑이나 인간관계에 더 큰 비중을 두는 사람은 친구의 기쁨에 동참할 수 있습니다. 자신의 이익보다는 가족이나 민족의 화목이나 행복에 더 관심 있는 사람은 자신의 손해에도 불구하고 기뻐할 수 있습니다. 영원한 신적인 것에 만족을 둘 때 우리는 인간관계의 은원恩怨에서 벗어날 수 있습니다. 우리들이 더 고상한 것, 더 신성한 것에서 우리의 행복을 찾을 때 우리는 세상의 이해관계에 초탈할 수 있습니다.

"아는 자는 좋아하는 자만 못하고, 좋아하는 자는 즐기는 자만 못하다."는 말은 동서고금의 진리입니다. 희생하고 손해보고도 즐거움이 없으면 그런 태도를 지속하기 어렵습니다. 부모는 자녀를 위해 시간과 재물과 마음을 다 쏟아붓고도 아깝게 생각하지 않습니다. 사랑하는 즐거움이 있기 때문입니다. 주님은 고단한 하나님의 일을 하면서도 그 일이 자기 양식이라고 말씀합니다. 배고픔을 잊을 정도였습니다. 세례 요한은 자신의 낮아짐보다 그 때문에 하나님의 일이 이루어지는 것에 더 기뻐합니다.

그는 흥하여야 하겠고

세례 요한의 위대함은 "그는 흥하여야 하겠고 나는 쇠하여야 하리라"(30)는 고백에서 절정에 달합니다. 우스갯소리인데 우리나라가 잘되는 이유가 있었답니다. 부모들이 아이들의 코를 잡고는 "흥해!"하면서 코 풀게 했기 때문이랍니다. 말이 씨가 되어 자식들이 흥하고 나라가 흥했습니다. 그런데 요즘 우리나라를 보면 흥하라는 말보다는 서로 깎아내리고 흠집 내는 데 안달입니다. 언론과 정치권이 이를 주도하고 있고 SNS가 이를 따라갑니다. 서로 망하는 길입니다.

유대인의 교훈입니다. 서로 사이가 좋지 않은 두 가게가 있었습니다. 물건값으로 경쟁하거나 손님을 놓고 다투기도 하였습니다. 하나님은 천사를 보내서 이 두 사람을 화해시키려 하였습니다. 그 방법은 이랬습니다. "네가 원하는 것은 무엇이든지 구하라 다 들어주겠다. 대신 옆집 가게는 그 두 배로 줄 것이다." 그러나 하나님의 화해의 방법은 보기 좋게 어긋나고 말았습니다. 그 사람은 자기 한쪽 눈을 멀게 해 달라고 구했기 때문입니다. 인간의 악함입니다. 배고픈 것은 참아도 배 아픈 것을 참을 수 없습니다.

반면 세례 요한은 예수님이 흥하길 바랐습니다. 요한은 예수님을 하나님이 보내신 분으로 인정했습니다. 저 사람이 나보다 낫다는 것, 저 사람이 이 일에서는 탁월하다는 것, 지금 모든 기대는 저 사람에게 모아지고 있다는 것. 이런 인정을 하고 나면 편합니다. 저 사람이 잘 돼야 조직이 잘 되고, 가정이 잘되고, 나라가 잘 돼. 그러면 이 사람을 밀어주어야 합니다. 그런데 사람이 이런 마음을 품기가 쉽지 않습니다.

세례 요한은 예수님을 흥하게 하고 자신은 쇠하는 길을 갔습니다. 예수님의 말씀처럼 섬기고 낮추는 자가 높아집니다. 상대를 흥하게 하면 자신도 흥합니다. 상대를 쇠하게 하면 자신도 함께 쇠합니다. 자신을 낮추었던 세례 요한은 예언자 중 가장 위대한 인물이 되었습니다. 예수 그리스도 또한 인간을 흥하게 하기 위해 자신은 십자가, 곧 쇠하는 곳으로 가셨습니다. 이 때문에 인간은 흥하게 되었고 예수님은 더 뛰어난 이름을 얻었습니다.

김수영의 시 〈어느 날 고궁을 나오면서〉에서는 "모래야 나는 얼마큼 작으냐. 바람아 먼지야 풀아 나는 얼마큼 작으냐. 정말 얼마큼 작으냐"라며 자신의 부끄러움을 노래합니다. 자기의 작음을 인정하면 다른 사람을 비방하지 않습니다. 질투도 일어나지 않습니다. 그 사람의 성공을 흔쾌히 기뻐할 수 있습니다. 자기의 작음을 인정한다고 하여 진짜 모래처럼 작아지는 것은 아닙니다. 더 많은 것을 품을 수 있습니다. 하나님이신 예수 그리스도께서 모래처럼 작아지셨기에, 정말 모래알 같은 우리가 태산처럼 존귀한 존재가 되었습니다.

하늘로부터 오시는 이

(3:31-36)

하나님이 보내신 이는 하나님의 말씀을 하나니
이는 하나님이 성령을 한량없이 주심이라

하나님의 말씀

이 말씀의 내레이터화자가 누구인지 혼란스럽습니다. 먼저는 세례 요한의 말로 읽을 수 있습니다. 30절로 세례 요한의 말이 끝나지 않고 계속 이어진다고 볼 수 있습니다. 이와 달리 저자 요한의 말로도 볼 수 있습니다. '그의 증언'이니 '아들'이니 하며 예수님을 3인칭으로 부르기 때문입니다. 말씀이 매우 권위가 있는 것으로 보아 예수님의 직접적인 말씀으로도 읽을 수 있습니다.

앞의 니고데모와의 대화에서도 예수님의 말씀과 요한의 말을 구분하기가 쉽지 않습니다. 14절과 15절을 보십시오. "모세가 광야에서 뱀을 든 것 같이 인자도 들려야 하리니 이는 그를 믿는 자마다 영생을 얻게 하려 하심이니라" 14절은 예수님 말씀 같은데, 15절은 '그를 믿는 자'라고 해서 예수님을 3인칭으로 부릅니다.

35절 이하의 말씀도 마찬가지입니다. "아버지께서 아들을 사랑하사 만물을 다 그의 손에 주셨으니 아들을 믿는 자에게는 영생이 있고" 아들이란 표현은 예수님의 직접적인 말씀처럼 들리기도 하지만 원래는 제3자적 표현입니다. 예수님이면 '나'라고 불러야 하고 '그의 손'은 '내 손'이 되어야 합니다. 예수님의 직접적 말씀과 요한의 표현이 섞여 있습니다.

이런 현상은 먼저 예수님에게서 나타났습니다. 예수님은 자신의 말을 하나님의 말씀과 동일시합니다. "너희가 듣는 말은 내 말이 아니요 나를 보내신 아버지의 말씀이니라"(14:24) 내 말이 하나님 말이요, 하나님 말이 곧 내 말입니다. 근본 이유는 예수님과 하나님이 강력한 연합의 관계에 있기 때문입니다. 이런 일이 예수님과 제자 사이에도 일어납니다. "그날에는 내가 아버지 안에, 너희가 내 안에, 내가 너희 안에 있는 것을 너희가 알리라"(14:20) 그래서 요한의 말은 예수님의 말과 구분이 안 됩니다. 예수님이 말씀하시는데 어느새 요한의 말이 되어 있습니다.

이 일은 요한뿐만 아니라 그 이후 믿는 자들에게도 일어납니다. 인간의 입을 통해 하나님의 말씀이 선포됩니다. 20세기를 대표하는 위대한 신학 명저 『로마서강해』 서문에서 칼 바르트는 이렇게 말합니다. "내가 그 저자를 그토록 충분히 이해함으로써 이제는 그 서사로 하여금 나의 이름 아래 말하게끔 하며, 반대로 나 자신 그 저자의 이름 아래 말할 수 있게끔 할 수 있는 지점 앞에까지 돌진하여 나아가지 않으면 안 된다." 내가 바울이 되고 내가 요한이 됩니다. 바울이 가졌던 뜨거움이 내 안에서 일어나고, 요한이 가졌던 예수님과의 생생한 관계가 재연됩니다. 이것이 어떻게 가능합니까?

답은 성령에 있습니다. "하나님이 보내신 이는 하나님의 말씀을 하나니 이는 하나님이 성령을 한량없이 주심이니라"(34) 예수님 또한 하나님의 영이신 성령으로 충만했기에 하나님의 마음을 알고 또 그 말이 곧 하나님의 말씀이 됩니다. 이 성령이 우리에게도 한량없이 부어집니다. 2천 년 전 사도 바울을 뜨겁게 만들었던 성령이 동일하게 지금도 우리를 뜨겁게 합니다. 예수님의 품속에서 사랑을 나누던 요한의 마음을 동일하게 느끼게 합니다. 우리 안에 계신 성령이 우리를 가르치고 깨닫게 합니다. "진리의 성령이 오시면 그가 너희를 모든 진리 가운데로 인도하시리니"(16:13)

설교의 기적이 여기에 있습니다. 인간의 말인데 그 인간의 말을 통해서 성령님이 말씀하십니다. 그래서 인간의 말이 하나님의 말씀이 됩니다. 칼빈은 『기독교강요』에서 설교에 대해서 이렇게 정의합니다. "하나님께서 인류에게 주신 훌륭한 선물이 많은데, 그중에서도 사람들의 입과 혀를 성별하시고 그것들을 통해서 자신의 음성이 들리게 하셨다는 것은 특별한 은혜이다. 따라서 우리는 하나님의 명령과 하나님의 입으로 선포되는 구원의 교리를 기꺼이 그리고 공손히 받아들여야 한다."(IV.1.5) 지금 설교 강단에서는 엄청난 일이 일어나고 있습니다.

하늘과 땅

예수님의 말씀이 권위가 있었던 것은 "그가 친히 보고 들은 것을 증언"(32)했기 때문입니다. 예수님은 참된 것을 보았습니다. 진짜는 저 하늘에 있습니다. 3장 말씀에서는 하늘과 땅을 구분하는 표현이 많이 등장합니다. 예수님은 하늘로부터 오신 분입니다. "하늘에서 내려온 자 곧 인자 외에는"(13), "위로부터 오시는 이"(31), "하늘로부터 오시는 이"(31), "하나님이 보내신 이"(34) 그 반대편에 있는 것이 무엇입니까? 땅입니다. "땅에서 난 이는 땅에 속하여 땅에 속한 것을 말하느니라"(31) 땅에 속했다는 말이 세 번이나 반복됩니다.

예수님이 이처럼 하늘과 땅을 가르는 이유가 무엇입니까? 하늘의 일이 진짜요 실체이고, 땅의 것은 그림자요 허상이기 때문입니다. "그의 증언을 받는 자는 하나님이 참되시다는 것을 인쳤느니라"(33) 참되다는 헬라어는 '알레테스'인데 이는 진리라는 단어 '알레테이아'와 같습니다. '하나님은 진실되시다.' God is true 성령도 진리의 영입니다. 진짜와 실체를 말하고 허상을 말하지 않습니다.

하나님의 자녀가 되고 진리의 영을 받은 신자들 또한 진리의 사람들입니다. 그런데 요즘 보면 신앙인들만큼 거짓에 휘둘리기 쉬운 사람들도 없는 것 같습니다. 미신적이고, 비과학적이고, 권위나 영적이라는 말에 쉽게 현혹되고, 가짜뉴스나 선동에 쉽게 휩쓸립니다. 성령은 로고스, 곧 이성의 영입니다. 이성을 사용해서 참과 거짓을 구분하고, 실상과 허상을 판단하는 것이 진리의 사람들이 가져야 할 태도입니다.

하늘에 속한 사람은 땅의 허망한 것이 아니라 하늘의 영원한 것을 추구합니다. 하늘에 속한 사람은 하늘의 양식을 먹습니다. 하늘의 사람들은 하나님의 뜻을 행하는 것에서 만족을 취합니다. 현대 신앙인들은 땅의 것에 너무 관심이 많습니다. 또한 어느 것이 하늘의 일이고 땅의 일인지 구분조차 못합니다.

세상 정치의 승리와 영광에 연연해하는 것은 땅에 속한 것입니다. 그러나 가난한 자와 정의에 대한 관심은 하늘에 속한 것입니다. 소유는 땅의 일이지만 사랑은 하늘의 일입니다. 인터넷이나 텔레비전의 뉴스에 대한 지나친 관심도 내려놓아야 합니다. 칼 바르트가 한 손에는 성경, 한 손에는 신문이라는 말을 사용했을 때 그 관심이 세상의 일에 신경 쓰라는 말이 아니었습니다. 세상의 악이 어떻게 작동하고 있는지, 하나님께서 세상에서 자신의 뜻을 어떻게 펼쳐 가시는지 민감하게 포착하라는 뜻이었습니다.

만물을 주셨으니

하나님의 말씀을 전하며 하늘의 일을 구하는 예수님에게 하늘로부터 선물이 주어집니다. "아버지께서 아들을 사랑하사 만물을 다 그의 손에 주셨으니"(35) 예수님은 하나님이시고 창조주 되시기에 만물은 다 원래 그분의 것입니다. 본질적으로는 맞지만 섭리사적으로는 예수님이 성육신과 십자가의 희생을 통하여 만물의 주재자의 자리에 등극하는 형식을 밟습니다. 이제 예수님은 만물의 통치자입니다. 만물은 예수님의 말씀을 들어야 하고, 그 말씀을 들을 때 생명을 얻고, 그 생명이 더 풍성해집니다.

에베소서에서는 그리스도가 이 땅에 오신 이유를 "하늘에 있는 것이나 땅에 있는 것이 다 그리스도 안에서 통일되게 하려 하심이라"(에베소서 1:10)고 밝힙니다. '통일되게'라는 헬라어 원어를 분석하면 '그리스도를 머리로 하여 하나가 되게'의 뜻입니다. 이어지는 "만물을 그의 발아래에 복종하게 하시고 그를 만물 위에 교회의 머리로 삼으셨느니라"(에베소서 1:22) 말씀에서 구체적으로 서술됩니다. 온 우주가 그의 몸이고 예수님은 우주의 머리입니다. 온 우주는 그리스도를 통하여 하나로 연결된 유기체입니다.

그리스도는 만물을 강압과 권세로 통치하시는 분이 아닙니다. 그리스도는 성육신을 통하여 만물의 일부가 되었습니다. 만물의 사정을 아시는 분. 만물의 원리를 아시는 분. 만물을 사랑하여 자기 목숨을 버리신 분. "나는 선한 목자라 선한 목자는 양들을 위하여 목숨을 버리거니와"(10:11) 만물을 충분히 이해하시는 분의 사랑의 통치입니다. 그러므로 만물은 그분의 말을 들어야 합니다.

교회의 위치는 만물<교회<그리스도 순입니다. 창조 당시 주어진 명령도 그러했듯이 교회는 그리스도를 대신해서 만물을 다스리는 관리자의 위치입니다. 이제는 유기체적 다스림입니다. "그는 머리니 곧 그리스도라 그에게서 온몸이 각 마디를 통하여 도움을 받음으로 연결되고 결합되어 각 지체의 분량대로 역사하여 그 몸을 자라게 하며 사랑 안에서 스스로 세우느니라"(에베소서 4:15-16) 유기체적 몸의 원리가 교회를 넘어 우주로 확대됩니다. 교회는 그리스도와 만물을 연결하는 중추신경계의 역할을 하면서, 만물이 제 기능을 하고 자랄 수 있도록 도와야 합니다.

만물이 손안에 있다는 것은 남용이나 전횡을 뜻하지 않습니다. 예수님의 모범처럼 양들을 위해 희생하고 섬기는 것입니다. 만물도

각자의 삶이 있고 존재 목적이 있습니다. 이에 합당하게 그 생명을 풍성히 누릴 수 있도록 보장해주는 것, 그것이 관리자가 해야 할 일입니다. 그렇지 않으면 코로나 바이러스처럼 만물이 저항할 것입니다. 기후변화처럼 인간의 생태계를 위협할 것입니다.

이 권세와 은혜는 즉각적입니다. "아들을 믿는 자에게는 영생이 있고 아들에게 순종하지 아니하는 자는 영생을 보지 못하고 도리어 하나님의 진노가 그 위에 머물러 있느니라"(36) 영생이나 심판의 내용보다 그 현재성에 주목하십시오. '영생이 있다'와 '하나님의 진노가 머물러 있다'는 동사가 다 현재형입니다. 생명이 즉각적으로 주어지고 진노와 심판도 즉각적으로 받습니다. 그것은 미래에 주어질 영원한 생명의 현재로의 넘침입니다. 이런 엄청난 선물이 주어졌는데 그 선물을 받고도 무감각하거나 심지어 외면하기조차 하는 현실에 대한 안타까운 탄식이 요한복음 곳곳에서 베어나오고 있습니다.

사마리아 여인

(4:3-12)

주여 물 길을 그릇도 없고 이 우물은 깊은데
어디서 이 생수를 얻겠습니까

사마리아로

예수님은 갈릴리와 예루살렘을 부지런히 옮겨 다니시며 사역을 하셨습니다. 사마리아는 좁은 팔레스틴 땅에서 갈릴리와 예루살렘 중간에 있는 도시입니다. 옛 북왕국의 수도입니다. 갈릴리에서 예루살렘을 가려면 이곳을 통과하는 것이 가장 빠릅니다. 그러나 유대인과 사마리아인들은 사이가 좋지 않았습니다. 경건한 유대인들은 그 땅을 밟지 않으려 여리고로 내려가서 요단강을 타고 가는 우회로를 택했습니다. 이런 현실은 9절의 "이는 유대인이 사마리아인과 상종하지 아니함이러라"는 태도에서 잘 알 수 있습니다.

그런데 3절과 4절에서는 "유대를 떠나사 다시 갈릴리로 가실새 사마리아를 통과하여야 하겠는지라"라고 말씀합니다. 여기 헬라어 '데이'dei를 써서 반드시 사마리아를 지나가야 할 필연적 이유가 있는 것처럼 설명합니다. '데이'는 '마땅히 해야 한다.' 또는 '반드시 될 것이다.'라는 예언적 의미가 담겨 있습니다. 비정상적인 길인데 반드시 가야할 길이라고 말씀합니다. 예수님은 무엇에 이끌리듯 그 길을 가셨습니다. 결국 그 길에서 사마리아 한 여인을 만나게되고 이를 계기로 수많은 사마리아인을 구원하게 됩니다.

이미 하늘에서는 사마리아 여인을 만나게 하려는 어떤 계획이 있었습니다. 그렇지만 사람들은 하늘의 계획을 눈치채지 못합니다. 어떤 급한 사정 때문에, 또는 아무런 생각 없이, 또는 재수 없게 걸려들었다는 듯이 그 길을 가고 나중에 그 만남이 하늘의 계획이었음을 알고 놀라게 됩니다.

류시화의 『지구별 여행자』에서 인도의 한 요가 성자와의 만남이 그러했습니다. 류시화 씨가 어렵게 그 성자를 만났는데 그가 처음 보자 대뜸 하는 말이 "왜 이제 왔어."였습니다. 전생에 이곳에서 만나기로 했는데 좀 늦었다고 화를 냈습니다. 그러면서 이런 교훈을 주었다고 합니다. "이것을 잊지 말게. 삶에서 만나는 중요한 사람들은 모두 영혼끼리 약속을 한 상태에서 만나게 되는 것이야. 서로에게 어떤 역할을 하기로 약속을 하고 태어나는 것이지."

우리야 전생을 믿지는 않지만 하늘의 계획은 믿습니다. 우리 인생길에서도 이런 소중한 만남이 예비되어 있습니다. 지나간 연후에야만 알 수 있기에 모든 만남은 신비입니다. 그 만남을 통해 하나님께서 우리를 어떻게 인도하고 또 어떤 일들을 이루실지 모릅니다. 쓸데없는 만남은 없습니다. 모든 것에는 이유가 있습니다.

사마리아 여인과의 만남은 우물가에서 일어났습니다. "예수께서 길 가시다가 피곤하여 우물 곁에 그대로 앉으시니"[6] 예수님에 대한 매우 특이한 서술입니다. 이외에도 요한은 십자가상에서 예수님이 "내가 목마르다"[19:28]는 말을 하셨음을 전합니다. 예수님도 완전한 인간이셨다는 의미입니다. 예수님은 구름을 타고 다니시지 않았습니다. 온전히 걸어 다니셨습니다. 사마리아 여인에게 "물을 좀 달라"[7]고 하실 정도로 목이 마르셨습니다. 예수님 혼자 남은 까닭도 제자들이 먹을 것을 구하려고 마을로 갔기 때문입니다[8]. 예수님은 배고프셨습니다. 나사로의 죽음 앞에서는 분노인지 비통함인지 알 수 없는 눈물도 흘리셨습니다.

예수님은 완전한 인간이셨습니다. 당연한 말인데 부활절 이후 초대교회나 교회사에서는 이 사실을 망각하는 일이 잦았습니다. 예수님을 하나님으로 고백하면서 모든 인간성을 지우려 하였습니다. 기독론과 관련된 중요한 고백 중에 예수님은 참 하나님이시면서 동시에 참인간이라는 고백이 있습니다. 참인간이라고 하면서도 죄는 없으시다고 합니다. 가톨릭에서는 예수님이 죄가 없어야 하기에 예수님을 낳은 마리아도 원죄가 없다는 교리를 만들었습니다. 그런데 죄가 없으면 그게 인간입니까? 교리야 어쩔 수 없지만 예수님을 참인간이라 고백하면서 실상은 초인간으로 만들고 있습니다.

예수님을 그린 초상화 중에 밝게 웃는 예수님의 모습이나, 가시관을 쓰고 고통스러워하는 예수상이나, 약간은 검은 중동인의 모습이 진짜 인간 예수입니다. 인간이라는 의미가 무엇입니까? 인간은 육체성을 가지고 한계를 지닌 존재입니다. 죽음과 죄의 유혹과 무지가 함께 작용하는 존재입니다. 예수님이 그런 동료 인간으로 사셨기에 예수님의 구원이나 말씀이 우리에게는 현실적으로 다가옵니다. '아, 나의 고통을 아시는군요.' '당신도 나와 같은 문제를 겪으셨군요.' 사랑이나 연대는 여기서부터 시작됩니다. 동일하게 목마름의 고통을 경험했던 자가 주는 영원한 생수만이 진정성이 있습니다.

사마리아 여인

우물가에서 만난 여인은 유대인의 시각으로 정오인 여섯 시에 물을 길으러 왔습니다. 중동에서 정오는 매우 뜨겁습니다. 사람들이 활동하지 않습니다. 낮잠 자는 시간이기도 합니다. 이 시간에 혼자 물을 길으러 나왔다는 사실만으로도 이 여인에게 문제가 있음을 직감할 수 있습니다. 사람의 시선을 피해서인지, 권태감에 사로잡혀서인지 아무도 없는 시간에 우물가로 나왔습니다.

물을 좀 달라는 예수님의 말에 답하는 여인의 말 한마디 한마디에 가시가 돋아 있습니다. "당신은 유대인으로서 어찌하여 사마리아 여자인 나에게 물을 달라 하나이까"(9) 그냥 주면 될 것을 민족적 편견에 잡혀 있습니다. 목마른 나그네의 고통이 보이지 않습니다. '선한 사마리아인'이 탄생할 수 있었던 것은 그가 그냥 사람을 사람으로 보았기 때문입니다. 그 사람의 출신, 신분, 이해관계를 생각하는 순간 사랑을 행할 수 없습니다.

예수님이 생수를 주겠다고 하니까 이번에는 "물 길을 그릇도 없고 이 우물은 깊은데 어디서 당신이 그 생수를 얻겠사옵나이까"(11)며 경험론자의 한 마디로 응수합니다. '내가 경험해 봐서 아는데 그런 식으로는 안 돼.' 새로운 가능성이나 만남에 대한 기대가 없습니다. 우리 인생을 풍요롭게 하는 것은 낯선 만남이고, 그 만남에는 감추어진 신비가 있습니다.

예수님께서 목 마르지 않는 영원한 생수를 약속하자 15절에서는 "그런 물을 내게 주사 목마르지도 않고 또 여기 물 길으러 오지도 않게 하옵소서" 하며 짜증을 폭발합니다. 삶에 지쳤는데 제발 그런 물을 나에게 주어 더 이상 이런 지겨운 노동을 하지 않게 해달라는 냉소적 태도입니다. 이것을 권태감이라 합니다. '어떤 일이나 상태에 시들해져서 싫증이나 게으름이 나는 느낌'입니다.

이 여인의 인생이 이렇게 꼬인 이유가 있었습니다. 예수님은 문제를 단번에 알아챘습니다. 18절입니다. "너에게 남편 다섯이 있었고" 다섯도 많은데 지금 사는 여섯 번째 남편도 남편이 아니라고 말씀합니다. "여자가 대답하여 이르되 나는 남편이 없나이다"(17) 예수님이 정곡을 찔렀습니다. 이 여인의 삶의 목표는 좋은 남자 만나는 것이었습니다. 무슨 사연인지 모르겠지만 남편을 다섯이나 두었고 새로 맞은 남편에게서도 만족을 얻지 못합니다. 여성 활동이 제한받던 고대사회에서는 좋은 남편을 만나는 것만큼 큰 복은 없었습니다. 이 여인은 자기실현에 실패했습니다.

야곱의 우물

사마리아 여인과의 만남에는 장애가 하나 더 있습니다. 사마리아라는 민족적 편견입니다. 유대인과 사마리아인은 사이가 좋지 않았습니다. 서로가 정통이고 이단이라며 싸웠습니다. 이전에 유대인들은 사마리아 성전을 무너뜨렸습니다. 사마리아인들은 예루살렘 성전에 시신의 뼛가루를 뿌리는 불경한 짓을 했습니다. 예루살렘으로 가는 순례객들을 급습하기도 했습니다. 그래서 경건한 유대인들은 사마리아 땅을 밟으려 하지 않았습니다. 예수님이 강도 만난 자에게 행한 선한 사마리아인의 비유를 말씀하셨을 때 유대인들은 난리가 났습니다. 사랑의 파격적 행동 때문이 아니라 하필 왜 사마리아인이냐는 것입니다. 죄인이나 세리가 그런 사랑을 행했다면 어느 정도 받아들였을 것입니다.

이런 편견은 차별과 혐오로 이어지고 온갖 거짓 소문을 만들어냅니다. 사마리아인이 부정하다는 근거로 사마리아 여자는 갓난아이 때부터 생리한다는 가짜뉴스가 유대 사회에 파다했습니다. 유출된 피는 부정하기에 그들이 걷는 땅이나 성전 또한 거룩할 수 없게 됩니다. 예수님이 사마리아인 그것도 여인을 만나는 것은 매우 불결한 행동입니다. 사람이 부정하면 그가 만진 그릇도 부정해지기 때문입니다. 유대인들이 식사 전에 손을 씻는 정결례를 행했던 이유는 모르는 사이 죄가 손에 묻었을 수 있기 때문이었습니다.

이런 일은 고대사회뿐만 아니라 현대사회에서도 발생합니다. 자기 경쟁자나 원수 같은 상대방에게는 온갖 거짓으로 죄를 뒤집어씌웁니다. 신앙인들의 동성애 혐오나 이슬람 혐오가 이런 식으로 발전하고 있습니다. 한참 남북 간 갈등이 심했을 때 북한을 마치 뿔달린 도깨비 취급을 했었습니다. 그러다 북쪽 사람들을 만나고 나면 선량한 한 사람임을 알고는 깜짝 놀라곤 했습니다. 이념과 교리는 이처럼 위험할 수 있습니다. 적을 단순화하고 악마화합니다.

예수님이나 초대교회 선교의 중요한 방향이 이런 차별과 혐오를 뛰어넘는 것이었습니다. "오직 성령이 너희에게 임하시면 너희가 권능을 받고 예루살렘과 온 유대와 사마리아와 땅끝까지 이르러 내 증인이 되리라"(사도행전 1:8) 선교의 대상에 '사마리아'가 특별히 추가되었습니다. 하나님의 사랑은 민족적 편견을 뛰어넘습니다.

한 여인의 갈증 앞에 지금 종교는 매우 무능력한 모습을 보이고 있습니다. 사마리아 여인이 사는 동네는 종교의 전통과 흔적들로 가득합니다. '수가'라는 동네는 "야곱이 그 아들 요셉에게 준 땅이 가깝다"(5)고 말합니다. 거기에는 야곱의 신앙과 축복이 고스란히 담긴 "야곱의 우물"(6)이 있었습니다. 축복의 산인 그리심산이 가까이 있고 이단처럼 취급받지만 그래도 그리심산 성전이 이곳에 있었습니다. 니고데모와 같이 예루살렘 성전이나 율법이 가까이 있었음에도 불구하고 이들은 구원에 목말라합니다.

종교의 무능력성은 기독교도 예외가 아닙니다. 타성에 박히고 세상에 취하면 교회의 샘도 막힙니다. 새 술은 새 부대에 담아야 한다는 예수님의 말씀은 기독교에도 해당합니다. 개혁교회Reformed Church는 항상 개혁하는 교회입니다. 낡고 메마른 교리에서 벗어나 산 예수를 만나야 합니다. 희망적인 것은 지금 막혀 있을 뿐이지 저 지하에 영원한 생수의 근원은 그대로 있다는 사실입니다.

영생하도록 솟는 샘물

(4:13-19)

내가 주는 물을 먹는 자는 영원히 목마르지 아니하리니
그 속에서 영생하도록 솟아나는 샘물이 되리라

생수

사마리아 여인과의 대화 주제는 물입니다. 물과 생명은 직결되어 있습니다. 물로부터 모든 생명체는 출발했습니다. 수십억 년 전 처음 물이 생기고 이 물속에서 유기물들이 생겼는데 이를 '원시 수프'라고 부릅니다. 여기서 유전자들이 만들어지고 이들이 결합하여 복잡한 생명체들이 탄생했습니다. 인간 생명의 첫출발은 물로 가득한 저 바다입니다. 외계의 생명체를 찾기 위해서는 먼저 물의 흔적을 찾습니다.

인간의 몸을 구성하는 가장 중요한 요소가 물이기에 인간은 물을 먹어야 삽니다. 물은 그래서 인간의 생명을 상징합니다. 예수님은 사마리아 여인에게 영원한 생수의 약속을 주셨습니다. "내가 주는 물은 그 속에서 영생하도록 솟아나는 샘물이 되리라"(14) 인간의 육신이 물을 먹어야 살 듯 그 영혼은 영생의 물을 마셔야 살 수 있습니다. 예수님이 주시는 물은 영원한 물입니다. 예수님은 믿는 자 안에, 곧 사마리아 여인 안에 아예 샘물을 만들어주십니다. 바로 거기서 직접 솟아나는 생수이기에 마르지 않고 시원합니다.

예전 시골에는 작두 형태의 펌프가 있었습니다. 이 펌프는 평상시에는 말라 있습니다. 거기에 물 한 바가지를 붓고 열심히 펌프질을 하면 그 속에서 시원한 샘물이 솟습니다. 처음 붓는 한 바가지 물을 '마중물'이라고 했습니다. 깊은 샘물을 마중하러 나간다는 뜻인 것 같습니다. 여름철에 먹는 그 물은 그렇게 시원하고 달콤했습니다. 그 물에 등멱을 하면 여름철에도 차가워서 몸이 움찔할 정도였습니다. 내 안에 오아시스가 있습니다. 믿음의 마중물이 시원한 생수를 퍼 올립니다.

어떻게 이런 일이 가능한가? 이는 바로 우리 안에 부어진 성령 때문입니다. "누구든지 목마르거든 내게로 와서 마시라 나를 믿는 자는 성경에 이름과 같이 그 배에서 생수의 강이 흘러나오리라 하시니 이는 그를 믿는 자들이 받을 성령을 가리켜 말씀하신 것이라"(7:37-39) 샘물을 넘어 생수의 강입니다. 자기만 만족하는 것이 아니라 다른 이웃도 먹일 수 있는 풍족한 물입니다.

성령 하나님은 무한자입니다. 작은 유한 속에 무한자가 비집고 들어왔습니다. 삭은 불질의 질량 손실이 원자탄이나 수소탄의 무한한 에너지를 만들어내듯 성령은 우리 안에서 무한한 능력을 만들어냅니다. 히로시마에 떨어졌던 원자폭탄은 0.7g의 질량 손실이 그런 엄청난 파괴력을 보였습니다. 우리 안에 하나님이 계십니다.

중동지방에서 물은 매우 귀합니다. 그래서 물이 있는 오아시스를 중심으로 마을이 형성됩니다. 우물이 곧 오아시스입니다. '와디'라고 하여 중동에서는 건기에는 강물도 말라버립니다. 목마른 사슴이 물을 찾아 강바닥을 박박 긁기도 합니다. 그러다 갑자기 푸른 띠가 나타나는데 그곳에는 반드시 샘물이 있습니다. 그래서 성경은 복 있는 사람을 시냇가에 심긴 나무(시편 1:3)에 비유합니다. 물댄 동산에 비유하기도 합니다. "여호와가 너를 항상 인도하여 메마른 곳에서도 네 영혼을 만족하게 하며 네 뼈를 견고하게 하리니 너는 물댄 동산 같겠고 물이 끊어지지 아니하는 샘 같을 것이라"(이사야 58:11) 에덴동산이 낙원인 이유는 그 곳에 물이 풍부하기 때문입니다. "강이 에덴에서 흘러 나와 동산을 적시고 거기서부터 갈라져 네 근원이 되었으니"(창세기 2:10) 그런데 바로 이 일이 사마리아 여인에게서 일어나고 있습니다.

그 속에서

이 놀라운 일이 믿는 자에게도 일어납니다. 예수님은 "그 속에서"라 말씀하실 때 여성형 대신 '아우토'라는 남성형 인칭 대명사 단수를 사용했습니다. 이는 남성형 대표 단수를 통하여 모든 믿는 자를 지시하려는 의도입니다. 그러면 '그 속'은 어디입니까? 우리 존재를 말하고 그것은 곧 우리 영혼이나 마음을 가리킵니다. 우리 안에 영원하도록 솟는 샘물, 곧 하나님이 계십니다. 이에 대한 찬양은 아우구스티누스의 『고백록』에서 잘 표현되었습니다. 그 첫 권에서 아우구스티누스는 이렇게 고백합니다.

"하늘과 땅을 지으신 나의 하나님이 들어오실 수 있는 공간이 도대체 내 안에 있기나 한 것입니까? 나의 하나님 여호와여, 내 안에 당신을 담을 수 있는 어떤 것이 있습니까? 당신이 나를 만드셨는데 내 안에 당신을 품을 수 있습니까? 오 나의 하나님, 당신이 내 안에 계시지 않으면 나는 존재할 수 없습니다. 내 영혼은 당신이 거하시기에 비좁습니다. 당신이 들어오실 수 있도록 넓혀주십시오."

아빌라의 테레사Teresa de Jesus 성녀는 우리 마음을 하나님이 거하시는 영혼의 궁방이라 표현했습니다. "너희가 하나님의 성전인 것과 하나님의 성령이 너희 안에 계시는 것을 알지 못하느냐"(고린도전서 3:16) 지상의 성전이 우리 마음으로 옮겨졌습니다. 우리 영혼의 지성소에 하나님이 거하십니다. 실로 엄청난 일입니다.

우리 마음은 실제 얼마나 크고 넓은지 모릅니다. 모든 문제의 근원이 이 마음에 있습니다. 현대의 심리학이 이 마음의 위대함을 철저히 분석했습니다. 프로이트는 빙하의 대부분이 물속에 잠겨 있듯이 우리의 무의식이 의식을 규정한다고 하였습니다. 칼 융은 이를 '집단무의식'이라 불렀는데, 인류의 문화와 개인의 역사가 이 마음에 담겨 있습니다. 마음은 마치 컴퓨터와 같습니다. 작은 컴퓨터 안은 또 하나의 세계입니다. 그 안에서 게임을 하기도 하고 왕국이 건설됩니다. 우리의 뇌나 마음은 그것보다 더 정교하고 깊습니다.

우리 마음 안에는 수많은 것들이 살고 있습니다. 노자의 『도덕경』에서는 이렇게 말합니다. "문을 나서지 않고 천하를 알며 창틈으로 엿보지 않고 하늘의 도를 본다. 멀리 가면 갈수록 더욱 모른다." 자신을 잘 관찰하면 세계를 알 수 있습니다. 칸트가 그러했습니다. 칸트는 자기 고향 쾨니히스베르크를 한 발자국도 벗어난 적이 없습니다. 그러나 그는 철학사의 방향을 바꾸었습니다. 그는 다름 아닌 우리 뇌와 마음의 법칙을 연구하였습니다. 우리 마음의 범주적 인식이 세계를 구성하고 결정합니다.

모든 문제의 근원도, 그 해결책도 마음에 있습니다. 선불교의 혜능 스님의 선문답입니다. 바람에 펄럭이는 깃발을 보고는 두 승려가 말을 주고받고 있었습니다. "저것은 깃발이 움직이는 것이다." "아니다. 저것은 바람이 움직이는 것이다." 곁에 있던 혜능이 한마디 했습니다. "흔들리는 것은 깃발도 아니요, 바람도 아니요, 그대의 마음이다." 흔들림은 마음이 지어내는 현상일 뿐입니다. 내 기분에 따라 세상은 곧 멸망할 것처럼 보이고 또 달리 낙원처럼 보이기도 합니다. 천국과 지옥도 이 마음이 결정합니다. 감사하고 만족하면 천국이요, 불평하고 욕심에 끌려다니면 지옥입니다. 우리 마음은 결코 작지 않습니다.

남편

우리 마음은 이렇게 크고 넓은데 그것을 차단하는 것이 있습니다. 생수의 근원을 바윗돌처럼 틀어막고 있는 것이 있습니다. 불교에서는 이를 탐진치貪瞋痴라고 합니다. 탐욕과 집착과 어리석음입니다. 사마리아 여인에게 그것은 바로 남편이었습니다. 남편이 다섯 명이 있었는데 지금 여섯 번째 남편도 자기 남편이 아니라 합니다.

이혼율이 높은 현대사회에서도 여섯 번 결혼한 사람은 드뭅니다. 이는 여인의 고집스런 욕망을 보여줍니다. 자아실현의 도구로 남편에 집착하다 자기 인생을 망가뜨렸습니다.

욕심을 내고 집착을 하면 어리석어집니다. 여인은 진정한 샘물이 발밑에 있는데도 보지를 못합니다. 진정한 행복과 구원이 바로 곁에 있는데도 알아보지를 못합니다. 마음을 비워야 합니다. 비워야 잘 보이고 현명해집니다.

어른들을 위한 동화 중에 『꽃들에게 희망을』이라는 책이 있습니다. 이 동화는 한 애벌레가 나비가 되기까지의 과정을 그렸습니다. 자신이 나비인 줄 모르는 애벌레는 무언가 가치 있는 일이 있을 거라고 믿으며 세상으로 나아갔습니다. 도중에 애벌레는 하늘로 향해 솟아 있는 큰 기둥을 보게 됩니다. 수많은 애벌레가 이 기둥 위로 오르고 있었습니다. 그 위에 무엇이 있는지도 모른 채 모두가 가니까 좋은 것이 있을 거라는 막연한 기대를 가지고 오릅니다.

줄무늬 애벌레 또한 이런 애벌레들의 대열에 합류했습니다. 정상을 향해서 올라가야 하는 줄무늬 애벌레에겐 다른 애벌레들은 자기 앞을 가로막는 위험이요 방해물에 지나지 않았습니다. 다른 애벌레를 밀치며 고생 끝에 정상에 올랐지만, 줄무늬 애벌레는 그곳에서 절망적인 말을 듣습니다. "아, 이 꼭대기에는 아무것도 없구나!" 이미 정상에 오른 애벌레들은 그 말을 막으며 남을 이기고 정상에 오른 기쁨으로만 만족하려 합니다.

줄무늬 애벌레의 진정한 성공은 남들처럼 기둥을 타고 올라가는 데 있지 않았습니다. 조용히 번데기라는, 곧 변태라는 자기 부인의 과정을 거쳐 나비가 되는 데 있었습니다. 사마리아 여인은 그 실망감을 자기에게는 남편이 없다는 말로 표현하고 있습니다. 그리스도를 믿는다는 것은 세상의 헛된 추구를 버리는 것입니다.

남편은 또한 잘못된 예배나 이념을 상징합니다. 여자의 다섯 남편은 사마리아 종교를 상징합니다. 북왕국의 핵심이었던 사마리아는 앗수르에 의해 망한 후 다섯 부족이 이주해서 이곳에 살게 되었습니다. "앗수르 왕이 바벨론과 구다와 아와와 하맛과 스발와임에서 사람을 옮겨다가 이스라엘 자손을 대신하여 사마리아 여러 성읍에 두매 그들이 사마리아를 차지하고 그 여러 성읍에 거주하니라"(열왕기하 17:24) 이렇게 혼합민족이 되었습니다. 사마리아 종교에는 희망이 없습니다.

예수님은 니고데모와 사마리아 여인을 통하여 정통 유대교와 혼합 사마리아 종교에 대해 파산 선고를 내립니다. 기독교도 여기서 예외가 아닙니다. 죽은 종교가 되어 배타와 차별, 폭력과 분열, 불안과 무지와 탐욕의 쓴 물만 낼 때 예수님은 교회를 향해서도 파산 선고를 내리실 것입니다. 성 프란치스코의 성빈聖貧 운동은 중세 기독교의 사치와 타락에 대한 파산 선언입니다. 마르틴 루터의 종교개혁은 중세 가톨릭의 전통의 우상과 인간적 권위에 대한 파산 선고입니다. 칼 바르트의 신정통주의는 자유주의자들의 놀이터에 던진 파산의 폭탄이었습니다.

영과 진리로 드리는 예배
(4:20-26)

하나님은 영이시니
예배하는 자가 성령과 진리로 예배할지니라

하나님은 영이시니

사마리아 여인의 관심이 예배로 바뀌었습니다. 삶의 권태에 지치고 세상의 욕망을 따라 살던 여인이었습니다. 그랬던 그가 이제 하나님에 대해서, 예배에 대해서, 진실된 삶에 대해서 질문하기 시작했습니다. "우리 조상들은 이 산에서 예배하였는데 당신들의 말은 예배할 곳이 예루살렘에 있다 하더이다"(20) 여전히 전통과 편견에 매였지만 그래도 옳은 방향으로 질문했습니다. 질문이 제대로 되면 비록 더딜지라도 답을 찾아갈 수 있습니다.

예수님은 그 질문에 대해 "하나님은 영이시니 예배하는 자가 영과 진리로 예배할지니라"(24)는 답을 줍니다. 하나님은 영이십니다. 영 곧 헬라어 '프뉴마'는 바람이라는 뜻입니다. 바람은 근원도 알 수 없고 잡을 수도 없습니다. 하나님이 영이시라는 말은 하나님은 장소에 국한되지 않으신다는 뜻입니다.

여인은 공간성을 벗어나지 못합니다. '우리 조상들은 이 산, 곧 사마리아인들의 성전이 있는 그리심산에서 예배하였습니다. 그런데 당신들은 예배할 곳이 예루살렘, 곧 예루살렘 성전에 있다고 합니다, 이 말이 맞습니까?' 예수님이 대답합니다. "이 산에서도 말고 예루살렘에서도 말라" 예수님은 그리심산의 예배도, 예루살렘 성전의 예배도 아니라고 말씀합니다. 바람 같으신 분을 그리심산 성전이, 예루살렘 성전이 붙잡을 수 없습니다. 하나님은 무한하신 분이기에 인간이 만든 유한한 성전이 하나님을 제한할 수 없습니다. 동시에 하나님은 영이시기에 어떤 곳에서도, 심지어 우리 마음이라는 작은 장소에도 거하실 수 있습니다.

하나님의 영의 임재가 없으면 더 이상 하나님의 성전이 아닙니다. 영의 임재가 없이 드리는 예배는 알지 못하고 드리는 예배에 해당합니다. 그리심산의 성전은 심지어 율법도 알지 못하기에 더욱 성전이 아닙니다. 예루살렘의 성전도 마찬가지입니다. 예루살렘 성전은 가로 500m, 세로 300m에 이르는 거대한 규모이고 그 화려함은 말로 표현할 수 없습니다. 황금과 대리석으로 치장하여 아침에 태양이 떠오르면 온 사방에 황금빛을 비춰 눈이 부실 정도였습니다. 그러나 하나님의 영의 임재가 없으면 성전이 아닙니다.

사도 바울은 하나님이 영이시라는 말씀의 의미를 누구보다 더 잘 깨달았습니다. 바울이 선교하던 시대에는 온 도시마다 거대하고 화려한 우상의 신전들로 가득했습니다. 에베소의 아데미, 곧 아르테미스 신전은 당시 세계 7대 불가사의 중 하나가 될 정도로 거대

했습니다. 높이 16m, 직경 1.8m에 이르는 대리석 기둥 100여 개가 떠받치는 거대한 신전이었습니다. 아테네 파르테논 신전의 4배 규모입니다. 그러나 바울은 이런 거대함에 아랑곳하지 않습니다. 이것은 단지 우상의 전당에 불과할 뿐입니다.

오히려 바울은 고린도 교회를 향하여 너희가 '하나님의 신전'이라 말씀합니다. 고린도는 항구도시로 뜨내기들이 북적거리고 비린내 나는 곳입니다. 많아야 삼사십 명이 모여 가정교회 형태로 예배드렸습니다. 변변한 건물도 없어 상가의 한 귀퉁이에서, 또는 가정집의 좁은 거실에서 모였습니다. 그런데 사도 바울은 바로 이곳이 하나님의 성전이라고 합니다. 하나님의 영의 임재가 있기 때문입니다.

아무리 작은 수가 모이고 월세 내는 작은 교회당일지라도 거기에 영의 임재가 있으면 하나님의 성전입니다. 한국교회는 그동안 교회 건물을 세우기 위해 진력하였습니다. 교회당은 단지 건물일 뿐입니다. 곳곳에 화려하고 거대한 교회당은 섰지만 하나님의 임재는 사라지고 말았습니다. 교회는 건물이 아니라 사람들의 모임이라는 말도 옳습니다. 그러나 사람들이 모였다고 하여 하나님의 성전이 되는 것은 아닙니다. 하나님의 말씀이 있고 하나님의 임재가 있어야 성전입니다.

하나님은 영이시라는 말씀은 코로나 상황으로 인해 대면이 아닌 온라인 예배로 드리는 우리에게 위로가 됩니다. 영이신 하나님은 장소나 공간이나 시간에 매이지 않습니다. 하나님의 영은 하나님의 말씀을 타고 역사합니다. "내가 너희에게 이른 말이 영이요 생명이라"(6:63) 하나님의 말씀이 지금 전파를 통하여, 인터넷망을 타고 우리들의 귀에 들리고 있습니다. 이 말씀으로 우리 마음을 감동시키고, 홀로 예배를 드리지만 그 말씀을 인하여 눈물을 흘립니다. 영의 임재가 있는 예배, 그것이 진정한 예배입니다.

영과 진리로

'영과 진리'라는 두 개의 단어를 나열하고 있지만 의미는 하나입니다. 진리는 영을 수식합니다. 진리의 영이란 말이 더 적합합니다. 요한복음 14장의 고별설교에서 예수님은 성령을 '진리의 영'이라 부릅니다. 진리란 것은 요한복음에서 실상, 실체를 뜻합니다. 가짜나 허위의 예배가 아니라 하나님의 임재가 있는 진짜 예배라는 뜻입니다.

우리 예배가 가짜일 때가 있습니다. 어느 순간 인간들끼리 모인 사교의 모임으로 전락할 수 있습니다. 어떤 이념이나 취미나 성향으로 모인 집단이 될 수도 있습니다. 감정적 열정이나 체험이 고조되어 자신들은 성령의 예배를 드리고 있다고 착각할 수도 있습니다. 아닙니다. 그것은 단지 우리의 감정만 자극하는 심령부흥회일 뿐입니다. 하나님은 거기에 계시지 않습니다.

영의 임재를 어떻게 구분할 수 있습니까? 하나님을 향한 사랑이 불타오릅니까? 말씀이 우리 가슴을 치며 울부짖게 만듭니까? 기꺼이 하나님의 말씀에 순종하겠다는 결단이 있습니까? 세상에 대한 욕심과 집착을 끊고 하늘의 것을 바라보게 만듭니까? 어리석은 자기 생각과 편견과 무지를 끊고 현실을 투명하고 진실되게 볼 수 있는 지혜가 열립니까? 말씀으로 인하여 놀라고, 기뻐하고, 평화와 위로가 있습니까? 그러면 영의 임재가 있는 예배일 가능성이 높습니다.

"예배하는 자가 영과 진리로 예배할지니라"(24)는 이 구절을 이전 개역성경은 '영과 진리'가 아닌 '신령과 진정'으로 번역하였습니다. 대표적인 오역 중에 하나였습니다. 이 때문에 예배와 관련된 많은 오해가 발생하였습니다. '신령스럽게 드린다' 하여 온갖 거룩한 흉내를 다 내었습니다. 기도나 설교의 말투도 근엄하게 하려 하였습니다. 설교 강단은 신령스러운 곳이라 신을 벗어야 했고, 높게 만들었습니다. 드럼이나 전자악기를 사용하는 것은 불경스럽게 생각했습니다. 신령이 아니라 성령이라면 오히려 드럼이 더 우리 영혼을 울리는 악기일 것입니다.

'진정으로 드린다' 하여 예배에 온갖 정성을 다하였습니다. 주일예배에는 가장 좋은 옷과 정장을 입었습니다. 교회 행사 때 여신도들은 한복을 입어야 했습니다. 헌금도 토요일에 은행에서 뽑은 빳빳한 신권으로 봉헌하였습니다. 대단한 정성이었습니다. 그러나 하나님이 기뻐하시는 예배는 인간의 정성이나 노력으로 이루어지는 것이 아닙니다. 이는 자칫 인간적 열심이나 인간적 의가 될 수 있습니다. 오히려 옷을 찢고 재를 뒤집어쓰는 것이 하나님이 받으시는 예배입니다.

'진정'이 아니라 '진리'의 예배입니다. 정신을 차리고 분별하는 예배여야 합니다. 하나님이 기뻐하시는 예배여야지 자신들이 기뻐하는 예배가 되어서는 안 됩니다. 구약 선지자들은 잘못된 예배에 대해서 신랄하게 비판하였습니다. "여호와께서 말씀하시되 너희의 무수한 제물이 내게 무엇이 유익하뇨 나는 숫양의 번제와 살진 짐승의 기름에 배불렀고 나는 수송아지나 어린 양이나 숫염소의 피를 기뻐하지 아니하노라 너희가 내 앞에 보이러 오니 이것을 누가 너희에게 요구하였느냐 내 마당만 밟을 뿐이니라"(이사야 1:11-12)

하나님은 우리들의 헌물보다는 바른 삶을 원하십니다. "너희는 스스로 씻으며 스스로 깨끗하게 하여 내 목전에서 너희 악한 행실을 버리며 행악을 그치고 선행을 배우며 정의를 구하며 학대받는 자를 도와주며 고아를 위하여 신원하며 과부를 위하여 변호하라 하셨느니라"(이사야 1:6-17) 하나님 말씀에 순종하는 예배를 주님은 원하시고 이것이 영적 예배입니다.

진리의 예배는 예수님을 중심으로 드리는 예배입니다. 예수님은 길이요 진리요 생명입니다. 예수님은 진리의 구현체입니다. 예배에서 예수 그리스도가 드러나고, 예수님의 말씀이 들리고, 예수님의 말씀에 순종할 때 그것이 진리의 예배입니다.

예배의 설교는 인간적 교훈을 듣거나, 좋은 강연이나, 울고 웃기는 코미디가 아닙니다. 어느 설교를 듣다 보면 이것이 정치 강연인지, 심리 상담인지, 자기개발 집회인지, 만담인지 모를 때가 있습니다. 설교의 중심은 예수 그리스도이고, 그분의 말씀과 구원과 은혜를 전하는 것이 설교입니다. 그리스도가 있는 곳에 하나님은 영으로 함께 하십니다.

나의 양식은 아버지의 뜻을 행하며

(4:27-34)

나의 양식은 나를 보내신 이의 뜻을 행하며
그의 일을 온전히 이루는 이것이라

양식이란?

예수님과 사마리아 여인의 만남은 양식 문제가 발단이 되었습니다. 예수님은 시장했고 제자들은 먹을 것을 구하려고 마을로 갔습니다. 이 때문에 여인과 예수님이 일대일로 만날 기회가 주어졌습니다. 먹는 문제는 예수님과 제자 사이에 더 확대됩니다. 제자들이 "누가 잡수실 것을 갖다 드렸는가?" 하고 묻습니다. 하루라도 양식이 없으면 인간은 살 수 없습니다. 인간이 살아가는 중요한 목적 중 하나는 먹기 위해서입니다. 동물들에게는 더 본질적입니다. 개를 훈련하는 주요 도구가 먹이입니다. 동물의 대부분 활동은 먹을 것을 구하는 데 소비됩니다.

우리 사회에서는 양식을 통칭 밥이라 불렀습니다. 밥 문제가 매우 중요했기에 예전 우리 아침 인사가 "진지 자셨습니까?"였습니다. 부모가 자녀에게 건네는 인사말도 "밥 먹었니?"입니다. 밥 먹었니라는 말에는 자녀의 건강과 안전에 대한 염려가 다 담겨 있습니다. 친구와 전화하면서 으레 "밥 한 번 먹자." 합니다. 이는 단순히 밥만 먹자는 말은 아닙니다. 한번 만나서 이야기하자는 뜻입니다.

밥의 소중함은 70년대 김지하의 〈밥은 하늘입니다〉라는 시에서 잘 드러납니다. 시인은 "밥이 하늘입니다. 하늘을 혼자서 못 가지듯이 밥은 서로 나눠 먹는 것. 밥이 하늘입니다."라고 노래합니다.

밥은 생명과 직결되기에 하늘에 비유됩니다. 넓고 높은 하늘을 누가 독차지할 수 없듯이 밥은 모두에게 돌아가야 합니다. 불의나 불평등은 주로 밥 문제와 관련되어 발생하는 문제입니다. 다른 사람의 밥을 뺏어가는 것이 불의입니다. 소수의 사람에게 밥이 몰려 다수가 배를 곯는 것이 불평등입니다.

요한복음에서 밥은 하나의 비유입니다. 영혼의 양식에 대한 비유입니다. 몸에 밥이 소중하듯 영혼에게는 영혼의 양식이 필요합니다. 물질적인 밥만으로 인간이 만족할 수 없다는 것은 세상의 철학도 동일하게 증언합니다. 공리주의를 주창한 존 스튜어트 밀John Stuart Mill은 "배부른 돼지보다 배고픈 소크라테스가 낫다."라고 말하였습니다. 인간에게는 육신의 밥뿐만 아니라 의미나 보람이라는 영혼의 밥이 주는 쾌락이 더 크다는 뜻입니다.

이스라엘에서도 문제는 대부분 밥 때문에 발생했습니다. 그들이 우상숭배에 빠진 이유는 가나안의 바알 신앙이 자신들의 밥 문제를 해결해준다고 믿었기 때문입니다. 바알 신은 초근목피의 신입니다. 중동에서는 여름철인 건기에 죽고 우기가 시작되는 가을에 살아나는 신입니다. 비의 신, 태풍의 신이라고도 하는데 이 신을 섬겨야 한 해 농사가 잘되고 풍성한 번식이 보장된다고 믿었습니다.

이에 반해 이스라엘의 야훼 신은 물질적 밥보다 영혼의 양식을 더 중요하게 생각했습니다. 물론 그렇다고 하여 밥을 무시한 것은 아니었습니다. 이스라엘이 출애굽 한 후 40년 동안 광야에서 방황한 이유에 대해서 이렇게 설명합니다. "사람이 떡으로만 사는 것이 아니요 여호와의 입에서 나오는 모든 말씀으로 사는 줄을 네가 알게 하려 하심이니라"(신명기 8:3) 이스라엘 백성들은 밥보다는 하나님 말씀이 소중하고, 하나님 말씀을 지킬 때 밥 또한 주어진다는 교훈을 배워야 했습니다. 이는 삶의 우선순위의 문제입니다. 실제 이스라엘 백성들이 하나님 말씀에 순종했을 때 40년 동안 만나와 메추라기가 매일같이 주어졌습니다. 옷 한 벌이지만 해지지 않았고 신발도 낡지 않았습니다. 말씀은 밥을 나누도록, 절제하도록 가르칩니다. 하나님 말씀은 정의입니다. 하나님 말씀은 사랑입니다. 정의와 사랑은 영혼의 양식입니다.

사마리아 여인의 양식

사마리아 여인도 양식이 문제였습니다. 여인의 양식은 남편이었습니다. "네 남편을 불러오라"(16)는 예수님의 말에 여인은 "나는 남편이 없나이다"(17)라고 실토합니다. 그 순간 사마리아 여인은 자신의 실상을 문득 깨달았던 것입니다. "있지도 않은 그림자에 짓눌려 살아온 나의 지난날을 그분은 안개처럼 흩어버리셨다."이현주, 「요 자신의 실상을 보게 되자 여인은 진정한 양식에 관심을 보이기 시작합니다.

"메시야 곧 그리스도라 하는 이가 오실 줄을 내가 안다"(25)라고 말하자 예수님은 "내가 그라"I am he 말씀합니다. 헬라어로는 '에고 에이미'입니다. 영어로는 'I am'인데 단순히 그렇다는 인정 정도의 말이 아닙니다. '에고 에이미'는 모세에게 나타나 하나님이 자신의 이름을 '스스로 있는 자'I am who I am라고 할 때 사용했던 단어들입니다. 신적 언명입니다. 예수님이 하나님이고, 메시야이고, 영원토록 솟는 샘물이고, 우리 영혼이 마땅히 먹어야 할 양식입니다. "나는 하늘에서 내려온 살아 있는 떡이니 사람이 이 떡을 먹으면 영생하리라"(6:51) 예수님을 먹어야 우리 영혼은 배부를 수 있습니다. 아우구스티누스는 그의 『고백록』에서 "주께서 내 안에 거하시기까지 나라는 존재는 없습니다."라고 고백합니다.

하늘 양식으로 배부르자 사마리아 여인의 삶이 변화되었습니다. "여자가 물동이를 버려두고 동네로 들어가서 사람들에게 이르되 내가 행한 모든 일을 내게 말한 사람을 와서 보라 이는 그리스도가 아니냐"(28-29) 여자가 물동이를 버렸습니다. 이 물동이는 삶의 권태를 상징하던 것이었습니다. 사람들의 눈을 피하여 한낮에 물 길러 왔던 여인이 이제는 동네 사람들을 스스럼없이 찾아갑니다. 그는 영혼이 위축되어 사람을 제대로 볼 수도, 사랑할 수도 없었던 사람이었습니다.

여인은 더 나아가 사람들에게 복음을 전합니다. 자신이 참된 양식으로 배불렀기에 이제 다른 사람들에게 이 양식을 먹이려는 마음이 생긴 것입니다. 복음을 만난 자는 그 자신이 복음이 되어 세상을 향해 흐르게 되어 있습니다. 하늘의 풍요로움은 나눠야 하기 때문입니다.

반면에 제자들은 여전히 육신의 양식에 갇혀 있습니다. 예수님이 사마리아 여인과 대화하는 모습에서 이들에게는 두 가지가 걸렸습니다. 하나는 낯선 여자와 대화한다는 것이고, 다른 하나는 사마리아인과 대화한다는 것입니다. 랍비가 여인과 대화하는 것을 금하는 것이 전통입니다. 이는 고대사회의 가부장적인 성차별에 해당합니다. 여기에 사마리아 민족에 대한 차별도 더하여 졌습니다. 육에 매인 자는 육의 논리를 따라갑니다. 이 모두가 나의 양식을 빼앗아가는 것에 대한 두려움에서 생긴 행태입니다. 여성들이나 소수집단이 자기가 구축한 떡의 영역에 들어오는 것을 극도로 경계합니다.

예수님의 양식

예수님은 지금껏 시장하셨습니다. 그런데 사마리아 여인에게 복음을 전하면서 그 배고픔을 잊었습니다. 제자들이 "랍비여 잡수소서"(31) 하지만 예수님은 먹을 생각을 하지 않습니다. "나의 양식은 나를 보내신 이의 뜻을 행하며 그의 일을 온전히 이루는 이것이니라"(34) 하나님의 일을 하는 그 기쁨이 배고픔을 잊게 하였습니다. 여인을 구원한 것, 여인에게 새로운 삶을 준 것 그것이 하나님의 일이고, 주님은 그 일로 인하여 배부름을 느끼고 있습니다. 사랑이 영혼의 양식입니다.

일이 양식이 될 때가 있습니다. 일이나 직업은 이익을 위해서 만 존재하지 않습니다. 일 자체나 직업 자체가 주는 보람이 있습니다. 일이 주는 대가가 아니라 옳은 일하는 것 자체가 만족감을 줍니다. 독립군들의 마음입니다. 실제 나라가 독립되어 부와 권력의 자리가 주어지지 못할망정 민족의 해방을 위해서 싸우는 것 자체가 그들의 기쁨이 되었습니다. 이것으로 충분합니다.

선비의 대명사로 백이伯夷와 숙제叔齊가 있습니다. 고사성어에 등장하는 이 두 사람이 하나님의 말씀으로 산다는 의미가 무엇인지, 하나님의 일이 어떻게 양식이 될 수 있는지를 잘 보여줍니다. 백이와 숙제는 원래 서쪽 변방에 살던 형제로, 변방의 작은 영지인 고죽국의 후계자들이었습니다. 고죽국의 영주인 아버지가 죽자, 동생은 형에게, 형은 동생에게 자리를 양보하며 끝까지 영주의 자리에 오르지 않았습니다. 결국 다른 형제가 그 자리에 올랐고, 이 둘은 주나라 문왕에게 의탁했습니다. 그들은 형제간의 의리를 양식으로 삼았던 것입니다.

문왕이 죽자마자 그 아들 무왕이 이웃 은나라를 공격하자 백이와 숙제는 무왕을 찾아가 다음과 같이 간언했습니다. "아버님이 돌아가신 후 아직 장사도 지내지 않았는데 전쟁을 할 수는 없습니다. 그것은 효가 아닙니다. 주나라는 은나라의 신하 국가입니다. 신하가 임금을 주살하려는 것을 어찌 인이라 할 수 있겠습니까?" 이에 주 무왕은 크게 노하여 백이와 숙제를 죽이려 했으나, 재상 강태공이 이들은 의로운 사람이라 하여 살렸습니다. 그들에게는 인과 예가 양식이었습니다.

무왕은 은나라를 무너뜨리고 주나라 시대를 열었습니다. 백이와 숙제는 주나라의 백성이 되는 것이 부끄럽다 하여 수양산으로 들어가 고사리만 먹고 살았습니다. 나중에는 주나라의 고사리마저 먹을 수 없다고 거부하다 굶어 죽고 말았습니다. 그들이 지었다는 〈채미가〉採薇歌입니다. "저 산에 올라가 고사리를 뜯네 / 폭력으로 폭력을 바꾸었건만 그 잘못을 모르는구나 / 신농, 우, 하나라 시대는 홀연히 지나갔으니 / 우리는 앞으로 어디로 돌아가야 하나? / 아아 이제는 죽음뿐, 우리 운명도 다하였구나!"

　　백이와 숙제는 육의 양식을 끊고 의의 양식으로 살았던 사람입니다. 이들의 삶이 지나치게 완고하다는 비판이 있을 수는 있습니다. 그러나 밥의 논리에 빠져 권력과 이익만 탐하는 오늘날의 세태에 비하면 멋있고 귀감이 됩니다. 밥그릇 빼앗길 두려움에 진실과 정의도 쉽게 버리는 시대입니다. 육의 양식보다는 영의 양식이 중요합니다. 예수님은 하나님의 일을 온전히 이루는 것을 자신의 양식으로 삼으셨습니다.

영생에 이르는 열매

(4:35-38)

거두는 자가 이미 삯도 받고
영생에 이르는 열매를 모으나니

추수

가을은 추수의 계절입니다. 익은 쌀알들이 고개를 숙이고 넓은 들판을 뒤덮습니다. 푸른 하늘과 대비되어 햇빛에 반사될 때의 황금 들녘은 매우 아름답습니다. 자연은 정말 풍요롭습니다. 별로 크지 않은 나무줄기에 주먹보다 더 큰 사과들이 주렁주렁 달린 모습은 신기하기조차 합니다. 지금 예수님이 그 기쁨에 취해 있습니다. 그렇지만 아직 수확철은 아닙니다. 사마리아 한 여인을 구원한 기쁨이 예수님의 눈을 취하게 만들었던 것입니다.

"너희는 넉 달이 지나야 추수할 때가 이르겠다 하지 아니하느냐 그러나 나는 너희에게 이르노니 너희 눈을 들어 밭을 보라 희어져 추수하게 되었도다"(35) 이는 씨를 뿌려서 거두기까지 4개월이 걸린다는 뜻일 수도 있고, 앞으로 넉 달이 지나면 추수 때라는 의미일 수도 있습니다. 어쨌든 지금은 아닙니다. 추수기가 아닌데 예수님의 눈은 이미 수확의 기쁨으로 가득 차 있습니다.

마치 엘리야가 갈멜산 정상에서 기도하면서 지중해 쪽에 떠오른 손바닥만한 조각구름을 보며 곧 큰 비가 올 것을 예상하는 것과 같습니다. 예수님은 지금 사마리아 여인 단 한 사람만 구원했지만 그를 통해 수많은 사마리아인이 구원받는 미래를 앞당겨 보고 있습니다. 실제 얼마 지나지 않아 동네의 많은 사마리아인이 구원을 받았습니다. 추수는 사도행전까지 연장되어 집사 빌립의 전도로 사마리아 성과 여러 마을 사람들이 예수를 믿게 되었습니다.

이것이 선지자의 눈입니다. 선지자는 한쪽 눈으로는 현실을 똑바로 직시하지만, 다른 한쪽 눈은 미래를 향하고 있습니다. 그래서 그들은 작은 악을 보면서도 부들부들 떱니다. 이것이 커져 결국 민족을 위기로 몰아넣을 것을 눈앞에 보듯 두려워합니다. 반대로 작은 사인을 보면서도 기뻐서 춤을 춥니다. 하나님의 승리를 믿음으로 앞당겨 보기 때문입니다. "비록 무화과나무가 무성하지 못하며 포도나무에 열매가 없으며 감람나무에 소출이 없으며 밭에 먹을 것이 없으며 우리에 양이 없으며 외양간에 소가 없을지라도 나는 여호와로 말미암아 즐거워하며 나의 구원의 하나님으로 말미암아 기뻐하리로다"(하박국 3:17-18) 하박국은 미래에 대한 희망으로 인해 지금 형편은 어렵고 힘들지만 오히려 찬양하고 기뻐합니다.

우리는 이처럼 작은 하나를 보며 기뻐하는 법을 배워야 합니다. 그때 가서 기뻐하지 말고 미리부터 기뻐하십시오. 그러면 기쁨이 두 배가 됩니다. 비전은 겨자씨 한 알을 보며 새 소리를 듣는 것입니다. 초라하고 작은 씨 한 알이지만 이 안에는 생명이 있습니다. 이것이 자라 나무가 될 것이고 열매를 드리우고 새들이 그 가지에 깃들일 것입니다.

열매

그렇지만 추수에는 단지 기쁨만 있는 것은 아닙니다. 추수는 자주 심판이나 종말과 연결됩니다. 추수 때는 긴장감이 돕니다. 한 해 농사에 대한 평가를 받기 때문입니다. 등급이 어떻게 매겨질지 초조합니다. 현대 직장인들의 연말결산의 시간과 같습니다. 추수 때는 추수하는 사람만이 아니라 열매들도 긴장합니다. 내가 알곡인지 가라지인지, 일 등급인지 삼 등급인지 결정되기 때문입니다.

하나님은 열매를 원하십니다. "나는 참포도나무요 내 아버지는 농부라 무릇 내게 붙어 있어 열매를 맺지 아니하는 가지는 아버지께서 그것을 제거해 버리시고 무릇 열매를 맺는 가지는 더 열매를 맺게 하려 하여 그것을 깨끗하게 하시느니라"(15:1-2) 우리를 매우 긴장케 하는 말씀입니다. 하나님은 자비하실 것만 같은데 엄한 주인이나 농부처럼 심판자의 얼굴을 하고 있습니다.

이는 우리 인생의 엄중함을 뜻합니다. 하나님은 자기 인생에 대해 책임지기를 원하십니다. 사람이나 한 공동체는 다 때가 있습니다. 싹이 틀 때가 있고, 줄기와 잎이 무성히 자라야 할 때가 있고, 꽃을 피워야 할 때가 있습니다. 각 시기에 적절한 성장을 하면 최종적으로 풍성한 열매를 맺게 됩니다. 성장이나 성숙이 없으면 건강이나 생명에 이상이 있다는 증거입니다. 시편 1편은 복 있는 사람의 모습을 시냇가에 심은 나무에 비유합니다. 시냇가에 심은 나무는 "시절을 좇아 열매를 맺습니다." 여기 '시절을 좇아'는 '자기 때에'in its time란 뜻입니다. 열매 맺어야 하는 시기를 못 맞추고 이른 시기에 맺어 초라하거나, 늦거나 전혀 기미가 보이지 않으면 얼마나 답답합니까?

우리 인생에서도 시절에 따라 맺어야 할 인격의 열매들이 있습니다. 에릭슨Erik H. Erikson이라는 사회심리학자는 인간이 성장하면서 성취해야 할 과제를 단계별로 8가지를 제시한 바 있습니다. 과제라 하였지만 이는 실상 시기별로 마땅히 맺어야 할 인격의 열매를 말합니다.

1세까지의 유아기에 중요한 과제는 신뢰성의 형성입니다. 부모와의 관계에서 형성되는 정서적 안정감입니다. 많이 사랑받고 많이 사랑해주는 것이 중요합니다.

2-3세의 전기아동기의 과제는 자율성입니다. 걷기 시작하면서 생리나 욕구나 이런 것들을 조절하거나 발산하며 독립적인 존재로서의 자기를 인식해 갑니다.

4-5세의 놀이기의 과제는 주도성입니다. 이때의 아이들은 천방지축입니다. 활발한 활동을 통해서 주도하고 만들어가면서 자신감을 배웁니다.

6-11세의 학령기에는 근면성이 중요합니다. 사회적 규율이나 사는 방식을 부지런히 배워가는 나이입니다.

12-20세의 청소년기는 정체성 형성이 주요 과제입니다. 자기

가 누구이고, 무슨 일을 해야 하며, 어떤 생각과 가치관을 가지고 살아야 할지를 정립해야 합니다.

21-34세의 초기 성인기에는 친밀감이 중요합니다. 친구나 동료나 배우자나 공동체를 형성해가는 단계입니다. 사람 사귐이 중요합니다.

35-60세는 성인기라 하여 생산성이 중요합니다. 자기 인생에서 어떤 업적이나 열매를 맺어야 합니다.

60세 이후의 노년기의 과제는 통합성입니다. 노년기는 육신적으로나 사회적으로 퇴보하는 나이이며, 또 인생을 마무리해야 하는 시점입니다. 이때는 자기 인생을 돌아보며 정리하고 의미 부여를 하는 나이입니다. 못다 한 일을 하거나, 돌이킬 수 없는 것은 부족한 대로 받아들이는 것입니다. 각 시기의 과제를 잘 완수했을 때 성숙한 인격이라는 열매를 얻습니다.

영생의 열매

주님이 무엇보다 우리에게 원하시는 열매는 영생의 열매입니다. 주님은 "영생에 이르는 열매를 모은다"(36)고 말씀합니다. 영원한 생명의 열매입니다. 죽음 이후의 세계입니다. 영원의 세계는 크고 무한합니다. 이 세계에 들어갈 준비가 되어 있습니까? 하나님이 계신 천국에서 함께 살 자들을 모으는 것, 그것이 바로 영생에 이르는 열매입니다.

어느 많이 배운 학자가 배를 타고 가다가 사공에게 물었습니다. "당신은 철학에 대해서 아시오?" 사공이 자기 같은 사람이 무슨 철학에 대해서 알겠느냐고 대답하자, 그 학자는 "그러면 당신은 인생의 3분의 1을 잃어버린 것이오." 하고 조롱하였습니다. 학자가 이어서 "당신은 문학에 대해서 아시오?"하고 물었습니다. 사공이 또 잘 모른다고 대답하자 "그러면 당신은 인생의 3분의 2를 잃어버린 것이오."하고 말하였습니다.

이렇게 한참 가다 갑자기 배에 물이 차 배가 가라앉게 되었습니다. 사공이 급히 그 학자에게 물었습니다. "당신은 수영할 줄 아시오?" 학자가 못한다고 대답하자 사공은 이렇게 대답했다고 합니다. "그러면 당신은 인생의 전부를 잃어버리게 되었소."

우리 인생에서 가장 소중한 것을 놓치지 말아야 합니다. 재물은 우리가 죽는 순간 곧바로 뒤돌아섭니다. 가족은 장례식까지만 따라갈 수 있습니다. 그러나 영원한 생명은 죽음의 강을 넘어 하나님 앞에까지 이릅니다. 하나님은 우리의 선행이나 업적을 가지고 치사하게 여러분의 영원을 결정하지 않습니다. 탕자를 맞는 아버지의 모습을 보십시오. "아직도 거리가 먼데 아버지가 그를 보고 측은히 여겨 달려가 목을 안고 입을 맞추니... 종들에게 이르되 제일 좋은 옷을 내어다가 입히고 손에 가락지를 끼우고 발에 신을 신기라 살진 송아지를 끌어다가 잡으라"(누가복음 15:22-23) 아버지는 탕자의 과거나 잘잘못을 묻시도 따지지도 않습니다. 탕자가 죄를 고백하지만 귓등으로 흘려버립니다. 그런 거에는 관심이 없고 아버지는 자녀의 영혼에만 관심이 있습니다.

그런데 아버지가 아무리 용서하고 받아들이려 해도 탕자가 아버지의 이 마음을 알지 못하면 아무 소용이 없습니다. 돌아갈 집도 모르고, 또 아버지를 아버지로 알지 못한다면 아무 소용이 없습니다. 하나님이 우리 아버지이며, 우리에게 돌아갈 집이 있다는 것을 아는 것이 영생입니다. 그리스도가 그 지식을 가져다줍니다. 우리는 믿음으로 이 영생을 받습니다. 그러나 믿지 않음으로 스스로 버린다면 그것이 심판입니다.

심는 자와 거두는 자

예수님은 심었고 제자들은 거둘 것입니다. 예수님이 사마리아 선교의 문을 여셨고 사도행전에서 제자들은 사마리아 땅 곳곳에 복음을 전하며 교회를 세웁니다. 일반 농사에서는 심는 자나 거두는 자가 동일합니다. 내가 뿌렸으니 내가 거둡니다. 그러나 역사와 같은 큰 단위나, 우리 인생에서 시간이 오래 걸리는 일은 심는 자나 거두는 자가 반드시 일치하지는 않습니다.

한국교회의 문제는 심은 자가 거두는 자의 역할까지 하려는 데서 발생합니다. 교회를 위하여 눈물을 흘리며 씨를 뿌렸습니다. 잘했습니다. 그런데 그 수확의 영광마저 차지하려고 하다가 이전의 수고까지 물거품으로 만듭니다. 이 땅에서 이미 대가를 받았기에 하늘나라의 상급은 없습니다.

또한 거두는 자는 내 능력이라고 자랑할 수 없습니다. 눈물을 흘리며 씨를 뿌린 자가 있었기에 자신은 수고도 없이 오늘의 풍요함을 거두게 되었습니다. 우리 아버지 어머니 세대가 고생하며 일을 했기에 우리가 그 열매를 누리고 있습니다. 그러니 교만해서는 안 되고 감사해야 합니다. 어떤 목회자가 일이 잘 풀리고 좋은 교회로 청빙을 받았습니다. 그렇다면 그것은 자신의 능력입니까? 아닙니다. 그의 부모나 조상이 뿌린 열매를 이제 거두는 것입니다.

당장 열매가 나타나지 않는다고 하여 또 열매를 거둘 수 없다고 하여 절망하지 마십시오. 부지런히 씨를 뿌리십시오. 언젠가는 그것이 열매로 돌아올 것입니다. "눈물을 흘리며 씨를 뿌리는 자는 기쁨으로 거두리로다 울며 씨를 뿌리러 나가는 자는 반드시 기쁨으로 그 곡식 단을 가지고 돌아오리로다"(시편 126:5-6) 바벨론 포로 된 땅에서 눈물을 흘리며 씨를 뿌린 자들이 있었습니다. 말씀의 씨를 뿌렸고, 말씀을 연구하고 준행하기 위한 회당과 예배의 씨를 뿌렸습니다. 그 결과 이스라엘 해방이라는 열매를 거두었습니다. 우리의 모든 수고는 반드시 열매로 돌아옵니다.

사마리아의 예수 공동체

(4:39-45)

선지자가 고향에서는 높임을 받지 못한다

사마리아의 구원

요한복음 4장의 주인공은 사마리아 여인입니다. 이 여인의 이야기는 대부분 죄 많고 인생에 실패한 한 여인이 구원을 받았다는 식의 해석이 주류를 이룹니다. 사마리아 여인과 관련된 복음성가 또한 많은 사랑을 받고 있습니다. "우물가의 여인처럼 난 구했네. 헛되고 헛된 것들을." 최근에 나온 CCM 중에 〈나는 사마리아 여인에게 말을 건다〉는 제목의 노래가 있습니다. 그 가사도 마찬가지입니다. "그곳에 울고 있었던 네가 있어서... 아무도 찾지 않는 한낮의 우물가에 이제껏 삶에 지친 네가 내게로 온다." 사마리아 여인의 회심은 극적인 변화를 보여주는 감동적인 스토리입니다.

그런데 이런 관점들이 자칫 간과하는 것이 있습니다. 사회적 측면을 보지 않고 한 여인의 인생사로만 국한할 때 발생하는 현상입니다. 이 여인은 유대인이 아닌 사마리아인이었기에 이런 운명을 겪어야 했습니다. 사회구조적인 맥락을 놓친다면 우리는 한 사람의 인생에 너무나 버거운 짐을 요구하게 됩니다. 구조악 때문에 그렇게 된 것인데 개인의 힘으로 해결하라는 가혹한 처사입니다. 본인은 원치 않았는데 휘말렸다면 그 책임을 묻는 것은 불합리합니다.

호세아의 아내 고멜이 그 경우입니다. 호세아 선지자에게 하나님은 "음란한 여자를 맞이하여 음란한 자식들을 낳으라"(호세아 1:2)는 명령을 내립니다. 이로 인해 고멜은 복음성가에서도 "음탕한 저 고멜과 같이도 방황하던 나에게"라며 수치스럽게 오르내립니다. 그렇지만 고멜의 행동에 대해 일방적으로 부도덕하다는 낙인을 붙일 수만은 없습니다. 당시는 이스라엘 전체가 바알 우상 문화에 젖어 있었습니다. 우상의 전당에서 우상숭배를 행한 후 그 풍습에 따라 부도덕한 섹스 제의가 이루어졌습니다. 그런데 한 개인에게, 그것도 힘없는 여인에게 이에 저항하라고요? 고멜은 남성들이 만들어 놓은 우상 문화의 피해자일 뿐입니다.

사마리아 여인 또한 사마리아 민족의 악에 빠져 있었을 뿐입니다. 유대인들에 의해 행해진 민족적 차별의 희생자입니다. 그래서 한 인간의 운명은 어떤 집안에서 태어나느냐보다 어느 나라의 어느 도시에서 태어나느냐가 더 결정적 영향을 미칩니다. 실상 사마리아 여인의 구원은 특정 개인이 아닌 사마리아 민족을 향한 것이었습니다. 어둠이 둘러싸고 있던 사마리아 민족의 해방입니다. "여자의 말이 내가 행한 모든 것을 그가 내게 말하였다 증언하므로 그 동네 중에 많은 사마리아인이 예수를 믿는지라"(39) 바늘구멍과 같은 한 여인의 구원이 민족구원이라는 큰 구멍을 내었습니다.

선지자가 고향에서는

사람의 편견이나 선입관은 진리를 만나는 데 가장 큰 장애물입니다. "예수께서 거기를 떠나 갈릴리로 가시며 친히 증언하시기를 선지자가 고향에서는 높임을 받지 못한다 하시고"(43-44) 사람들은 스스로 잘 안다고 생각합니다. 이 때문에 오히려 현실을 제대로 보지 못합니다. 편견이란 것은 자기의 경험이나 지식을 절대화할 때 생깁니다. 고향 사람들은 흔히 어린 시절부터 보아왔기에 그 선지자에 대해서 잘 안다고 생각합니다. 그런데 하나님 말씀이 불현듯이 선지자 한 사람에게 임할 수 있습니다. 그가 하나님의 사람이 되어 말씀을 전할 때 고향 사람들은 그 사람에 대한 이전의 기억 때문에 하나님의 말씀에 주목하지 못합니다. 이어지는 "갈릴리에 이르시매 갈릴리인들이 그를 영접하니"(45)라는 말씀은 갈릴리인들이 예수님을 제대로 알아보았다거나 믿었다는 뜻이 아닙니다. 이는 이어지는 "예수께서 이르시되 너희는 표적과 기사를 보지 못하면 도무지 믿지 아니하리라"(48)라는 말씀에서 확인할 수 있습니다. 그들은 자기 기준에 따라 눈에 보이는 것을 받아들이려 했지 예수님을 제대로 이해한 것이 아닙니다.

사마리아에 대한 민족적 차별도 이렇게 발생했습니다. 유대인들은 자신들이 사마리아인을 잘 안다고 하는데 실은 제대로 모르며 편견에 사로잡혔습니다. 이들의 선입관을 깨고자 주신 예수님의 말씀이 바로 선한 사마리아인의 비유입니다. 어떤 사람이 강도를 만나 거반 죽게 되었습니다. 그런데 제사장이 이 모습을 보고도 그냥 지나갑니다. 레위인도 지나갑니다. 백성들은 다음 등장인물로 영웅적인 어떤 의인이나 이스라엘 평신도를 기대했을 것입니다. 그런데 놀랍게도 사마리아인이 오더니 그가 헌신적인 사랑을 행했습니다. 이스라엘 백성들은 이 장면에서 충격을 받았습니다. 뿔 달린 괴물처럼 취급했던 사마리아인이 그런 선한 일을 했다는 것을 믿을 수 없었기 때문입니다.

　예수님의 이 비유는 사랑은 어떻게 행해야 하는지 그 사례를 들어주는 모범비유가 아닙니다. 예수님이 차라리 강도 만난 사람이 사마리아인이고 그를 구할 것인가 말 것인가의 사례를 들었다면 원수 사랑의 모범으로 괜찮았을 것입니다. 민족적 원수라도 곤경에 처해 있으면 도와야 한다는 교훈으로서 말입니다. 그런데 충격적이게도 사랑을 행한 자는 사마리아인이고, 착하고 의롭다고 생각했던 유대인들은 오히려 사랑을 외면했습니다. 주님은 선한 사마리아인의 비유로 민족적 편견이나 차별을 깨뜨리신 것입니다.

　예수님은 공생애 기간에 사마리아에 대한 민족적 편견을 자주 깨뜨리셨습니다. 열 명의 문둥병자가 고침을 받았는데 그중 사마리아인 한 사람만 돌아와 예수님께 감사했습니다. 착하다고 생각했던 사람이 착하지 않고, 익하다 생각했던 사람이 더 선량하고 감사를 압니다. 북한 주민이나 이슬람인이나 소수자들을 바라보는 우리의 눈이 그런 편견에 사로잡혀 있는지 모릅니다.

　사마리아인에 대한 오해는 현대 독자들도 가지고 있습니다. 사마리아 민족과 유대인 중 어느 민족이 더 율법적이었을까요? 답은 사마리아인입니다. 이들은 북왕국이 망한 후 혼합 민족이 되었습니다. 바벨론 포로 이후에도 유대 민족과 잘 동화되지 않았습니다. 그러나 항상 그랬던 것은 아닙니다. 이들은 후에 그리심산에 성전을 세웠습니다. 이단이나 반신앙적이기 때문에 그런 것이 아니라 율법에 대한 열심에서 그러했습니다. BC 4세기 사마리아를 비롯한 유대 전역이 헬레니즘의 영향권에 들어가자 이에 대한 반발에서 열성적인 야훼주의자들이 그리심산에 성전을 세웠습니다.

　　이들은 모세오경만 철석같이 믿었습니다. 그런데 모세오경에 예루살렘에 성전을 세우라는 말이 없습니다. 단지 "여호와께서 자기 이름을 두시려고 택하실 그 곳으로"(신명기 12:11)라는 말씀만 있을 뿐입니다. 신명기에서 그리심산은 축복의 산이요, 이 인근의 에발산은 출애굽 후 제단을 쌓았던 곳입니다. 오히려 그리심산이 예루살렘보다 성전 자리로 적합합니다. 이들은 하나님 말씀을 엄격하게 해석했던 것입니다. 지금도 그리심산에서는 유월절 희생양 제사를 드리고 이를 보기 위해 관광객들이 몰려듭니다.

　　요한복음에는 다윗에 대한 이야기가 거의 나오지 않습니다. 오히려 모세에 대한 언급이 더 많습니다. 요한복음에 잦은 '이스라엘 왕'이라는 칭호도 다윗보다는 모세와 관련성이 더 높습니다. 학자들은 이런 이유로 요한공동체를 구성하던 주요 세력 중 하나가 이 사마리아 공동체였을 가능성을 듭니다. 사마리아 여인이 예수님을 향해 "내가 보니 선지자로소이다"(4:19)라고 말하는데 이는 모세가 예언한 "너와 같은 선지자"(신명기 18:18)를 뜻합니다. 요한복음은 사마리아인들이 인정했던 모세의 권위보다 더 뛰어나신 분으로서 예수님을 소개합니다. 유대인들보다는 사마리아인들이 더 토라적이었습니다.

우리가 친히 듣고

사마리아인들은 여인으로부터 예수님에 대한 소개를 받았지만 여인의 말만 듣지 않고 예수님을 직접 경험하기를 원합니다. "사마리아인들이 예수께 와서 자기들과 함께 유하시기를 청하니 거기서 이틀을 유하시매"(40) 그 결과는 42절입니다. "그 여자에게 말하되 이제 우리가 믿는 것은 네 말로 인함이 아니니 이는 우리가 친히 듣고 그가 참으로 세상의 구주신 줄 앎이라 하였더라."

여기 이틀을 유하였다는 말이 중요합니다. 처음 제자들도 예수님에게 "랍비여 어디 계시오니이까" 하고 물었고, 예수님이 "와서 보라" 하시자 "그들이 가서 계신 데를 보고 그날 함께 거하니 때가 열 시쯤 되었더라"(1:39)라고 말씀은 전합니다. 하룻밤에 만리장성을 쌓듯 제자들은 예수님을 그렇게 경험하였습니다. 사마리아인들도 예수님과 이틀을 함께 거하며 예수님을 알아갔습니다.

사도 요한은 "태초부터 있는 생명의 말씀에 관하여는 우리가 들은 바요 눈으로 본 바요 자세히 보고 우리의 손으로 만진 바라"(요한일서 1:1)고 전합니다. 친히 듣고 경험하는 것보다 나은 교육은 없습니다. 『감옥으로부터의 사색』이란 책을 썼던 신영복 선생은 그의 책에서 함께 한다는 것의 중요성을 다음과 같이 말합니다.

"머리 좋은 것이 마음 좋은 것만 못하고, 마음 좋은 것이 손 좋은 것만 못하고, 손 좋은 것이 발 좋은 것만 못한 법입니다. 관찰보다는 애정이, 애정보다는 실천적 연대가, 실천적 연대보다는 입장의 동일함이 중요합니다. 입장의 동일함, 그것은 관계의 최고 형태입니다."

지식의 습득이나 강의식 교육이 아니라 함께 경험하고 함께 나누는 것이 더 탁월한 교육입니다. 발이 좋다는 것은 어느 자리든 함께 한다는 것입니다. 이것이 '거함'입니다. 예수님과의 온전한 연합은 함께 거함으로부터 시작합니다.

기적이 아니라 말씀을

(4:46-54)

가라 네 아들이 살았다 하시니
그 사람이 예수의 하신 말씀을 믿고 가더니

표적신앙

예수님께서 갈릴리에서 두 번째 표적을 행하셨습니다. 왕의 신하의 아들을 말씀으로 고치셨습니다. 병이 낫거나 귀신을 내쫓는 치유기적은 마태와 마가와 누가복음서에 자주 등장합니다. 예수님은 이런 기적을 통해서 권능 있는 하나님의 아들로서 인정받습니다. 그런데 요한복음은 기적에 대한 태도가 매우 다릅니다. 기적이라 부르지 않습니다. '표적'이라 부릅니다. 헬라어로는 '세메이온'입니다. 그 원래 의미는 눈에 띄는 표시, 상징, 신호를 뜻합니다. 표적이라 할 때는 기적 자체보다는, 기적을 통해서 다른 무언가를 드러내려는 의도가 있습니다.

요한복음에서 기적은 예수님의 신성이나 능력을 드러내는 목적으로 사용되지 않습니다. 예수님은 이미 하나님이시기에 기적으로 자신을 증명해야 할 분이 아닙니다. 그러므로 물로 포도주를 만드는 기적에서 예수님의 능력을 찬양하는 데 그쳐서는 안 됩니다. 기적은 예수님의 본질을 계시하는 도구입니다. 물과 같은 무미건조한 인생에, 니고데모와 같은 맛 잃은 유대교에, 사마리아 종교처럼 혼합주의에서 갈 길을 찾지 못하는 그런 세력들에게 참된 의미와 생명을 가져다주시는 분으로 계시합니다.

왕의 신하의 아들을 살린 기적도 마찬가지입니다. 단지 기적 자체만 보아서는 안 됩니다. 예수님은 죽은 자를 살리는 더한 기적도 여러 번 행하셨습니다. 그런데도 요한은 예수님의 기적 중 엄선해서 번호를 매기며 기적들을 증언합니다. 그러므로 우리는 기적 자체보다는 기적의 의미에 주목해야 합니다. 예수님은 "너희는 표적과 기사를 보지 못하면 도무지 믿지 아니하리라"(48)라고 말씀합니다. 기적에만 매몰되지 말라는 뜻입니다.

요한복음 12장까지를 표적의 책이라 부릅니다. 마지막에 결론처럼 "이렇게 많은 표적을 그들 앞에서 행하셨으나 그를 믿지 아니하니"(12:37)라며 표적의 책을 끝맺습니다. 사람들은 눈에 보이는 기적에 매몰되어 정작 예수님을 보지 못한 것입니다. 니고데모가 예수님을 찾은 이유도 예수님이 표적을 많이 행하셨기 때문입니다. 엄밀히 말하면 그들이 찾았던 것은 표적이 아니라 기적입니다.

그러나 기적이란 것은 그때뿐입니다. 시간이 지난 후 사람들은 자극적인 것을 갈구하듯 더 강한 기적을 반복적으로 요구합니다. 광야에서 하나님이 만나와 메추라기로 먹이셨을 때 이스라엘 백성들은 얼마나 신기했겠습니까? 먹을 것이 하늘에서 마구 쏟아졌습니다. 그러나 그것도 잠깐입니다. 시간이 지나면 기적은 당연한 것이 되고 더 자극적인 것을 원합니다. 현재 우리 삶에 일상화된 것들은 이전에는 기적에 가까운 것들이었습니다. 먹을 것, 병으로부터의 치유 등이 그렇습니다.

또한 기적 신앙은 보이는 것만 신봉합니다. 결과를 봐야 믿습니다. 그런데 사실 우리에게 중요한 것은 보이지 않는 것들입니다. 신을 직접 목격한 사람은 드뭅니다. 미래나 꿈도 보이지 않습니다. 넓게는 사랑도 보이지 않는 것입니다. 보이는 것만 신뢰하면 우리는 어떻게 이런 것들을 믿고 이것에 우리 전 인생을 걸 수 있겠습니까? 신은 항상 기적으로 자신을 증명해야 한다는 말입니까? 예수님은 2천 년 전에 사셨고 팔레스타인 땅을 벗어나지 않았는데 그 이후의 사람들, 다른 지역의 사람들은 도대체 어떻게 예수님을 믿고 따르란 말입니까? 그래서 예수님은 표적신앙을 요구하는 도마에게 다음과 같이 말씀합니다. "너는 나를 본 고로 믿느냐 보지 못하고 믿는 자들은 복되도다"(20:29) 보지 않고 믿는 이후의 신앙인들을 향하여 주신 말씀입니다.

말씀 신앙

그렇다면 두 번째 표적의 의미는 무엇입니까? 주님은 죽은 자를 살리는 기적도 행하셨기에 죽어가는 왕의 신하의 아들을 살리는 것은 그리 큰일이 아닙니다. 이 기적의 특별한 점은 주님이 '말씀'으로 살렸다는 점입니다. "가라 네 아들이 살아 있다"(50)는 주님의 말씀의 능력입니다. 처음 예수님이 직접 오셔서 고쳐주실 것을 요구했던 왕의 신하도 주님께서 말씀하시자 어떤 반응을 보였습니까? "그 사람이 예수께서 하신 말씀을 믿고 가더니"(50)라 하여 말씀을 믿었다고 했습니다.

이 기적은 초대교회 이후를 사는 현대인을 비롯한 신앙인들에게 매우 중요합니다. 우리는 더 이상 주님을 볼 수 없습니다. 예수님은 시공간에 얽혀 수많은 사람을 만나기에는 한계가 있습니다. 그러면 우리 인생의 문제를 어떻게 해결합니까? 우리 질병은 누가 고쳐줍니까? 아닙니다. 우리에게는 하나님의 말씀이 있습니다. 문자로 기록된 이 성경이라는 하나님 말씀이 있습니다. 이 말씀을 믿는 자는 놀라운 기적을 보게 된다는 것이 두 번째 표적이 의미하는 바입니다.

주님은 말씀을 남기셨고, 이제는 말씀으로 존재합니다. 예수님의 이름이 말씀입니다. 말씀은 기록된 문자이고, 이 문자에 하나님의 영이 임해서 살아 있는 말씀이 됩니다. "내가 너희에게 이른 말은 영이요 생명이라"(6:63) 이 말씀을 통해서 우리는 그리스도를 만납니다. 사도 요한이나 바울보다 더 뜨겁게 예수님을 만날 수도 있습니다. 하나님 말씀을 타고 성령께서 말씀하시기 때문입니다.

믿고 가더니

우리의 현실은 예수님의 말씀을 믿고서 집으로 돌아가는 중인 왕의 신하와 같습니다. 예수님은 보이지 않고 그분의 말씀만 믿으며 가고 있습니다. 사랑하는 아들의 죽음이라는 절박한 위기에서 그는 연신 '믿습니다. 믿습니다.'만 연발하며 갔을 것입니다. 정말 그 말씀대로 내 아들이 살아날까? 내가 착각하고 있는 것은 아닐까? 억지로라도 예수님을 끌고 왔어야 하는 것은 아닐까? 바로 현대 신앙인들의 모습입니다.

불안한 마음으로 집에 다가가자 멀리서 하인들이 뛰어옵니다. "아이가 살았습니다." 그 시각을 물으니 어제 일곱 시부터 열이 떨어지기 시작했다고 합니다. 정확히 예수님이 말씀하시던 그 시간이었습니다. 이미 아들은 살아났는데 이 사실을 모른 채 온 하루를 불안과 초조함으로 보냈던 것입니다. 온전히 믿었다면 이 하루의 공포는 없었을 것입니다.

우리 기도 제목들은, 또 우리가 믿음으로 바라보는 것들은 당장 이루어지지 않는 것들이 많습니다. 그 결과가 죽은 이후에나 얻을 수 있는 것이라면 우리는 평생을 이렇게 흔들리며 살아야 합니까? 히브리서에서는 믿음의 사람들의 모습을 이렇게 묘사합니다. "이 사람들은 다 믿음을 따라 죽었으며 약속을 받지 못하였으되 그것들을 멀리서 보고 환영하며 또 땅에서는 외국인과 나그네임을 증언하였으니"(히브리서 11:13) 아브라함은 생전에 막벨라 굴이라는 작은 땅만 소유하였지만 이를 통해 장차 이루어질 땅의 약속과 영원한 도성을 바라보며 기뻐하였습니다. 예수님은 우리가 고난을 겪고 핍박을 받을 때 오히려 "기뻐하고 즐거워하라 하늘에서 너희의 상이 큼이라"(마태복음 5:12)라고 말씀합니다. 우리에게 온전한 믿음이 있다면 우리는 가난 가운데서도 마치 모든 것을 소유한 듯 기뻐할 수 있습니다.

그러므로 기적을 기적으로 만드는 것은 우리의 믿음입니다. 성경이라는 문자를 살아 있는 하나님의 말씀으로 만드는 것이 바로 우리의 믿음입니다. 믿지 않으면 기적을 볼 수 없습니다. 그래서 예수님이 기적을 원하는 사람들에게 무엇보다 먼저 물었던 것은 "나를 믿느냐?"였습니다. 성만찬의 빵과 포도주가 실제 예수님의 몸과 피가 되는 기적은 믿음을 통해서 가능합니다.

물론 이것이 맹목적인 신앙이 되어서는 안 될 것입니다. 되지도 않을 기적을 바라며 매달리라는 말씀이 아닙니다. 자신의 욕망이나 무지를 마치 하나님의 말씀인 것처럼 포장하지 마십시오. 왕의 신하에게는 분명히 하나님의 약속이 주어졌지만 우리에게는 그런 식으로 말씀이 주어지지 않습니다. 말씀을 믿는다는 것은 예수님이 뜻하신다면 그 말씀대로 된다는 것을 믿는 것입니다. 그분이 원하지 않으면 그 일은 일어나지 않습니다.

우리는 예수님의 뜻을 온전히 알 수 없습니다. 우리는 단지 우리의 소원을 말할 뿐입니다. 다윗의 경우가 좋은 본보기입니다. 다윗은 자기 죄로 말미암아 갓난아이가 죽게 되었을 때 금식하며 기도했습니다. 신하들이 말도 못 붙일 정도였습니다. 그러다 아이가 죽자 다윗은 하나님을 원망하지 않았습니다. 툴툴 털고 일어나서 음식을 먹고 아무 일 없다는 듯이 일상으로 돌아왔습니다. 주님의 뜻이 아니었던 것입니다.

하나님을 강요하지 마십시오. 하나님을 믿으십시오. 우리는 말씀대로 될 것을 믿습니다. 하지만 하나님의 뜻이 먼저입니다. 성취

되는 데는 하나님의 방식과 하나님의 시간이란 것이 필요합니다. 하나님은 더 큰 계획이나 다른 방법을 계획하고 계실지 모릅니다. 그 기도가 이미 이루어졌을지도 모릅니다. 어떤 간구는 시간이 오래 걸릴 수도 있습니다. 우리의 기도나 믿음이 잘못되었다면 그것 또한 교정해 주실 것입니다. 말씀을 믿는 자가 하나님의 기적을 볼 것입니다.

5~6장
요한의 빵 이야기

베데스다 연못가의 기적

(5:1-9)

네가 낫고자 하느냐?
일어나 네 자리를 들고 걸어가라

38년 된 병자

예수님의 세 번째 표적입니다. 예루살렘에서 행하신 기적인데 다른 공관복음서에서는 언급되지 않습니다. 요한은 자신만 알고 있던 표적을 은밀하게 꺼내 들었습니다. 중풍병자인지 앉은뱅이인지 알 수 없으나 다른 사람들의 도움 없이는 자기 침상에서 한 치도 벗어날 수 없는 병자를 일으킨 기적입니다. 그가 병든 지 38년 되었다고 합니다. 질병에 걸린 이 연수가 예사롭지 않습니다. 그는 태어날 때부터 앉은뱅이였던 것인가요? 아니면 중도에 불의의 사고나 질병으로 말미암아 그렇게 되었던 것일까요?

그는 자리에 온종일 누워서 지내야 했습니다. 그 불편함이야 이루 말할 수 없습니다. 그중 하나는 바라보는 시선입니다. 늘 바닥에서 위를 올려다보아야 합니다. 그게 사람을 더 주눅들고 답답하게 합니다. 남자들도 가끔 하이힐을 신어보는 경험을 합니다. 불과 몇 센티미터 높아졌을 뿐인데도 세상이 달라 보입니다. 호흡하는 공기도 다릅니다. 예수님으로부터 고침을 받은 후 이 병자는 진짜 다른 세계에서 살게 되었습니다. 물론 두 발로 자유롭게 다닐 수 있게 되었다는 것이 가장 큰 기적입니다. 그에 못지않게 비굴하지 않은 시선으로 세상을 볼 수 있게 되었다는 점도 중요합니다. 질병은 몸의 불편도 문제지만 우리의 자존심을 꺾습니다. 주님은 우리의 자존심과 품위를 세워주시는 분입니다.

　이 사람은 이름이 없습니다. 그래서 우리 모두의 이름이 될 수 있습니다. 또한 이 사람의 이름은 이스라엘이기도 합니다. 본문에서 사용된 많은 상징이 이 병자의 정체가 이스라엘임을 암시합니다. 이곳은 예루살렘입니다. 희생양을 바치던 양문 곁입니다. 히브리 말로 베데스다, 곧 자비의 집입니다. 행각은 다섯 개로 모세오경을 연상시킵니다. 더구나 병든 햇수가 38년입니다. 이스라엘이 광야를 방랑하던 햇수가 38년입니다. "가데스 바네아에서 떠나 세렛 시내를 건너기까지 삼십팔 년 동안이라"(신명기 2:14) 출애굽 후 가데스 바네아에서 가나안 땅으로 진입하기를 거부한 후 방랑하다 모압 광야를 통해서 가나안에 진입하기까지 걸린 시간이었습니다.

　그 광야 시절처럼 이스라엘은 지금 포로된 상태에 있습니다. 죄악의 포로가 되어 있고 마귀의 포로가 되어 있습니다. 강대국 로마와 권력자들의 횡포의 포로가 되어 있습니다. 중풍병자는 다른 사람의 도움 없이는 살 수 없는 비주체적 삶을 상징합니다. 주님은 포로 된 자들을, 포로 된 민족을 자유롭게 하기 위해서 오셨습니다.

"진리를 알지니 진리가 너희를 자유롭게 하리라"(8:32)

천사가 물을 동하여

이 병자에게 유일한 희망은 베데스다 연못이었습니다. "천사가 가끔 못에 내려와 물을 움직이게 하는데 움직인 후에 먼저 들어가는 자는 어떤 병에 걸렸든지 낫게 됨이러라"(4) 중풍병자는 자기 입으로 이렇게 말합니다. "주여 물이 움직일 때에 나를 못에 넣어 주는 사람이 없어 내가 가는 동안에 다른 사람이 먼저 내려가나이다"(7) 아마 연못물이 휘도는 순간이 있고 이것을 천사가 동하게 한다고 생각했던 모양입니다. 그때에 제일 먼저 뛰어드는 사람이 낫는다는 신화입니다. 이 신화를 믿으며 병자, 맹인, 다리 저는 사람, 혈기 마른 사람들이 누워서 물이 동하기만을 기다리고 있습니다.

이 신화가 사실일까요? 어떻게 해서 이런 신화가 만들어졌는지 모르지만 거짓일 가능성이 높습니다. 아마 우연히든 어떤 사정에 의해서든 어떤 한 사람이 이 연못을 통해서 나음을 받았던 경험이 있고 그때부터 이런 소문이 만들어졌을 것입니다. 누가 암이나 불치병에 어떤 음식을 먹거나 어떤 기도원에서 나았다고 하면 그 소문이 확대되어 사람들이 몰리는 현상과 같습니다. 실낱같은 희망에 기대어 사는 사람들에게 그런 신화는 잘 먹힙니다. 성공 신화는 말 그대로 신화일 뿐입니다. 그 환경에서 그 사람에게 잘 맞았기 때문이지 일반적 공식을 만들어내서 모두가 이렇게 하면 성공한다고 말하기는 어렵습니다.

현대인들은 나름의 신화를 가지고 삽니다. '이렇게 살면 행복하다.' '저렇게 살면 성공한다.' 우리도 내 수중에 돈이 얼마 있으면, 내가 어느 자리에 오르면 행복이 주어질 것처럼 착각하지 않습니까?『꽃들에게 희망을』의 애벌레처럼 모두가 큰 기둥 위로 무작정 올라가려 합니다. 그러나 그 꼭대기에는 아무것도 없었습니다. 그냥 신화였습니다. 현대사회는 이런 신화들로 가득합니다. 과학이, 기술이, 맘몬이, 어떤 영웅의 출현이 문제를 해결해줄 것으로 생각합니다.

먼저 들어가는 자는

더군다나 이 신화적 세계에도 경쟁과 서열이 있습니다. "움직인 후에 먼저 들어가는 자는 어떤 병에 걸렸든지 낫게 됨이러라"(4) "나를 못에 넣어 주는 사람이 없어 내가 가는 동안에 다른 사람이 먼저 내려가나이다"(7) 중풍병으로 꼼짝 못 하는 사람에게는 애당초 이 게임은 경쟁이 되지 않습니다. 그러나 그는 일말의 희망을 품고서 이 치열한 경쟁에 뛰어들었습니다.

현대인들은 어린 시절부터 이러한 경쟁에 시달립니다. 성적 경쟁, 좋은 대학 진학을 위한 경쟁, 좋은 일자리를 얻기 위한 경쟁, 높은 자리와 좋은 자리를 차지하기 위한 경쟁, 이웃 가게나 교회와의 경쟁. 그러나 그 경쟁에서 승자는 소수에 불과합니다. 1대 99, 20대 80의 사회 등이 그 치열함을 보여줍니다. 다섯 중 네 명은 루저가 되는 게임입니다. 대다수는 소수를 위한 들러리로 전락합니다.

주님은 우리에게 다른 삶의 방식을 가르쳐주길 원합니다. 모두가 행복한 길입니다. 그러기 위해서는 욕망을 줄여야 합니다. 욕망이라는 것은 끝이 없어서 아무리 많은 것을 소유해도 만족할 줄 모릅니다. 현대의 물질중심 사회는 만족을 유한하고 희소한 것에 두기 때문에 경쟁이 치열합니다. 주님은 영원한 것, 정신적인 것에 진정한 만족이 있다고 합니다. 영적인 진리는 부족함이 없습니다.

물과 같은 삶이 하나님이 제시하는 방식입니다. 상선약수上善若水의 삶입니다. 최고의 선은 물과 같다는 뜻입니다. 물이 최고의 선인 이유는 만물을 이롭게 하면서도 다투지 않기 때문입니다. 세상에 물 없이는 살 수 없습니다. 그렇지만 물은 항상 낮은 곳으로 갑니다. 산이 있으면 멀리 돌아갑니다. 바위가 있으면 피해서 갑니다. 웅덩이가 있으면 다 채워지기를 기다렸다 갑니다. 그 결과 바다에 이릅니다. 세상에 바다처럼 거대하고 힘 있는 것이 어디 있습니까? 가장 낮은 곳을 향해 갔는데 가장 위대한 것이 되었습니다.

네가 낫고자 하느냐

주님은 38년 된 병자에게 묻습니다. "네가 낫고자 하느냐"(6) 아니 주님은 지금 그것을 말이라고 하시는 것입니까? 38년 동안 이렇게 비참하게 살았는데… 그런데 사실 사람은 체념을 빨리하고 적응도 빠릅니다. 불편하지만 그것도 시간이 가면 익숙해집니다. 그렇게 익숙해지면 편해지고 떠나기 싫습니다. 나를 보호해주던 침상을 버리는 것이 아깝고 침상 없는 삶은 상상이 되지 않습니다.

주님은 불편한 것에 익숙해진 병자에게 한때 강렬했던 소망의 불을 다시 일깨웁니다. 주님의 능력은 아무것도 없는 무에서는 나타나지 않습니다. 인간의 자주적 결정인 믿음이 있어야 하고 그 위에 불을 붙이는 것이 주님의 기적입니다. 이 말씀은 병자에게 다시 소망을 불러일으키는 말씀입니다.

우리 민족을 향해서도 마찬가지입니다. 우리는 통일과 평화를 위해 기도합니다. 그런데 주님은 우리에게 정말 통일을 원하는지 묻습니다. 나라의 허리가 절반이 잘렸습니다. 그렇게 70여 년 넘게 살았습니다. 나름대로 각자의 정치나 경제체제를 형성하며 적응하였습니다. 그런데 다시 하나로 합치자고요? 이제는 통일이 불편해 졌습니다. 젊은 층에서 통일을 바라지 않는 비율이 높아지는 이유입니다. 통일이나 평화를 위해 기도하지만 정말 통일을 원하는지 스스로에게 물어보아야 합니다. 그래야 기도에 응답이 있습니다.

네 자리를 들고 걸어가라

이 병자는 연못만 바라보며 헛된 희망에 빠졌습니다. 희망은 그 신화에 있지 않습니다. 인생의 문제를 해결할 수 있는 열쇠는 가까이에 있습니다. 바로 그 곁에 서 있는 예수님입니다. 그분에게 요청하고 그분이 말씀하시면 이 병이 치유될 수 있습니다. 주님은 그 자리에서 병자에게 명령합니다. "일어나 네 자리를 들고 걸어가라"(8) 주님이 말씀하시자 "그 사람이 곧 나아서 자리를 들고 걸어가는"(9) 기적이 일어났습니다.

주님은 오늘도 살아계신 분입니다. 이제 성령으로 우리 가운데 와 계십니다. 우리는 이분에게 구해야 합니다. 남들이 만들어놓은 신화적 세계에 답이 있었던 것이 아닙니다. 자기 자신 안에 있습니다. 애벌레처럼 조용히 변태라는 자기 부인의 과정을 거쳐 나비가 되는 데 희망이 있습니다. 예수님은 이제 성령의 형태로 시공간을 초월하여 모두의 곁에 계십니다. 그것은 마치 전파와 같습니다. 무수한 전파가 우리 곁에 있지만 우리는 그 소리를 듣지 못합니다. 그러나 수신기가 있어 주파수가 맞으면 선명한 소리와 영상이 잡힙니다. 진리는 우리 가까이 있습니다. 믿음이 그 수신기입니다.

우리는 영적 중풍병자입니다. 헛된 희망 속에서 살고 있습니다. 무능력하고 존엄성을 잃어버렸습니다. 예수 안에서 이 상황이 역전되는 놀라운 일이 일어납니다. 자유를 얻습니다. 능력을 얻습니다. 존엄함을 얻습니다. 사람답게 삽니다. 운명의 노예가 아니라 운명의 주인이 됩니다.

안식일과 생명

(5:9-18)

내 아버지께서 이제까지 일하시니 나도 일한다

그가 누구인지 알지 못하니

예수님이 베데스다 연못가에서 38년 된 병자를 고치셨습니다. 평생 침상에 매여 살던 사람이 일어나 걷게 되었습니다. 놀라운 기적입니다. 그런데 더 놀라운 것은 당사자가 이 기적을 행한 자가 누구인지 모른다는 점입니다. "그들이 묻되 너에게 자리를 들고 걸어가라 한 사람이 누구냐 하되 고침을 받은 사람은 그가 누구인지 알지 못하니"(12-13) 어떻게 자기 평생의 은인을 모를 수 있습니까? 이 병자는 너무 기뻐서 미처 그 은인을 찾을 여유가 없었던 것입니까?

예수님의 태도 또한 그렇습니다. 예수님은 자신의 정체를 밝히지 않았습니다. "예수께서 이미 피하셨음이라"(12) 우리들 같으면 동네방네 소문내고 교회 부흥의 계기로 삼으려 했을 텐데 말입니다. 예수님이 이 병자에게 다시 나타난 이유도 자랑이나 영광을 드러내기 위해서가 아닙니다. "성전에서 그 사람을 만나 이르시되 보라 네가 나았으니 더 심한 것이 생기지 않게 다시는 죄를 범하지 말라"(14) 일종의 후속 조치입니다. 다시 병이 재발하거나 또 이와 같은 고통을 겪지 않도록 죄를 범하지 말라는 교훈을 주기 위해서입니다. 예수님은 다른 무엇을 보지 않고 온전히 그 사람의 건강에만 주목합니다.

사실 그렇습니다. 의사가 병만 보면 됩니다. 병만 상대하고 병만 고쳐야 할 것이 의사의 본분입니다. 그런데 의사가 병을 고친 대가를 생각하고, 병자의 신분이나 재력, 선인과 악인을 따지고, 적군과 아군을 구분한다면 그것은 더 이상 인술이라 할 수 없습니다. 목사도 마찬가지입니다. 목사의 임무는 하나님 말씀을 전하는 것입니다. 말씀을 전한 대가를 생각하고, 말씀을 듣는 사람의 환경이나 결과에 연연해한다면 그것은 선포의 본질에서 벗어난 것입니다.

예수님은 그 사람의 건강과 그의 영적 생명을 구하는 데만 관심이 있습니다. 그래서 예수님은 질병을 치유할 때 한적한 곳을 고집했습니다. 사람 많은 곳에서 치료하면 영광은 받겠지만 치료에 집중할 수 없습니다. 또한 베데스다 연못가의 38년 된 병자를 비롯해서 대부분의 치유나 기적 사건에서 그 당사자들의 이름이 없는 이유도 여기에 있습니다. 주님은 고치신 후 바람같이 사라지셨습니다. 병을 고쳤으면 됐지 이름을 알아 무엇 하겠습니까?

예수님의 태도야 그렇다고 할지라도 병자의 태도는 문제가 있습니다. 그 은인을 알아봤어야 하고, 감사를 표했어야 합니다. 도리어 그는 예수를 고발합니다. "유대인들에게 가서 자기를 고친 이는 예수라 하니라"(15) 이는 9장에서 예수님에 의해 눈을 떴던 맹인의 모습과는 대조적입니다. "하나님이 죄인의 말을 듣지 아니하시고 경건하여 그의 뜻대로 행하는 자의 말은 들으시는 줄을 우리가 아나이다"(9:31) 이 맹인은 유대인들에 맞서 예수를 변호했고 결국은 예수님을 믿기에 이릅니다. 38년 된 병자는 질병을 고침받았지만 진리의 길로 나가는 데는 실패하였습니다.

사회운동가 헬렌 켈러

기적이 우리를 변화시키지 못합니다. 동일한 기적이 일어났음에도 이를 계기로 영적 질병을 치유하는 데까지 나간 사람이 있는 반면에, 그냥 육신의 질병 치유에 그친 사람이 있습니다. 이를 계기로 다른 생명을 사랑하는 이타적인 헌신의 길로 나가는 사람이 있는 반면에, 자신의 이기적 삶에 갇혀 더 풍요로운 삶의 세계로 나가지 못하는 사람이 있습니다.

헬렌 켈러Helen A. Keller가 대표적으로 기적의 선순환을 만든 사람입니다. 헬렌 켈러는 보지도, 듣지도, 말하지도 못하는, 외부와 의사소통할 수 있는 주요 수단들이 단절된 사람이었습니다. 그는 오직 만지고 느끼는 감각만 살아있었습니다. 이런 그가 7세 무렵에 설리반Anne Sullivan 선생을 만나 글자를 배우기 시작합니다. 그 과정은 매우 감동적입니다. 목소리의 떨림과 느낌을 통해서 물과 태양과 사랑을 알고 발음할 수 있게 되었습니다. 이후 그는 대중 강연에 능숙할 정도로 비장애인에 가까운 삶을 살았습니다. "행복의 한쪽

문이 닫히면 다른 쪽 문이 열린다." "맹인으로 태어나는 것보다 더 비극적인 일은 앞은 볼 수 있으나 비전이 없는 것이다." 등 수많은 명언 또한 남겼습니다.

헬렌 켈러는 88세까지 살았습니다. 그런데 우리가 알고 있는 헬렌 켈러의 인생은 장애를 극복하는 과정으로만 끝납니다. 비장애인들이나 사회 주류들은 정상과 비정상을 나누고 그 틀 안에 가두어, 헬렌 켈러가 장애를 극복한 한 사람으로서만 기억되기를 바랍니다. 그러나 헬렌 켈러의 삶은 그 이후가 더 눈부십니다. 그는 신체장애를 넘어 사회적 장애를 극복하기 위한 투쟁으로 나아갔습니다. 헬렌 켈러는 1930년대에 사회운동가요 페미니스트로 활동하며 불의에 맞서고, 가난한 자의 편에 서서 싸웠습니다. 헬렌 켈러가 가난한 노동자를 지지하여 사회당에 입당하고 파업 현장을 찾아가고 투쟁하는 것이 미국 당국을 곤혹스럽게 만들었습니다.

헬렌 켈러는 시각장애인을 위한 열렬한 사회복지 운동가이기도 했습니다. 헬렌 켈러는 한 사회주의자 신문New York Call에 기고한 글에서 이렇게 말합니다. "최악의 적은 무지, 빈곤, 상업 사회의 무감각한 잔인함입니다. 이것이 실명의 원인입니다. 이들이 어린이와 노동자의 시력을 파괴하고, 인류의 건강을 해치는 적입니다." 자기 삶에 일어난 기적을 작은 기적으로 끝낼 수 있습니다. 그러나 기적을 나누고 사회화하면 더 많은 기적을 만들어낼 수 있습니다. 헬렌 켈러는 자기에게 임한 기적을 일상화, 대중화하려 노력한 사람이었습니다.

지성의 눈이 열린 헬렌 켈러에게는 소위 눈뜬 자들이 사는 세상의 부조리가 명백히 보였습니다. "나의 어둠은 이제 지성의 빛으로 가득 차게 되었지만, 보라, 광명한 바깥세상은 비틀거리며, 사회적 맹목으로 더듬거리고 있구나!"American Magazine 청중과의 한 대담에서, "당신이 겪은 청각장애, 언어장애, 시각장애 중 가장 고통스러운 것이 무엇이냐?"는 질문에 켈러는 "그중 아무것도 없다."라고 답하며, 인류를 가장 고통스럽게 하는 것은 오히려 "어리석음."Boneheadedness이라고 말했습니다. 시각장애가 단순한 고통이라면, 무지와 완고함은 악의 범주에 속합니다.

이날은 안식일이니

유대인들은 38년 된 병자만큼 왜곡된 사람들이었습니다. 사람을 사람으로 보지 못합니다. 보통 생명을 보면 사랑하게 되어 있습니다. 그러나 이념이나 편견에 사로잡힌 자는 사람을 사람으로 보지 못합니다. 38년 된 병자가 고침을 받았습니다. 38년 동안 그는 얼마나 힘든 고통의 세월을 살았겠습니까? 그러면 응당 기뻐하고 축하해야 할 일입니다. 그런데 이들은 그 감격 대신 안식일 문제를 들고 나왔습니다. "유대인들이 병 나은 사람에게 이르되 안식일인데 네가 자리를 들고 가는 것이 옳지 아니하니라"(10) 율법 때문에 사람이 보이지 않습니다.

유대인들의 율법주의는 유명합니다. 이들은 안식일에 금하는 39가지나 되는 계명을 두었습니다. 그중에 안식일에 짐을 들거나 옮겨서는 안 된다는 계명이 있습니다. 병자는 자기 침상을 들고 갔기에 이 계명에 걸린 것입니다. 병도 안식일에 치료해서는 안 됩니다. 병 치료는 주로 의사의 일인데 상처가 악화되지 않도록 보호조치만 가능하지 뼈를 맞춘다든지 하는 치료행위는 안 됩니다. 예수님은 이 조항에 걸린 것입니다. 현대사회에서도 근본주의적 유대인들은 안식일 율법을 철저히 지킵니다. 안식일에는 엘리베이터의 버튼도 누를 수 없습니다. 불을 피우지 말라는 안식일 조항을 확대해석한 결과입니다. 그래서 안식일이 시작되는 금요일 오후에는 자동적으로 전 층에 엘리베이터가 서도록 만듭니다.

코로나 사태를 맞아서 이 안식일 조항이 유태인들에게 문제가 되었습니다. 이들은 불 피우지 말라는 조항 때문에 전자기기를 사용할 수 없습니다. 그러니 온라인 예배나 동영상 예배가 불가능합니다. 현장 대면 예배만 가능하고 이것이 이스라엘 내에 코로나 확산의 주요인이 되었습니다. 율법이 오히려 생명을 위협하는 실정입니다.

예수님은 사실 이날 병자를 고치지 않아도 되었습니다. 38년 동안 병자였는데 하루를 못 참겠습니까? 그러나 예수님은 생명이 하루라도 더 고통당하는 현실을 외면할 수 없었습니다. 하나님이 주신 율법의 잘못된 적용도 간과할 수 없었습니다. "안식일이 사람을 위하여 있는 것이요 사람이 안식일을 위하여 있는 것이 아니라"(마가복음 2:27)라는 예수님의 이 한 마디로 안식일의 절대성은 해체되었습니다. 안식일은 복되고 거룩한 날입니다. 사람의 생명을 유익하게 하는 것이 안식일의 근본정신입니다.

율법은 어린아이에게 주는 지침과 같습니다. 예 아니오, 옳고 그름이 분명합니다. 그러나 인생의 일이라는 것은 단순하지 않고 잘잘못을 따져봐야 할 복잡한 경우들이 많습니다. 성숙한 어른은 생각하고 판단합니다. 하나님의 뜻은 어디에 있고 어떻게 하는 것이 하나님의 마음에 부합하는지 말입니다. 신약시대의 윤리는 어른의 윤리입니다.

아버지께서 일하시니

예수님의 안식일 해석은 거침이 없습니다. "내 아버지께서 이제까지 일하시니 나도 일한다"(17) 구구한 변명이나 논리적 설명을 하지 않습니다. 예수님의 모든 행동의 동기나 권위의 근거는 하나님 아버지입니다. 하나님이 일하시니 나도 일한다. 하나님이 쉬시니 나도 쉰다. 하나님이 사랑하시니 나도 사랑한다. 매우 강한 자기 확신입니다. 내가 하는 결정들, 내가 걷는 한 걸음은 바로 하나님이 원하시는 그것들입니다.

원래 안식일의 근거는 하나님의 안식에 있습니다. "이는 엿새 동안에 나 여호와가 하늘과 땅과 바다와 그 가운데 모든 것을 만들고 일곱째 날에 쉬었음이라 그러므로 나 여호와가 안식일을 복되게 하여 그 날을 거룩하게 하였느니라"(출애굽기 20:11) 그런데 실제 하나님이 안식일에 쉬실까요? 탈무드에서 랍비 요하난은 하나님이 누구에게도 맡기지 않는 세 가지 열쇠가 있다고 합니다. 비의 열쇠, 생명의 열쇠, 죽은 자의 부활의 열쇠입니다. 안식일에도 생명의 탄생과 죽음은 있기에 하나님은 안식일에도 일을 합니다.

예수님의 행동은 율법이나 인간의 사고나 경험에 의존하지 않습니다. 예수님은 살아계신 하나님이기 때문입니다. 율법은 고정되어 있습니다. 과거에 행한 하나님의 행동일 뿐입니다. 하나님은 법칙이 아닙니다. 하나님은 영이십니다. 자유로우신 하나님은 역사적 상황에 따라서 달리 행하고 말씀하십니다. 율법이 하나님의 뜻에 맞추기 위해서는 부지런히 자신을 재해석하고 때로는 부정하는 탈바꿈을 해야 합니다. 안식일에 일체 노동을 금지하고 쉬도록 하셨던 이유는 인간들이 생명의 풍요를 누리지 못하고, 안식 없이 탐욕의 길로 갔기 때문입니다. 군주제와 불평등 체제하에서 착취의 도구가 되었기 때문입니다. 그러나 이제 생명과 사랑과 정의를 위해서 하나님이 안식일에도 일하시기 시작하셨다면 율법은 다시 재해석되어야 합니다.

하나님 품속에 계셨던 예수님은 그런 하나님의 마음과 행동을 읽고 보았습니다. 지금은 오히려 안식일 때문에 가난한 민중이 힘든 삶을 보내고 있습니다. 예수님은 의도적으로 안식일 율법에 도전하셨습니다. 이제 신약시대는 안식일 금지조항에서 자유롭게 되었습니다. 물론 이를 악용하여 안식일을 우리의 방탕이나 욕심이나 쾌락 추구의 자유로 해석하면 그 또한 하나님의 뜻을 왜곡하는 것입니다. 생명을 살리고, 평화를 이루고, 진정한 안식이 있는 방향으로 나아가는 것이 안식일을 주신 하나님의 뜻입니다.

심판자 예수

(5:19-30)

죽은 자들이 하나님의 아들의 음성을 들을 때가 오나니
곧 이 때라 듣는 자는 살아나리라

사회적 거리

코로나 팬데믹으로 인해 사람들의 활동이 제한을 당합니다. 요즘 가장 많이 강조되는 단어가 '사회적 거리두기'입니다. 사회적 거리두기는 영어로 social distance인데 이는 원래 사회학에서 사용되던 용어입니다. 사회적 계층, 인종, 민족, 성별 등 집단과 집단 간에 느끼는 정서적, 문화적, 관습적 차이를 일컬을 때 사용되었습니다. 그런데 이 용어가 전염병 감염 위기를 맞아 사람 간에 거리를 두어야 하는 당위적 용어가 되어버렸습니다.

사람 간에 거리는 중요합니다. 친한 사람일수록 거리가 가까워집니다. 인류학자 에드워드 홀Edward Hall은 인간관계를 네 개의 거리로 분류했습니다. 친밀한 거리는 0-46cm로 가족이나 연인들의 거리입니다. 개인 간 거리는 46-122cm가 적당한데 이는 친구나 지인 간의 거리입니다. 사회생활의 거리는 1.2-3.7m가 적당합니다. 공적인 거리는 3.6-7.7m 그 이상입니다. 강연이나 공연에 적당한 거리라 할 것입니다. 우리의 거리는 어느 정도입니까?

고슴도치 사랑이란 말이 있습니다. 사랑하는 사이일수록 거리가 가까워집니다. 그러나 너무 가까이하면 자기 삶도 없어지고, 서로 매여 불편합니다. 고슴도치의 몸에는 가시가 나 있어 너무 가까이하면 찔립니다. 사랑하되 어느 정도 거리를 두는 것이 그 사랑을 더 지속할 수 있습니다. 칼릴 지브란Kahlil Gibran은 사랑의 거리를 요구하며 이렇게 노래했습니다.

"함께 있되 거리를 두라. 그래서 하늘 바람이 너희 사이에서 춤추게 하라 / 서로 사랑하라. 그러나 사랑으로 구속하지는 말라. 그보다 너희 혼과 혼의 두 언덕 사이에 출렁이는 바다를 놓아두라 / 서로 가슴을 주라. 그러나 서로의 가슴속에 묶어 두지는 말라 / 오직 큰 생명의 손길만이 너희의 가슴을 간직할 수 있다."

지금은 사람과 사람 간에 적당한 거리가 필요한 때입니다. 사회적 거리에 대해서 말하였는데 요한복음 말씀을 읽노라면 하나님과 예수님 사이의 거리가 전혀 느껴지지 않습니다. 거의 '0'm에 가깝습니다. "아들이 아버지께서 하시는 일을 보지 않고는 아무것도 스스로 할 수 없다."(19) "아버지께서 아들을 사랑하사 자기가 행하시는 것을 다 아들에게 보이셨다."(20) "내가 아무것도 스스로 할 수 없노라 듣는 대로 심판한다."(30) "나는 나의 뜻대로 하려 하지 않고 나를 보내신 이의 뜻대로 한다."(30) 하나님과 예수님은 완벽한 일치를 이루고 있습니다. 예수님은 아예 하나님의 마음속에 계셨던 분입니다. 이 말씀들은 예수님 자신이 하나님과 나누던 은밀한 사랑의 방을 소개해주는 것 같습니다.

예수님은 "나를 본 자는 아버지를 보았거늘 어찌하여 아버지를 보이라 하느냐"(14:9)고 말씀합니다. 알지 못하는 자들은 예수님이 신성모독을 행한다고 하지만 예수님은 달리 어떻게 표현할 수 없습니다. 예수님이 안식일이라는 거대한 율법을 "내 아버지께서 일하시니 나도 일한다"는 한 마디로 허물어뜨릴 수 있었던 것도 하나님과 하나이셨기 때문입니다. 본대로, 하나님의 뜻하신 대로 행하셨을 뿐입니다. "내 심판은 의로우니라"(30)라고 말씀하시는 이유도 예수님의 말은 곧 하나님의 말이기 때문입니다.

예수님과 하나님 사이의 거리가 없음을 상징하는 언어가 바로 아버지와 아들 메타포metaphor, 은유입니다. 요한복음에서만 '아버지'란 단어가 118번이나 사용됩니다. 다른 세 복음서를 다 합쳐도 66번밖에 되지 않습니다. 세상에 아버지와 아들만큼 가까운 거리가 어디 있겠습니까? 어머니와 딸이 더 가깝다면 그렇게 표현하셨을 것입니다. 그러나 당시 가부장적 문화 상황에서는 아버지와 아들이 사용할 수 있는 최대치입니다.

이것을 메타포, 곧 은유로 생각하지 않고 실제라고 하는 순간 여러 가지 오해가 발생합니다. 하나님은 아버지이므로 남성이라고 말할 수 없습니다. 하나님은 어머니적 속성도 있고, 그래서 모든 성을 초월해 계십니다. 예수님은 아들이기에 아버지보다 저열한 위치에 있다고 말할 수 없습니다. 교회사에서 아들의 종속성을 말하던 세력은 이단으로 정죄되었습니다. 메타포입니다. 가장 가까운 거리를 표현했을 뿐입니다. 성서 문자주의자들은 자신들이 하나님 말씀을 문자 그대로 믿는다며 자신의 신앙이 대단한 것처럼 착각합니다. 그것이야말로 불신앙입니다. 그들은 문자를 믿는 자들이지 하나님을 믿는 자들이 아닙니다. 아버지와 아들의 그 사랑, 그 순종, 그 권위, 그 하나 됨을 보아야 하지 형식적인 언어에 매여서는 안 됩니다. 삼위일체론은 하나님과 예수님 사이의 신비를 교리적인 언어로 기술한 최고의 신앙 은유입니다.

생명을 주는 자

하나님이 예수님에게 맡기신 것 두 가지가 있습니다. 하나는 생명이고, 다른 하나는 심판입니다. 안식일에 38년 된 병자를 고치시는 모습에서 사람들은 예수님을 대단한 치유자, 기적술사 정도로만 생각했습니다. 아닙니다. 예수님은 우리에게 생명을 주신 분이요, 우리의 생명을 다시 살리는 분입니다. "아버지께서 자기 속에 생명이 있음같이 아들에게도 생명을 주어 그 속에 있게 하셨고"(26) "아버지께서 죽은 자들을 일으켜 살리심같이 아들도 자기가 원하는 자들을 살리느니라"(21)

38년 된 병자는 불행히도 그의 육신이라는 작은 생명은 치료를 받았지만 영적 생명이라는 온전한 데까지는 나아가지 못했습니다. 작은 선물에 취해 더 큰 것을 놓치고 말았습니다. 그런 점에서 질병이나 고난은 우리를 영원한 생명으로 인도하는 도구입니다. 작은 질병을 통해 우리는 육신의 연약함을 깨닫습니다. 고난을 통해서 우리는 고난이 없는 영원한 안식의 나라를 바라봅니다. 질병이나 고난에서 고침을 받는 것은 중요합니다. 그러나 이를 계기로 더 나아가야 하고 더 나은 것을 얻어야 합니다.

그래서 질병이나 고난을 통해서 얻는 교훈들이 우리에게는 중요합니다. 당장은 코로나 상황을 극복하는 것이 우선입니다. 그러나 여기에서 그쳐서는 안 됩니다. 더 영원한 것과 더 궁극적인 것을 바라보아야 합니다. 코로나 상황은 인간이 그 보이지 않는 작은 바이러스 앞에서도 얼마나 연약한지를 보여주었습니다. 이를 계기로 인간은 좀 더 겸손해야 합니다. 또한 거리, 곧 경계를 넘는 것의 위험성을 알아야 합니다. 인류를 위협한 전염병들은 인간이 다른 종과의 거리를 허물 때 창궐했습니다. 적당한 거리를 지키고 그 다양성을 인정하는 것이 생명의 지속 가능성을 높입니다. 또 거리두기에서 만남의 소중함을, 잠깐 멈춤을 통해서 일상의 소중함을 깨닫는 시간이 되기도 하였습니다. 이 모든 교훈들이 우리 생명을 더 풍성하게 합니다.

심판자 예수

본문 말씀에서 가장 많이 등장하는 단어는 '심판'입니다. 한글 성경으로 7번이나 반복됩니다. 사실 심판은 종말의 때에 일어날 일입니다. 하나님의 뜻에 따랐던 의로운 자들은 위로와 상급을 받을 것입니다. 하나님의 뜻에 따라 살지 않았던 악인들이나 변절자들은 그에 합당한 형벌을 받게 될 것입니다. 우리들의 억울함이나 희생이 신원을 받는 날이 심판 때입니다. 불의에 대해서 응분의 대가가 주어지는 것이 심판입니다. 한 해 농사가 추수로 결판나듯, 우리 인생이나 우주는 심판으로 마무리됩니다.

그런데 그 심판자가 이제는 예수님입니다. "아버지께서 아무도 심판하지 아니하시고 심판을 다 아들에게 맡기셨으니"(22) 아들에 대한 태도에 따라 천국과 지옥이 결정됩니다. 우리는 예수님을 사랑의 하나님으로만 생각합니다. 아닙니다. 그분은 동시에 심판자입니다. 그러나 가혹한 심판자가 아니라 사랑의 심판자입니다. 생명을 주시기 위한 심판으로 예수님은 아무도 심판하지 않습니다. 심판은 스스로 초래합니다. 하나님이 주시는 영생의 선물을 받지 않으려 하니 지금의 사망 상태가 그대로 연장되는 것뿐입니다.

더 놀라운 것은 그 심판이 이미 이 땅에서 일어나고 있다는 사실입니다. "진실로 진실로 너희에게 이르노니 죽은 자들이 하나님의 아들의 음성을 들을 때가 오나니 곧 이때라 듣는 자는 살아나리라"(25) "무덤 속에 있는 자가 다 그의 음성을 들을 때가 오나니"(28) 그의 음성이 현재라는 시간에 들리고 있습니다. 24절에서 더 분명히 말씀합니다. "내가 진실로 진실로 너희에게 이르노니 내 말을 듣고 또 나 보내신 이를 믿는 자는 영생을 얻었고 심판에 이르지 아니하나니 사망에서 생명으로 옮겼느니라" 동사의 시제가 중요합니다. '영생을 얻었고'는 과거형처럼 번역이 되었는데 실제는 현재형입니다. 영원한 생명을 사람들이 지금 얻고 있습니다. '심판에 이르지 않는다'고 했는데 완료형입니다. 완료형은 과거에 결정되어 현재에 이른 상태를 말합니다. 심판은 이미 제거되었고 나는 현재 이 생명의 은혜를 누리고 있습니다.

이런 요한복음의 종말론을 가리켜 '현재적 종말론' 또는 '실현된 종말론'이라 부릅니다. 종말이 먼 미래 사건이 아니라 우리 삶의 한복판에서 이미 이루어지고 있습니다. 내가 예수를 믿으면 미래에 천국에 들어갈 것이라는 말이 아닙니다. 나는 이미 천국을 소유한 사람으로서 이 땅을 살아갑니다. 이 말씀은 초대교회 교인들에게도 충격이었습니다. 이들은 '임박한 종말론'이라 하여 예수의 재림을 기대하며 하늘만 쳐다보고 있었습니다. 신앙이 조금 나은 사람들은 죽음 이후의 세계를 기대하며 살았습니다. 그러나 예수님은 천국이 바로 지금, 이 땅에서 이루어지고 있다고 말씀합니다.

죄의 짐은 저 천국에서 벗어지는 것이 아니라 이미 이 땅에서 벗어졌습니다. 존 번연John Bunyan이 쓴 『천로역정』의 한 장면입니다. 장차 망할 이 세상의 도성을 떠나 천국의 도성을 향해 가는 '크리스천'이라는 순례자가 골고다 십자가 아래를 지나갔습니다. 그때 자기 등에 달려 힘들게 하던 죄의 짐이 풀어져 굴러떨어지는 경험을 합니다. 현재 이 땅에서 경험하는 천국의 한 양상입니다.

믿는 자들은 자신에게 이미 주어진 천국을 확신하는 것이 필요합니다. 요한이 복음서를 쓴 이유가 여기에 있습니다. "오직 이것을 기록함은 너희로 예수께서 하나님의 아들 그리스도이심을 믿게 하려 함이요 또 너희로 믿고 그 이름을 힘입어 생명을 얻게 하려 함이니라"(20:31) 여기 '너희'는 이미 믿음 가운데 있는 자들을 가리킵니다. 이는 믿는 자에게 주어진 영생과 그 가치를 제대로 인식하지 못하는 자들을 깨우치기 위한 말씀입니다. 천국이 주어졌지만 자기 손에 무엇이 있는지 모른다면 아무 소용이 없습니다.

그리스도를 알고 그분과 함께하는 것이 이미 영생이고 천국이고 행복입니다. 이는 사랑에 빠진 자의 행복과 같습니다. 모든 상황 조건은 변하지 않는데 그리스도로 인하여 내 마음은 기쁨이 넘칩니다. 밭에 감추어진 보화를 지닌 자의 행복과 같습니다. 삶은 고단한데 웃음이 나고 여유가 있습니다. 내 인생의 밭에 보화를 감추고 있기 때문입니다. 이는 감사의 행복입니다. 천국은 감사하는 자의 마음에 있습니다. 모든 것을 감사로 받으면 인생은 신비와 기적으로 가득합니다. 이미 천국은 우리 안에 와 있습니다.

나의 증언자가 따로 있으니

(5:31-39)

영생을 얻는 줄 생각하고 성경을 상고하거니와
이 성경이 곧 내게 대하여 증거하는 것이라

자기 확신

우리는 살면서 많은 결정들을 하고 그에 따라 행동합니다. 작은 여행의 결정에서부터 큰 인생의 결정까지 수많은 선택을 통해 우리 인생이 이루어집니다. 이때 자기가 내린 결정에 대해 확신을 갖는 것이 중요합니다. 성공했을 때는 덜 하지만 실패했을 경우에는 끝없는 자책과 후회에 시달립니다. 자기 확신이 없으면 작은 난관에도 쉬 포기하고 맙니다. 자기 지혜의 한계는 있지만 그 한계 내에서 최선을 다해서 내린 결정이라면, 어떤 탐욕이나 불의에 기초해서 내린 것이 아니라면, 소명이나 말씀에 근거하고 기도하면서 내린 결정이라면 그 결정에 대해서 확신을 가지십시오. 그것이 내 인생을 향한 하나님의 뜻일 가능성이 높습니다.

예수님은 외로운 길을 가셨습니다. 사람들이 예수님을 오해하고 오히려 이용하려 하였습니다. 병자를 치유하는 착한 일을 하였는데도 병자는 오히려 예수님을 고발하였습니다. 유대인들은 안식일 법을 어겼다고 예수를 박해합니다. 사실을 말했을 뿐인데 신성 모독죄로 죽이려 합니다. 저쪽은 수가 많고 예수님은 혼자입니다. 그러나 예수님은 당당합니다. 확신이 있습니다. 하나님이 자기편이고 하나님이 예수님을 옳다고 증언하기 때문입니다. "나를 위하여 증언하시는 이가 따로 있으니"(32) "나를 보내신 아버지께서 친히 나를 위하여 증언하셨느니라"(27)

위대한 사람들은 대부분 이런 외로운 길을 걸었습니다. 다윗의 고백입니다. "천만인이 나를 에워싸 진친다 하여도 나는 두려워하지 아니하리이다"(시편 3:6) 천만 안티가 우리를 댓글로 공격하고 있다고 생각해 보십시오. 적대 세력들이, 사탄이 우리를 고소하고 있다고 생각해 보십시오. 다윗은 이런 공격에 아랑곳하지 않았습니다. 그것은 하나님 앞에 떳떳하다는 자기 확신이 있었기 때문입니다. 적의 화살을 막는 여호와의 방패는 다름 아닌 자기 확신입니다.

그런데 하나님 없는 자기 확신은 내적 동력이 없습니다. 쉬 지치고 무너지고 맙니다. 우리 안에는 초월적 존재가 있습니다. 우리 안에 계신 성령이 우리를 지지합니다. 성령의 이름이 '보혜사'입니다. 보혜사는 헬라어로 파라클레토스입니다. 이 단어는 파라곁에서 클레토스말하다의 합성어입니다. 곁에서 말하는 자, 그래서 변호사, 증언자의 의미입니다. 성령은 내 인생의 변호사입니다. 내가 내린 결정의 지지자이자 증언자입니다.

행동이 증언한다

예수님이 행한 일이 또한 예수님을 증거합니다. "아버지께서 내게 주사 이루게 하시는 역사 곧 내가 하는 그 역사가 아버지께서 나를 보내신 것을 나를 위하여 증언하는 것이요"(34) 예수님은 병자의 반응에 상관하지 않고 고통 가운데 있는 생명을 치유하였습니다. 인간을 얽매던 교리나 전통을 폐하고 사람들을 자유롭게 하였습니다. 어둠 가운데 있던 자들에게 삶의 소망과 의미를 주고 그 생명을 풍성하게 하였습니다. 예수님이 행하신 생명의 사역이 예수님이 생명임을 증거합니다.

예수님의 일은 주로 말씀을 통한 가르침이었습니다. 말씀으로 사람들의 무지와 어둠을 깨우치셨습니다. 말씀을 통해서 참된 삶의 길을 가르치셨습니다. 예수 운동은 당시는 소수였고 팔레스타인의 변방에서 외치던 작은 소리에 불과하였습니다. 그러나 그 소리는 생명이 있는 진리의 소리였습니다. 전 우주를 울렸고 2천 년이라는 시간을 뛰어넘어 여전히 우리 마음을 울립니다.

자신의 일이 자신을 증명합니다. 화가는 이론이 아니라 작품으로 승부합니다. 음악가는 그의 노래가 그의 위대함을 증거합니다. 정치가는 자신의 정책과 헌신으로 말을 합니다. 판사는 판결로 말하고 검사는 기소로 말합니다. 언론인은 자기 글로 말을 합니다. 진실과 정의에 근거한 글만이 살아남습니다. 역사가 우리가 행한 일에 대해 심판할 것입니다.

목회자는 설교가 그를 증거합니다. 하나님의 뜻과 말씀을 충실히 전하였는지, 예수님처럼 생명을 살리는 구원과 비전의 메시지였는지, 아니면 세상 이념에 치우치고 기복적이고 탐욕적이고 무지하고 유치하고 무의미한 잡담 수준이었는지 그것이 그 사람을 증거합니다. 교회 강단의 설교 질이 형편없다면 교회의 수준도 딱 그 정도입니다.

성경의 증언

예수님을 결정적으로 증언하는 것은 바로 성경입니다. "성경에서 영생을 얻는 줄 생각하고 성경을 연구하거니와 이 성경이 곧 내게 대하여 증언하는 것이니라"(39) 33절에서는 요한의 증거가 언급됩니다. "요한에게 사람을 보내매 요한이 진리에 대하여 증언하였느니라" "요한은 켜서 비추이는 등불이라"(35) 요한은 구약의 예언자들을 대표하기에 요한의 증거는 곧 성경의 증언입니다.

성경은 예수 그리스도를 증거하는 책입니다. 루터는 성서의 중심은 예수 그리스도이고, 이 예수 그리스도는 전 성경을 해석하는 절대 기준이라 하였습니다. "만일 성경에서 그리스도를 빼내면 무엇이 남을 것인지 너는 아느냐? 전 성경은 어디서나 오로지 그리스도에 관한 것뿐이다."

창세기에서도, 예언서에서도, 시편에서도, 복음서에서도, 서신서에서도, 계시록에서도 그 중심은 예수 그리스도입니다. 거기에 예수 그리스도라는 단어나 흔적이 있다는 말이 아닙니다. 창세기에서 아무리 뒤져도 예수라는 단어는 없습니다. 중요한 것은 그 전제이고 그 목적입니다. 하나님께서 성서를 주신 목적은 구원, 곧 생명을 얻도록 하기 위해서입니다. 생명을 얻지 못하면 성서는 한낱 문자나 역사책에 불과합니다. 생명은 예수 그리스도를 통해서 주어집니다. 그러하기에 전 성경이 예수님을 증언한다고 말합니다.

예수님은 하나님이시기에 성서는 실상 예수님의 감동으로 기록되었습니다. 구약성경은 예수의 이름만 없을 뿐 예수님이 보낸 사랑의 편지입니다. 겉보기에 인간의 권모술수와 어리석음이 담겼다 할지라도 중요한 것은 성서를 쓰고 보낸 자가 누구냐는 것입니다. 사랑하는 사람의 편지에 온갖 잡스러운 내용들이 들어 있다고 할지라도 모든 것이 사랑으로 연결되는 것과 마찬가지입니다. 그러나 타인의 편지라면 호기심과 교훈을 채울 수는 있지만 거기까지입니다. 레위기의 지루한 율법들도, 요한계시록의 무서운 심판도 그리스도 안에 있는 자에게는 모두 다 사랑입니다.

20세기 교부라 불리는 칼 바르트가 그의 『교회교의학』에서 성서가 무엇인지를 잘 설명합니다. 성서는 문자일 뿐이고, 놀라운 것은 이 문자가 하나님 말씀을 담고 있다는 사실입니다. 하나님의 계시를 하나님의 말씀이라 부릅니다. 하나님 말씀은 인간에게서 세 가지 형태로 선포됩니다. 가장 먼저는 '계시된 말씀'인 그리스도인데 그리스도는 하나님 말씀 자체입니다. 하나님 말씀이 가능한 전제와 그 목표가 예수 그리스도입니다.

둘째는 '기록된 말씀'인 성서입니다. 성서는 예언자들과 사도들의 그리스도에 대한 증언을 글로 기록한 책입니다. 이사야나 예레미야가 직접 그리스도를 선포한 것은 아닙니다. 하지만 그들이 목표했던 구원이나 언약이나 생명이나 이 모든 것은 궁극적으로 그리스도로 수렴됩니다. 이 근본을 벗어나 성서를 과학책이나 역사서나 고전의 일종으로 읽는 것은 본질을 벗어난 읽기입니다.

셋째는 '선포된 말씀'인 설교입니다. 설교는 성서를 바탕으로 그리스도를 선포하는 행위입니다. 인간의 입술을 통하여 그리스도가 다시 살아나 하나님의 말씀이 되는 계시 사건이 일어납니다. 이것이 설교의 기적입니다. 그리스도교의 모든 설교는 그리스도에 관한 케리그마선포를 목표로 합니다. 그리스도가 빠진 설교는 인간적 강론에 불과합니다.

칼 바르트의 신학은 그 현란함과 난해함으로 신학자들 또한 치를 떨게 하지만 그 신학의 핵심은 간단합니다. 칼 바르트가 미국을 방문했을 때 한 학생이 물었습니다. "당신의 방대한 신학적 작업을 한마디로 요약할 수 있습니까?" 칼 바르트는 다음과 같이 답했습니다. "네 가능합니다. 나의 어머니의 무릎에서 들었던 찬송이 바로 그것입니다. 〈예수 사랑하심은 거룩하신 말일세... 날 사랑하심, 날 사랑하심, 성경에 써 있네〉"

성경의 중심에 그리스도가 있습니다. 성경을 통해서 생명을 얻지 못한다면 성경은 단순한 종교 경전을 벗어나지 못합니다. 그리스도가 빠진다면 구약성경은 고대 유대인들의 지루한 종교사로 전락할 것입니다. "태초에 하나님이 천지를 창조하시느라"는 창조 사건(창세기 1:1-3)도 그리스도라는 빛이 임하고 나서야 혼돈과 공허와 어둠에서 벗어날 수 있었습니다. "그 안에 생명이 있었으니 이 생명은 사람들의 빛이라"(1:4)

사람의 영광 하나님의 영광

(5:41-47)

나는 사람에게서 영광을 취하지 아니하노라

사람의 영광

유대인들이 예수님을 믿지 못했던 이유는 그들이 사람에게서 영광을 취하려 했기 때문입니다. 영광의 두 근원은 "사람에게서 영광을 취하는"(41) 것과 "하나님께로부터 오는 영광"(44)입니다. 여기서 말하는 영광은 '찬사, 인정'의 의미입니다. 사람들이 살아가는 주요한 목적 중 하나가 바로 이 영광입니다. 사람들의 인정이고 고대 로마 사회의 '명예'가 이에 해당합니다. 어떤 운동 경기나 전쟁에서 승리했을 때 이들에게 주어지는 것은 대단한 부가 아니라 단지 월계수 관 하나뿐입니다. 그런데 로마인들은 이것을 가장 큰 명예로 여겼습니다. 사람들은 명예에 목숨을 걸기도 합니다.

사람들로부터 인정을 받는 것은 무형의 부와 권력을 획득하는 것과 같습니다. 명예로운 사람의 말이나 결정은 영향력이 있습니다. 로마 황제정을 열었던 시저의 양아들 옥타비아누스가 수많은 전쟁에서 승리하고 로마에 평화를 가져오며 얻었던 것은 '아우구스투스'라는 칭호였습니다. '존엄한 자'라는 이 명예를 원로원이 수여하였는데 나중에는 이것이 이름처럼 불렸습니다. 가장 큰 명예입니다. 다른 어떤 직책보다 옥타비아누스는 이 이름의 권세로 황제의 권력을 행사할 수 있었습니다.

그렇지만 이 명예, 또는 영광이라는 것은 결국 사람에게서 나옵니다. 신이나 어떤 진리의 행위로부터 나오는 영광이 아닙니다. 사람의 칭찬과 인정이 사람의 가치를 결정합니다. 이 영광은 불안하고 근거가 굳건하지 않습니다. 어떤 사람들이 지지하느냐에 따라, 또 사회적 환경이나 기대치에 따라 영광이 되기도 하고 불명예가 되기도 합니다. 한때는 추앙받던 영웅이 후대에는 악의 화신으로 전락하는 것을 역사에서 종종 볼 수 있습니다. 사람에게서 나온 영광이 영원한 가치와 접목되지 않으면 그 영광은 허망하게 사라집니다. '화무십일홍'花無十日紅입니다. 꽃이 붉어도 열흘을 못 갑니다.

사람의 영광은 완전하지 않습니다. 민족의 영광이 그렇습니다. 나라의 해방을 위해서 싸웠던 독립군들은 영광과 명예를 얻습니다. 그러나 일제의 입장에서는 이들은 원수입니다. 영웅이냐 테러리스트냐의 판단은 어느 편인가에 따라 결정됩니다. 팔레스타인 해방을 위해서 싸우는 자들은 그들의 눈에는 영웅이지만 이스라엘인에게는 테러리스트입니다. 이것이 사람이 주는 영광의 한계입니다. 아무리 숭고한 민족주의일지라도 이것이 정의, 인도, 보편이라는 가치에 부합하지 않으면 반쪽 영웅으로 그칩니다.

영원한 가치는 바로 하나님의 영광을 구하는 것과 관련됩니다. 예수님이 사람의 호응에 맞춰 그들이 원하는 기적을 행하고, 빵을 주었다면 백성들이 예수를 십자가에 못 박지 않았을 것입니다. 유대 민족주의에 영합하여 민족의 해방을 이야기하고 이스라엘 민족을 이끄는 정치적 메시야 역할을 했다면 이들은 거부하지 않았을 것입니다. 이것이 "유일하신 하나님께로부터 오는 영광은 구하지 않는다"(44)는 말씀의 의미입니다. 유대 민족의 부흥을 위한 메시야가 출현하면 백성들은 이 사람에게로 몰렸습니다. "만일 다른 사람이 자기 이름으로 오면 영접하리라"(43)

하나님의 영광

예수님은 하나님께로부터 오는 영광을 구했습니다. 사람들의 기대나 취향이나 소원에 부응하는 영광이 아니었습니다. 오히려 자기 가진 것을 포기하고 희생하는 십자가의 영광이었습니다. 사람들이 싫어하는 길을 갔기에 예수님은 당시에 인기가 없었고 패배자로 간주되었습니다. 그러나 지금은 지구상에서 가장 영광스런 이름을 가진 사람으로 남았습니다. 하나님으로부터 오는 영광을 구했기 때문입니다.

하나님의 영광의 길을 구하는 자는 외롭습니다, 고난이 있습니다. 사람의 지지를 받지 못하는 경우도 많습니다. 그래서 이 길을 가는 사람은 꿋꿋한 자기확신이 있어야 합니다. 하늘의 뜻을 따르는 것에 만족해야지 사람의 시선을 의식해서는 그 길을 갈 수 없습니다. 『맹자』의 '등문공' 편에 나오는 대장부신앙이 하나님의 영광을 구하는 자의 마땅한 태도입니다.

"천하라는 넓은 거처에 살며, 천하의 올바른 자리에 서며, 천하의 큰 도리를 행하며, 지지를 얻으면 사람들과 함께 그 도리를 행하고, 지지를 얻지 못하면 홀로 그 도리를 행한다. 부귀의 유혹도 그 마음을 더럽게 할 수 없으며, 가난의 어려움도 그의 마음을 바꾸어 놓지 못하며, 위세나 무력도 그 마음을 굽히지 못하는 사람, 이런 사람을 일컬어 대장부라고 한다."

사도 바울이 바로 이런 태도로 살았습니다. 당시 소수요 비주류였지만 그는 하나님의 영광을 구하는 길로 갔습니다. "내가 사람들에게 좋게 하랴 하나님께 좋게 하랴 사람들에게 기쁨을 구하랴 내가 지금까지 사람들의 기쁨을 구하였다면 그리스도의 종이 아니니라"(갈라디아서 1:10) 유대 민족을 즐겁게 하였더라면 바울은 그렇게 심한 핍박을 받지 않았을 것입니다. 유대 민족이 금과옥조처럼 생각하는 율법을 옹호하거나 최소한 적대시하지 않았다면 바울은 민족으로부터 버림받지 않았고, 초대교회의 주류였던 타협주의자들로부터 소외되지 않았을 것입니다. 그러나 그것은 사람의 영광을 구하는 길입니다.

하늘의 영광을 구하는 자는 현재의 영광이 아니고 미래의 영광을 바라보는 자입니다. 현재의 영광을 구했던 자들은 역사의 무대에서 곧 사라지고 말았습니다. 지금도 빛나고 있는 것은 하늘로부터 오는 영광을 구했던 바울의 복음입니다.

우리를 고발하는 자

유대인들은 모세의 율법에 근거해서 예수를 고발하고 정죄했습니다. 그런데 예수님은 오히려 모세가 너희를 고발할 것이라 말씀합니다. 같은 성경을 가지고 유대인은 예수님을 고발하고 예수님은 유대인을 고발합니다. 누가 옳습니까? 우리는 기독교인이니까 당연히 예수님이 옳다고 말할 것입니다. 그런데 사실 유대인들도 억울했을 것입니다. 그들은 모세의 율법에 분명히 안식일에 일하지 말라고 하였고 예수님이 그것을 어겼기 때문에 죄라고 정죄했을 뿐입니다.

이는 성경을 보는 관점의 차이입니다. 예수님은 문자보다는 왜 하나님께서 이 법을 제정하셨는가를 묻고 있습니다. 하나님의 뜻을 살펴 율법을 새롭게 해석한 것이 바로 마태복음의 산상수훈입니다. 예수님은 "옛사람에게 말한 바... 그러나 나는 너희에게 이르노니" 하며 모세의 율법을 새롭게 해석했습니다. 그 핵심은 하나님의 사랑, 하나님의 정의, 하나님의 생명에 근거하고 있었습니다. 성경 문자는 시대와 상황의 한계에 매이기에 우리는 하나님이 무엇을 뜻하셨는가를 계속해서 물어야 합니다. 그것이 설교이고 신학입니다.

어느 황량한 정원을 병사들이 지키고 있었습니다. 아무 쓸모도, 아름다움도 없는 정원을 왜 지키느냐고 물으니 병사들은 오래전부터 규칙으로 전해 내려왔기 때문이라고 말했습니다. 오래전에 어떤 왕비가 그 정원을 매우 사랑했습니다. 아름다운 꽃을 심고 분수를 만들었습니다. 그곳은 왕과 왕비가 가장 사랑하던 장소였습니다. 그래서 동물이나 사람들이 망치지 않도록 병사들이 감시하게 했던 것입니다. 그런데 그 왕비도 죽었습니다. 왕국도 사라졌습니다. 정원은 꽃들마저 사라져 황량한 벌판이 되었습니다. 그런데도 병사들은 오래된 규칙이라 하여 여전히 보초를 서고 있습니다. 왜 그러는지 이유를 물어야 우리는 올바르게 행동할 수 있습니다.

예수님은 "모세가 내게 대하여 기록하였다"(46)라고 말씀합니다. 언제 모세가 예수님을 알았던가요? 언제 모세가 예수님을 언급했던 적이 있었던가요? 그 논리는 다음과 같습니다. 모세오경 토라는 하나님이신 예수님이 모세에게 지시하여 기록하게 한 책입니다. 토라는 이스라엘에 구원 생명을 가져다줍니다. 예수님은 생명입니다. 토라는 유대인들의 눈을 열어 진리를 볼 수 있게 합니다. 예수님은 어두운 길을 밝히는 빛입니다. 유대인들은 하나님이 토라를 통해서 세상을 창조했다고 해석합니다. 예수님이 창조주입니다.

모세가 시내산에서 보았던 영광은 다름 아닌 그리스도였습니다. 모세가 광야에 지었던 성막은 하늘의 모형을 본뜬 것이었는데 하늘에 있는 성전이 바로 예수 그리스도였습니다. 모세는 멀리서 그리스도를 보았고, 모세는 인식하지 못한 채 그리스도를 증언하였습니다.

보리떡 다섯 개와 물고기 두 마리의 기적

(6:1-13)

여기 한 아이가 있어
보리떡 다섯 개와 물고기 두 마리를 가졌나이다

빌립의 빵

예수님이 행하신 기적 중에 최고의 기적은 보리떡 다섯 개와 물고기 두 마리로 행하신 기적입니다. 오천 명이나 되는 사람들, 아이와 여자까지 합하면 수만 명이 될 것인데 그들 앞에서 빵이 끝없이 쏟아지는 기적을 행하셨습니다. 넓은 공간에 수많은 사람이 지켜보았고 그 은혜를 맛보았습니다. 어느 기적이 이에 비할 수 있겠습니까?

이 기적은 갈릴리 호반의 한 낮은 둔덕에서 일어났습니다. 예수님이 가는 곳마다 사람들이 몰려들었습니다. 억압과 수탈, 가난과 질병으로 시름하는 민중에게는 예수님이 희망이요 위로였습니다. 예수님이 호수 건너편으로 가면 해변 길을 걸어서든, 배를 타고서든 예수님을 좇아갔습니다. "예수께서 눈을 들어 큰 무리가 자기에게로 오는 것을 보시고"⁽⁵⁾ 사람들이 밀물처럼 몰려오는 장면은 가슴을 뭉클하게 합니다. 우리도 지난 가난했던 시절에는 좋은 말씀이나 강연이 있으면 어느 곳이든 찾아다녔습니다. 정치 경제적으로 어렵고 육신의 배가 고플 때 사람들은 더 영적인 말씀을 듣고자 했습니다.

산상부흥회가 일어났습니다. 병자들이 고침을 받았습니다. 유대 지도층들을 신랄하게 공격하는 말씀에서 민중들은 희열을 느꼈습니다. 하나님 나라가 곧 다가올 것 같은 희망으로 행복했습니다. 그렇게 시간이 순식간에 흘러가고 식사할 시간이 되었습니다. 무리를 인가로 보내어 먹게 하기에는 멀고 이 많은 사람을 그렇게 돌려보낼 수는 없었습니다. 예수님께서 친히 이들을 먹이시기로 작정하셨습니다. 기적을 바로 행하시면 되는데 예수님은 빌립에게 물었습니다. "우리가 어디서 떡을 사서 이 사람들을 먹이겠느냐?" 사도 요한은 예수님이 빌립을 시험하기 위해서 물으셨다고 설명합니다. 빌립은 이 시험에 제대로 된 답을 제출했을까요?

빌립은 "각 사람으로 조금씩 받게 할지라도 이백 데나리온의 떡이 부족할 것이다."라는 답을 합니다. 빌립은 재빨리 사람 수를 세었는데 조금씩 나누어 먹더라도 2백 데나리온이 든다는 계산이 나왔습니다. 오늘날 노동자 하루 품삯을 대략 5만 원 정도로 치면 1천만 원 정도입니다. 빌립은 매우 현실적입니다. 현실적인 것은 허무맹랑한 것보다는 낫습니다.

현대 신앙인 중에는 믿는 자에게는 능치 못함이 없다는 말씀을 과신하다 낭패에 빠지는 경우가 많습니다. 건물만 올리고 빚은 하나님께서 채워 주시겠지 하다가 파산하는 교회들이 2천년대 들어서 많아졌습니다. 믿음만 가지고는 안 됩니다. '왜 이전에는 됐는데 지금은 안 되지?'라고 하면 안 됩니다. 그때는 밀물 때였고, 교회 성장기였습니다. 사람들도 순수하고 헌신적이었습니다. 은연중 그런 합리적 계산이 있었던 것입니다. 그러나 지금은 아닙니다. 코로나 상황에서 아무런 대책도 없이 하나님이 지켜 주시겠지 하며 생각 없이 모이다간 집단적 발병을 피할 수 없습니다. 신앙적 열심이 있는 교회들이 더 문제를 많이 일으킵니다. 하나님이 손쉬운 이성의 길을 열어주셨는데 왜 굳이 어려운 믿음의 길로 하나님을 시험하려는지 모르겠습니다.

주님은 우리에게 계산할 수 있는 이성을 주셨고 그 이성을 따라서 도와주십니다. 기적은 예외상황입니다. 기적은 하나님을 신뢰하라는 뜻으로 정말 '기적적'으로 주시지, 우리가 기적만 바라는 그런 신자가 되기를 원치 않습니다. 빌립의 잘못은 계산했다는 데 있지 않습니다. 계산을 하고는 좌절했다는 데 있습니다. 포기해 버렸습니다. 믿음을 갖되 방도를 찾으십시오.

안드레의 빵

반면에 안드레는 다른 방식을 취했습니다. "여기 한 아이가 있어 보리떡 다섯 개와 물고기 두 마리를 가지고 있나이다"(9) 바로 '오병이어 기적'의 시작이 된 헌신입니다. 안드레는 위기 상황을 타개하기 위해서 어떻게든 최선을 다했습니다. 그러나 그가 구한 것은 보리떡 다섯 개와 물고기 두 마리라는 어린아이의 작은 도시락일 뿐이었습니다. 안드레는 빌립보다는 낫습니다. 빌립은 머리로만 계산했을 뿐이지만 안드레는 발로 움직였습니다. 아무것도 없으면 아무런 결과도 나오지 않습니다. 그러나 하나가 있으면 그것을 바탕으로 하나님은 놀라운 기적을 행하십니다.

안드레는 문제를 해결하는 적절한 자세가 무엇인지 보여줍니다. 문제가 거대하다고 하여 좌절하면 안 됩니다. 아무리 작더라도 하나부터 출발해야 합니다. 그 하나가 쌓여 언젠가는 결국 큰일을 이룰 것입니다. 중국인들이 좋아하는 고사 중에 '우공이산'愚公移山이 있습니다. 우공寓公이라는 나이 90세 된 노인이 마을을 가로막고 있는 태행산과 왕옥산을 옮기기로 결심하였습니다. 이 두 산이 마을의 통행에 지장을 주고 마을의 발전을 막고 있다고 생각했기 때문이었습니다.

이런 엄청난 결심을 한 우공이 시작했던 일은 고작 그의 가족들과 함께 산에서 흙을 퍼다가 바다에 버리는 일이었습니다. 이 모습을 본 마을 사람들은 그렇게 해서 언제 저 태산같이 큰 산을 다 옮길 수 있겠느냐며 우공을 비웃었습니다. 그때 우공은 웃으며 이렇게 말했습니다. "내가 못 이루면 내 아들이 이룰 것이요, 아들이 못하면 그 손자가 이을 것이니, 그러다 보면 산은 언젠가는 모두 없어질 것이요." 이 말을 듣고 대경실색한 두 산의 산신령들이 곧바로 하늘의 천제에게 간청하여 이 두 산이 원래의 자리에서 먼 곳으로 옮겨갔다는 고사입니다. 산을 옮길만한 믿음은 한 걸음, 한 삽부터 시작합니다.

작은 헌신이 만들어낸 놀라운 결과는 19, 20세기를 풍미했던 자유주의자들의 해석에서도 엿볼 수 있습니다. 자유주의자들은 성경의 기적을 부인하며 이것을 이성적으로 설명하려고 하였습니다. 그중 파울루스Heinrich Paulus의 오병이어에 대한 해석은 귀담아들을 만합니다. 예수님 앞에 몰려든 사람들이 배고파하자 한 어린아이가 자기 도시락을 주님께 내어놓았다고 합니다. 작은 거라도 나누려는 마음이었습니다. 사람들이 그 모습을 보고는 부끄러움을 느꼈습니다. 자기들 몫을 몰래 감추어두고 있었기 때문입니다. 모두가 자기 먹을 것을 꺼내놓고 나누니 모두가 배불렀다는 교훈입니다.

이렇게 해석하면 오병이어는 생산의 기적이 아니라 나눔의 기적입니다. 나눔이 기적을 만듭니다. 전 세계적으로 기아선상에 있는 사람들이 많습니다. 2018년도 유엔 발표에 의하면 세계 기아인구가 8억 2천만 명에 달합니다. 굶주리는 이유가 식량생산이 모자라서인가? 아닙니다. 전세계적으로 식량 생산량은 모자라지 않습니다. 선진국은 남아돌아서 버리고 동물 사료로 사용할 정도입니다. 반면에 가난한 나라들은 정치 불안이나 기후변화로 인해 식량이 제대로 생산되거나 보급되지 않습니다. 잘 나누거나 정의만 세워도 다 풍족히 먹을 수 있습니다. 제대로 된 나눔만 한다면 현대사회에서도 오병이어의 기적은 재현될 수 있습니다.

예수님의 빵

예수님은 안드레의 헌신을 받으셨습니다. 예수님은 사람들을 풀밭에 앉게 하셨습니다. 여기 앉게 했다는 말은 팔꿈치로 괴고 비스듬히 누웠다는 표현이 더 정확합니다. 만찬을 할 때 고대 중동인들이 취하던 식사 자세입니다. 먹을 것이 전혀 없는데 이들은 먼저 앉아서 식사 자세를 취하였습니다. 많은 사람이 숟가락만 들고 예수님만 바라보는 형국입니다.

이어서 예수님은 보리떡을 가지고 하늘을 향해 축사, 곧 감사의 기도를 올렸습니다. 유대인들의 전형적인 기도는 "오 우리 주 하나님, 땅으로부터 먹을 것을 내신 만왕의 왕께 감사드리나이다."입니다. 감사기도를 드린 후 예수님은 제자들을 통하여 떡과 물고기를 사람들에게 나누어주도록 합니다. 그런데 바구니에서 떡과 물고기가 한도 끝도 없이 나옵니다. 5천 명이 배불리 먹고도 열두 광주리가 남을 정도였습니다.

예수님은 분명 공생애 시작하실 때 광야에서 세 가지 시험을 받으셨습니다. 그때는 돌로 떡 덩이를 만들라는 사탄의 유혹을 거부하셨습니다. 그러나 이번에는 대중들을 위해 기적의 빵을 만드셨습니다. 예수님은 자신의 필요를 위해서는 기적을 행하지 않습니다. 그러나 자식들이 굶주린 것을 부모가 못 견디듯 민중들의 배고픔을 해결해야 하는 때는 기꺼이 기적을 사용하십니다.

주님은 우리의 일용할 양식에 관심이 있습니다. 하나님은 출애굽 후 이스라엘 백성들이 광야에서 주리지 않도록 일용할 양식을 주셨습니다. 우리가 불안해하는 이유는 미래의 빵이 충분하지 않을 것 같은 염려 때문입니다. 우리가 비겁해지는 이유는 내 손안에 있는 빵을 빼앗기지 않을까 하는 두려움 때문입니다. 주님은 그의 자녀가 굶주리도록 방치하지 않습니다.

오병이어의 기적은 출애굽 후 광야에서 이스라엘에게 주어졌던 만나 사건의 재현입니다. 먹을 것이 전혀 없는 광야에서 이스라엘 백성들이 원망하자 하나님은 하늘에서 만나를 내리셨습니다. 저녁에는 메추라기를 떨어뜨려 먹게 하였습니다. 만나는 연지벌레가 위성류tamarisk의 나무 열매를 먹고 내보내는 분비물의 일종입니다. 서늘한 밤에는 딱딱하게 굳어서 사람들이 수확할 수 있는 영양공급원이 됩니다. 뜨거운 낮에는 녹거나 벌레가 먹어버립니다. 메추라기 또한 실제 봄과 가을에 떼를 지어 시나이반도를 지나갑니다. 아프리카나 지중해에서 몰려오는 메추라기는 손으로도 잡을 수 있을 정도입니다.

이스라엘 백성은 만나와 메추라기를 먹으며 양식 한 톨 나지 않는 곳에서 살 수 있었습니다. 이처럼 일용할 양식의 기적을 베푸신 이유에 대해서 성경은 다음과 같이 설명합니다. "너도 알지 못하며 네 조상들도 알지 못하던 만나를 네게 먹이신 것은 사람이 떡으로만 사는 것이 아니요 여호와의 입에서 나오는 모든 말씀으로 사는 줄을 네가 알게 하려 하심이니라"(신명기 8:3) 이 말씀은 인간에게 빵이 필요 없다는 말씀이 아닙니다. 삶의 우선권에 대한 문제입니다. 말씀에 순종할 때 먹을 양식도 주어진다는 뜻입니다.

빵에 대한 염려로 말씀을 버리는 탐욕의 시대입니다. 믿음으로 산다는 것은 말씀에 순종하는 삶입니다. 영혼의 양식을 구하는 자에게 예수님은 육의 양식도 채워주십니다.

바다 위를 걸으신 예수

(6:14-21)

예수께서 바다 위로 걸어 배에 가까이 오심을 보고
두려워하거늘 이르시되 내니 두려워 말라

권력을 부정하시는 하나님

예수님의 기적이 두 번 연거푸 이어집니다. 오천 명이 넘는 사람들을 대상으로 오병이어의 기적을 행하였습니다. 바로 이어서 예수님이 갈릴리 바다 위를 걸으시는 기적이 일어납니다. 기적은 기적으로 끝나지 않고 해석 전쟁으로 이어집니다. 그 기적의 의미가 무엇이냐는 논쟁입니다. "이 표적을 보고 말하되 이는 참으로 세상에 오실 그 선지자라 하더라"(14) 오병이어의 표적을 보고는 이들은 모세형 메시야를 떠올렸습니다. 신명기 말씀에 이렇게 기록되어 있습니다. "네 하나님 여호와께서 너희 가운데 네 형제 중에서 너를 위하여 나와 같은 선지자 하나를 일으키시리니 너희는 그의 말을 들을지니라"(신명기 18:15) 오병이어의 기적에서 모세가 광야에서 이스라엘 백성을 만나와 메추라기로 먹였던 사건을 연상했던 것입니다.

더구나 이 두 가지 기적은 "유대인의 명절인 유월절"(4)이 그 배경이 되고 있습니다. 유대인들에게 유월절은 민족해방절입니다. 모세가 이스라엘을 애굽에서 이끌고 나왔듯이 사람들은 예수님의 기적들에서 출애굽 해방사건을 연상했던 것입니다. 예수님 당시에는 거짓 메시야가 많았습니다. 그들도 출애굽과 관련된 기적들을 행했습니다. 요단강이 갈라지거나, 광야로 사람들을 몰고 가거나, 감람산에서 예루살렘 성이 무너지는 기적이 일어날 것이라 하여 사람들을 현혹하였습니다. 예수님이 갈릴리 바다 위를 걸어오시는 기적 또한 출애굽과 연관되었습니다. 홍해 바다를 가르고 이스라엘 백성들을 마른 땅처럼 걷게 했던 그런 출애굽의 기적입니다.

예수님의 이런 기적들은 유대 백성들에게 오해를 불러일으켰습니다. 그들은 하나님이 이스라엘을 해방하기 시작했다는 사인으로 보았습니다. 이 때문에 그들이 취했던 행동이 15절입니다. "예수께서 그들이 와서 자기를 억지로 붙들어 임금으로 삼으려는 줄 아시고" 예수님에게는 매우 위기의 순간입니다. 예수님은 분명 메시야로 오셨습니다. 그러나 사람들이 기대하던 그런 정치적 메시야는 아니었습니다. 이런 오해를 피하시려고 예수님은 "혼자 산으로 떠나가셨습니다."(15)

메시야를 향한 기대의 차이가 백성들과 예수님 사이를, 제자들과 예수님 사이를 불편하게 만들었습니다. 이 때문에 베드로는 가이사랴 빌립보에서 예수님을 책망했고, 제자들은 예루살렘 입성할 때 누가 크냐며 서열 다툼을 했습니다. 유다가 예수를 팔았던 중요한 이유도 그 실망감 때문이었을 것입니다. 민중들은 자신의 기대에 부응하지 않는 예수를 십자가에 못 박도록 넘겨주었습니다. 예수 운동에서 죽은 자는 예수 단 한 사람뿐이었습니다. 아무도 예수의 운동을 이해하고 적극적으로 참여하지 않았다는 반증입니다.

정치에서 힘은 강력한 유혹이며 실제적인 무기입니다. 힘을 갖지 않은 정치권력, 국민들의 지지와 그 힘을 세력화하지 않는 정치권력은 허상입니다. 정의로운 자가 힘이 없으면 기득권에게 당하고 자기 정치도 실현할 수 없습니다. 포스트모던 철학자 데리다Jacques Derrida는 "힘없는 정의는 무기력하다, 정의 없는 힘은 전제적이다."라고 말합니다. 『군주론』을 썼던 마키아벨리는 "무장한 예언자는 누구나 승리했으나 무장하지 않은 예언자는 패망했다."라고 했습니다.

그런데 예수님은 이 권력의 길을 가지 않으셨습니다. 이스라엘 백성들은 출애굽의 기적들을 보며 예수님을 통해 권력을 창출하기를 원하는데 예수님은 이것을 거부하셨습니다. 예수님은 권력 투쟁에 뛰어들기보다는 권력이 가진 그 힘의 논리 자체를 해체하기를 원하셨습니다. 섬김과 십자가의 길은 권력 자체를 부정하는 효과적 도구입니다. 주님은 일시적 정의가 아니라 영원한 정의를 원하셨습니다.

예수님은 특정 민족의 해방이 아니라 모든 민족의 해방을 원하셨습니다. 제도적 해방이 아니라 한 사람 한 사람이 이루는 진정한 자기해방을 원하셨습니다. 예수님이 이스라엘의 해방만 추구하셨다면 예수님은 영원한 성자가 아니라 특정 민족의 영웅으로 끝났을 것입니다. 예수님은 권력과 물질의 획득을 통한 자유가 아니라 인간들을 근원적으로 옭아매는 죄와 욕망에서 벗어나는 진정한 자유를 이루려 하셨습니다. 욕망의 실현이 아니라, 욕망 자체를 깨뜨리고 부수어 참다운 해방을 실현하려고 하셨습니다. 예수님의 길은 사람들에게 이해받을 수 없었고, 그래서 피하여 혼자 산으로 들어가실 수밖에 없었습니다.

바다 위를 걸으신 예수

예수님과 떨어진 제자들은 배를 몰고 갈릴리 호수 한가운데를 지나고 있었습니다. 갑자기 큰바람이 불고 파도가 쳐서 노 젓기가 매우 힘이 들었습니다. 그런데 그때 어떤 사람이 그 거친 바다 위를 걸어오는데 자세히 보니 예수님이었습니다. 도대체 누가 중력을 이기고 바다 위를 걸을 수 있다는 말입니까? 예수님은 가까이 오시더니 두려워하는 제자들을 향하여 "내니 두려워하지 말라"[20]라고 말씀하셨습니다.

이 기적은 예수님이 바다를 다스리시는 창조주 하나님이요, 바다를 갈라 이스라엘 백성들을 해방한 출애굽의 하나님임을 보이신 기적입니다. 이사야 선지자의 찬양입니다. "여호와의 팔이여 깨소서 깨소서 능력을 베푸소서 옛날 옛시대에 깨신 것 같이 하소서 라합을 저미시고 용을 찌르신 이가 어찌 주가 아니시며 바다를, 넓고 깊은 물을 말리시고 바다 깊은 곳에 길을 내어 구속받은 자들을 건너게 하신 이가 어찌 주가 아니시니이까"(이사야 51:9-10)

자유주의 신학은 사람이 어떻게 바다 위를 걸을 수 있느냐며 제자들이 환상을 보았거나, 안개 속 유령을 보고 착각했다고 해석합니다. 예수님이 하나님이 아니라면 그랬을 것입니다. 어떤 목사님이 성경을 읽고 있었는데 한 소년이 짜장면 배달을 왔습니다. 소년이 그 말씀을 듣고는 목사님에게 "에이, 구라. 사람이 어떻게 바다 위를 걸어?" 하며 조소했습니다. 그 말을 듣고는 목사님이 이렇게 반격했습니다. "야, 그러면 하나님이 물에 빠지면 되겠냐?" 소년이 그 말을 듣고는 "어, 그거 말이 되네!" 하며 더 이상 반박하지 못했다고 합니다.

이 기적이 실제인지 환상인지는 어느 쪽도 증명할 수 없습니다. 다만 신의 존재를 인정하면 기적은 당연히 일어날 수 있습니다. 무신론자는 이성의 법칙에 의해서 기적은 없다고 말합니다. 반면에 성경은 처음부터 끝까지 신이 없이는 어떤 설명도 할 수 없을 정도로 신의 말씀으로 가득합니다. 신을 믿는 신앙인들에게 기적은 매우 당연히 실제합니다. 예수님은 바다 위를 걷는 기적을 통해 자신이 하나님임을 보이셨습니다. 시공간의 법칙에 얽힌 인간은 기적을 통해서만 예수님의 하나님 되심을 확신할 수 있습니다.

그러나 기적신앙은 여기까지입니다. 하나님은 자연성에 매인 인간들에게 가끔 기적을 보여주심으로 그들의 인식이 하늘을 향해 열리도록 만듭니다. 기적은 정말 희박하게 일어나야 기적이고, 하나님은 대부분은 자연법칙을 통해서 세상을 다스립니다. 예수님이 행하신 기적이 오늘날에도 일어날 것이라 믿는 것은 어리석습니다.

어떤 면에서는 기적이 일어나지 않는 것이 오히려 더 인간을 돕는 방법입니다. 어느 나무꾼이 나무를 하다 도끼를 물에 빠뜨렸습니다. 이 나무꾼은 그 자리에서 엎드려 기도했습니다. 옛날 동화처럼 산신령이 금도끼와 은도끼를 들고 나타나기를 기대하면서 말입니다. 그런데 하나님은 이 기도에 전혀 응답하지 않았습니다.

이런 일이 자주 일어나고 또 하나님의 응답도 없자 화가 난 나무꾼은 수영을 배우기 시작했습니다. 수영을 배워 그는 물속에 들어가 자기 도끼를 꺼내었을 뿐만 아니라 다른 나무꾼이 빠뜨린 도끼도 꺼내어 부자가 되었습니다. 수영을 배우다 건강도 좋아졌습니다. 또 다른 나무꾼은 물속에 들어갈 수 있는 기구를 개발했습니다. 역시 이 사람도 많은 다른 도끼들을 건져냈을 뿐만 아니라 이 기구를 다른 산업에 응용하여 거부가 되었습니다.

지어낸 우화지만 기적만 바라는 신앙이 얼마나 허약한지를 보여줍니다. 반면에 세상 사람들은 아무것도 바랄 수 없기에 더 강해졌습니다. 유태인들 또한 매우 강합니다. 작은 영토의 이스라엘이 아랍의 수억 명을 능히 당해 냅니다. 어떻게 이런 일이 가능할까요? 그들이 믿었던 하나님의 침묵 때문이었습니다. 아우슈비츠의 가스실에서 수백 만의 동포들이 죽어갈 때도 하나님은 침묵하셨습니다. 고난 중에 부르짖어도 응답하지 않자 유태인들은 스스로 강해지는 길을 택했습니다.

기적은 사람을 약하게 만듭니다. 예수님은 우리가 기적에 매달려 요행수에 빠지는 사람이 되기를 원하지 않습니다. 풍랑과 파도를 잠잠하게 해달라는 것이 우리의 기도가 되어서는 안 됩니다. 거센 파도와 바람에 맞서 담대히 헤쳐 나갈 수 있는 용기와 지혜를 주시길 기도해야 합니다.

코로나 팬데믹 상황에서 우리는 속히 성령의 바람이 불어 바이러스를 다 태우고 날려버리길 자주 기도합니다. 그런데 하나님은 좀처럼 응답하시지 않습니다. 그런데 이 하나님의 침묵이 인류를 더 강하게 만듭니다. 이 상황이 지속되면 인류 유전자가 적응력을 갖추도록 진화할 수 있습니다. 이에 대응하는 과학 기술 능력이 더 발달할 것입니다. 또 그동안 생태계를 귀히 여기지 않고 일방적으로 착취했던 것을 반성하며 서로 공존하는 법을 배울 수 있습니다. 그 결과는 기적이 일상화되는 세계입니다.

생명의 양식

썩는 양식을 위하여 일하지 말고
영생하도록 있는 양식을 위하여 하라

썩는 양식 썩지 않는 양식

"썩을 양식을 위하여 일하지 말고 영생하도록 있는 양식을 위하여 하라" 백성들이 예수님께로 몰려든 이유는 이 썩을 양식 때문이었습니다. 여기저기 수소문하고 배를 몰고 이곳저곳으로 다니다 예수님이 가버나움에 계신 것을 알고 그곳으로 몰려들었습니다. 그런데 정작 예수님은 그들이 반갑지 않습니다. "너희가 나를 찾는 것은 표적을 본 까닭이 아니요 떡을 먹고 배부른 까닭이로다"(26) 무리가 구하는 양식하고 예수님이 주기를 원하는 양식이 다릅니다. 그들이 구한 것은 실제 떡과 물고기였고, 광야에서 먹었던 만나였습니다. 이것을 썩을 양식이라고 부르는 이유는 실제 일정 기한이 지나면 썩어서 못 먹기 때문입니다.

그렇지만 먹을 것은 매우 중요합니다. 동물들의 행동을 보면 그 삶의 대부분이 먹을 것을 찾는 데 소모됩니다. 개를 훈련할 때 사용하는 도구도 먹을 것입니다. 먹을 것 앞에서는 꼼짝을 못합니다. 인간 또한 동물인지라 먹을 것이 중요합니다. 동물은 당장 눈앞에 있는 먹을 것을 가지고 싸우고, 인간은 좀 더 미래의 먹을 것을 내다보며 싸운다는 점에서만 다를 뿐입니다.

그러면 인간은 먹을 것만 주어지면 만족하는가? 더 이상 우리 사회에서는 당장 굶주려 죽는 사람은 없습니다. 그러면 모두가 행복해야 합니다. 그러나 사람은 그렇지 않습니다. 여기에 더하여 사랑이 있고, 의미가 있고, 즐거움이 있어야 인간은 행복합니다. 하나님의 형상을 따라 지음 받은 인간은 먹을 것 이상의 양식이 필요합니다. 이것을 영의 양식이라 합니다. 인간에게는 위장이 하나 더 있습니다. 이 위는 하늘 양식으로 채워야 합니다.

진리를 추구하고 배우는 것은 단지 좋은 직장에 가기 위해서가 아닙니다. 진리의 욕구 자체가 하늘 양식입니다. 직업은 단순히 먹기 위해서 하는 행동이 아닙니다. 일이라는 것 자체가 보람을 가져다줍니다. 다른 사람을 돕거나 정의를 위한 투쟁은 거기에 사랑이라는 하늘 양식이 있기 때문입니다. 전쟁은 매우 폭력적이고 야만적이지만 그 안에도 민족을 향한 사랑이라는 숭고함이 담겨 있습니다. 부와 권력을 가지려는 이면에는 자신의 가치를 인정 받고자 하는 욕구가 있습니다. 모든 인간은 썩지 않는 영원한 양식을 필요로 합니다.

신앙인이 추구하는 양식은 아우구스티누스의 역작 『신의 도성』에서 잘 서술되고 있습니다. 아우구스티누스가 이 책을 쓴 이유는 로마제국이 기독교 국가가 되었는데 왜 쇠퇴하고 망하게 되었느냐는 로마인들의 비판에 답하기 위해서였습니다. 아우구스티누스는 기독교의 목표는 이 땅 도성의 건설이 아니라 신의 도성을 향하여 나아가는 데 있다고 하였습니다. 그래서 두 나라 시민의 삶의 양식이 다릅니다. 로마인들은 돈을 모으고, 별장을 짓고, 전쟁에서 이기는 것을 귀하게 여기는데 비해 기독교는 이것을 하찮게 여깁니다. 오히려 이웃을 사랑하고, 겸손과 자선을 실행하고, 하나님에게 의존하는 삶을 더 소중하게 여깁니다. 이것이 영원한 양식이기 때문입니다.

치부를 위해 부를 쌓으면 썩어질 양식이지만 그 물질을 이웃과 나누면 그것은 영원한 양식입니다. "너희 소유를 팔아 구제하여 낡아지지 아니하는 배낭을 만들라 곧 하늘에 둔바 다함이 없는 보물이니 거기는 도둑도 가까이하는 일이 없고 좀도 먹는 일이 없느니라"(누가복음 12:33)

우리는 예수님에게서 무엇을 구하고 있습니까? 육신의 양식은 세상의 기업가나 권력자들이 줍니다. 예수님을 믿으면서 이런 양식을 구한다면 잘못되었습니다. 그런 행복을 구하려면 세상의 논리를 좇고, 로또를 사거나, 좋은 직업이나 직장을 선택하거나, 카페에서 맛있는 커피를 마시며 작은 수다를 떠는 것이 더 행복할 것입니다. 교회는 오히려 우리의 시간이나 돈이나 헌신을 빼앗는 곳입니다. 그러면 교회는 무엇 하는 곳입니까? 교회는 빵 대신 말씀을 주는 곳입니다. 교회는 비싼 침대 대신 마음의 평화를 주는 곳입니다. 교회는 무기 대신 여러분이 싸울 수 있는 용기를 주는 곳입니다. 교회가 세상처럼 빵을 주려고 하면서 교회의 타락은 시작되었습니다. 교회가 썩을 양식의 노예가 되었고, 썩을 양식의 전도자가 되었습니다.

하나님의 일

썩을 양식은 눈에 보이지만 영생하도록 있는 양식은 보이지 않습니다. 이는 하나님의 일에 대한 이해에서도 그 차이가 나타납니다. "우리가 어떻게 하여야 하나님의 일을 하오리이까"(28) 사람들은 끊임없이 어떤 일을 해야 하는지를 묻습니다. 계획을 세우고, 사업을 벌이고, 프로그램을 짜서 무언가 가시적 성과를 내야 한다 생각합니다. 그러나 주님은 이것이 하나님의 일이 아니라고 말씀합니다. "예수께서 대답하여 이르시되 하나님께서 보내신 이를 믿는 것이 하나님의 일이니라"(29) 예수님은 자신을 믿는 것, 하나님을 신뢰하며 잠잠히 기다리는 것, 그것이 하나님이 원하시는 일이라 말씀합니다.

우리의 행동주의나 업적주의에 대한 경고입니다. 많은 헌금을 하거나 헌신을 많이 할 때 우리는 하나님의 일을 했다고 생각합니다. 교회를 성장시키거나 어떤 프로그램을 성공시켰을 때 우리는 그것을 하나님의 일이라 생각합니다. 기적을 행하거나 어떤 능력이 나타났을 때만이 그것이 하나님께서 행하신 일이라 생각합니다. 그런데 주님은 이를 다 뒤집어버립니다. 하나님이 원하시는 것은 일이 아니라 사랑입니다. 어떤 결과나 능력이 아니라 하나님을 얼마나 신뢰하고 사랑하는가를 묻습니다.

현대인들은 너무 많은 일과 행동에 중독되었습니다. 탈진이나 스트레스가 다 일 중독의 결과물입니다. 휴식을 취해야 할 밤에도 불을 밝히고 일을 합니다. 그러다 보니 혼이 빠졌습니다. 인도어 중에 '디레 디레'가 있습니다. '천천히 천천히'란 뜻입니다. 삶에는 에너지 총량이란 것이 있는데 빠르게 달릴수록 빨리 소진됩니다. 때로는 느리게 걷기도 필요합니다. 왜 천천히 걸어야 합니까? 우리 영혼이 따라올 수 있는 시간이 필요하기 때문입니다. 코로나 상황은 우리를 강제로 휴식하게 합니다. 이 시간이 빨리 지나기를 바라며 조바심을 내기보다는 집 나갔던 혼을 기다리는 시간으로 견뎌야 합니다. 인생에 소중한 것이 무엇이고, 우리는 무엇을 향해 그리 달려왔는지 생각해 보는 잠깐 멈춤의 시간입니다.

생명의 양식

열매에 앞서 먼저 예수님 안에 거하는 것이 중요합니다. "내 안에 거하라 나도 너희 안에 거하리라 가지가 포도나무에 붙어 있지 아니하면 스스로 열매를 맺을 수 없음 같이 너희도 내 안에 있지 아니하면 그러하리라"(15:4) 열매만 추구하면 지치고 기대한 열매도 맺기 어렵습니다. 가지는 좋은 나무에 붙어 있기만 하면 됩니다. 그러면 열매는 저절로 맺습니다. 가지가 해야 될 하나님의 일은 나무에 붙어 있기를 힘쓰는 일입니다.

예수님은 생명의 양식입니다. 나무의 물관과 체관을 통하여 신

선한 물과 풍부한 영양소가 공급되듯이 예수님 안에 거할 때 우리 영혼은 마르지 않고 윤택합니다. 성찬식의 신비가 이를 상징적으로 잘 보여줍니다. 가톨릭에서는 화체설을 믿습니다. 성찬식의 빵과 포도주가 실제 예수님의 몸과 피라는 교리입니다. 개신교에서는 단순한 기념일뿐이라는 기념설을 믿지만 화체설은 기독교 천 년 이상 지배했던 성만찬 교리입니다. 사람들은 빵을 먹으며 예수님의 몸을 먹는다 생각했습니다. 포도주를 마시며 실제 예수님의 보혈을 마신다고 생각했습니다. 생명의 양식에 대한 이보다 더 실감나는 재연은 없습니다.

"나는 생명의 떡이니 내게 오는 자는 결코 주리지 아니할 터이요 나를 믿는 자는 영원히 목마르지 아니하리라"(35) 예수님은 생명의 떡으로 오셨습니다. 이 떡을 먹어야 주리지 않습니다. 이 양식을 먹어야 목마르지 않습니다.

예수라는 이름은 한 인격과 종교의 한계를 뛰어넘는 이름입니다. 예수님은 모든 충만함 중의 충만함입니다. 그래서 예수님의 이름은 사랑이라 부를 수 있습니다. 사랑의 근원이고 사랑 자체이며 사랑을 주시는 분입니다. 예수님의 이름은 생명입니다. 생명의 근원이고 생명 자체이고 생명을 주시는 분입니다. 예수님의 이름은 진리입니다. 진리의 근원이고 진리 자체이고 진리에 눈뜨게 하시는 분입니다. 예수님은 기쁨입니다. 기쁨과 즐거움이 예수님에게로부터 나옵니다. 그래서 예수님은 생명의 양식입니다.

나는 생명의 떡이니

(6:35-50)

내가 곧 생명의 떡이니
내게 오는 자는 결코 주리지 아니할 터이요

에고 에이미

요한복음에서 예수님이 자신을 소개하는 일곱 개의 양식 중 첫 번째입니다. "나는 생명의 떡이다"(35, 48). 그 외에 나는 세상의 빛이다(8:12), 나는 양의 문이다(10:7), 나는 선한 목자다(10:11), 나는 부활이요 생명이다(11:25), 나는 길이요 진리요 생명이다(14:6), 나는 참 포도나무다(15:1)가 있습니다. 이 문장들은 공통적으로 헬라어 '에고 에이미' 형식을 취하는데 영어로는 'I am'입니다. 자기 정체성에 대한 선언입니다.

이를 달리 신적 언명이라고 말합니다. 구약에서 하나님이 이 '에고 에이미' 형식으로 자신을 나타냈기 때문입니다. 대표적으로 출애굽기에서 모세가 하나님을 만날 때입니다. 모세가 하나님의 이름을 묻자 하나님은 다음과 같이 자기 이름을 계시하셨습니다. "나는 스스로 있는 자이니라"(출애굽기 3:14). 이 이름의 해석이 쉽지 않은데 헬라어로는 '에고 에이미 호 온'입니다. 영어로는 'I am who I am'입니다. 신적 언명은 어떤 해석도 요구하지 않는 확고부동한 선언입니다. 예수님은 자기가 누구인지, 자기가 무슨 일을 하는지 분명히 알고 계셨습니다.

동양에서는 오십이라는 나이를 지천명知天命이라 합니다. 하늘의 뜻을 안다는 의미입니다. 이는 자기 정체성에 대한 물음입니다. 내가 누구인지, 지금 무슨 일을 하고 있는지, 무엇이 옳고 그른지에 대한 판단 능력을 말합니다. 나이를 불문하고 자기 정체성이 분명히 서지 않으면 인생이 혼란합니다. 현대 사회를 포스트모던 시대라 합니다. 그 한 증상이 주체의 실종입니다. '아이 엠'이라 자신 있게 말할 수 있는 이 '나'가 없습니다. 정신 분석가이자 철학자인 라깡의 말처럼 내가 생각하는 곳에 나는 없고, 내가 없는 곳에 나는 존재합니다, 여러분의 생각이 자기 것입니까? 아니면 다른 사람에게서 세뇌받은 것을 앵무새처럼 되풀이하는 것은 아닙니까? 타인의 시선에 비추어 자기를 결정하고 있는 것은 아닙니까? 자기가 무엇을 원하는지도 모르며, 또 자기가 원하는 삶을 살지 못하고 있는 것은 아닙니까?

슬라보예 지젝Slavoj Zizek이 인용해서 유명해진 동유럽의 한 유머가 있습니다. 어떤 정신병원에 스스로를 옥수수라 믿는 한 남자가 있었습니다. 오랜 치료와 상담 끝에 자신이 옥수수가 아님을 확신하게 되었기에 집에 돌아갈 수 있었습니다. 그런데 얼마 못 가서 이 사람이 혼비백산하여 병원으로 뛰어들었습니다.

무슨 일인지 의사가 묻자 닭들이 자꾸 자기를 쫓아온다고 하였습니다. 이 사람은 진짜 닭이 쫓아온다는 듯이 연신 뒤돌아보며 무서워했습니다. 의사는 "선생님은 이제 옥수수가 아니라 사람입니다."라며 부드럽게 달랬습니다. 그러자 이 환자가 이렇게 말했다고 합니다. "글쎄, 저야 알고 있지만, 닭들은 그것을 모르잖아요?"

여기서 문제는 자기 정체성입니다. 자기가 누구인지를 모르고 스스로를 옥수수라 여깁니다. 이에서 치유되었지만 이제는 주변 사람들이 보는 시선에서 자유롭지 못합니다. 결국 자기는 없습니다. 현대인들의 모습입니다. 현대인들은 광대한 바다에서, 빽빽한 밀림에서, 막막한 사막에서 길을 잃었습니다. 이런 점에서 예수님의 '에고 에이미' 즉 '아이 엠'은 우리의 주체성을 찾으라는 선언입니다. 예수 그리스도를 좌표 삼아 내가 누구이고, 내 인생이 어디를 향하여 가고 있는지 눈을 뜨라는 각성입니다.

예수님은 자기가 누구인지, 무슨 일을 하는지 분명합니다. 자기가 어디서 왔는지도 알고 있습니다. 하늘에서 왔습니다. 그런데 사람들은 예수님에 대해 더 잘 알고 있다는 듯이 말합니다. "요셉의 아들 예수가 아니냐 그 부모를 우리가 아는데 자기가 지금 어찌하여 하늘에서 내려왔다 하느냐"(42) 자기 자신에 대해서도 잘 알지 못하는 자들이 예수님의 정체성을 규정하려 합니다.

예수님은 자기가 행한 일이 하나님의 뜻임을 확신합니다. "내가 하늘에서 내려온 것은 내 뜻을 행하려 함이 아니요 나를 보내신 이의 뜻을 행하려 함이니라"(38) 이는 자기 일에 대한 확신입니다.

예수님은 일의 결과에 대한 확신도 있어 편안합니다. "아버지께서 내게 주시는 자는 다 내게로 올 것이요"(37) "아버지께서 이끌지 않으면 아무도 내게 올 수 없으니"(44) 하나님이 돕고 계십니다. 일이 실패하거나 결과가 좋지 않다면? 그것은 나의 실패가 아니라 하나님의 결정입니다. 성공하면? 그것은 하나님께서 그렇게 하셨기 때문입니다. 나는 어찌 되었든 나의 길을 갈 뿐입니다.

생명의 떡

본문 말씀에서 예수님은 "나는 생명의 떡이다"(35, 48)라고 두 번 연거푸 말씀합니다. 그러면 예수님은 진짜 빵입니까? 중세 가톨릭에서는 이것을 진짜 빵으로 해석했습니다. 그래서 화체설이라는 성만찬 교리가 생겼습니다. 루터가 이 화체설을 비판하며 "그러면 천국에는 쥐로 가득 차 있을 것이다."라고 조롱하였습니다. 성당에는 쥐가 많고 이 쥐들이 성찬용 빵을 가만 놔두었을 것 같습니까?

여기 빵이란 것은 상징이요 은유입니다. 빵을 먹듯이 예수님을 먹어야 산다는 것입니다. 예수님은 우리 영혼의 양식입니다. 이 말을 오해하여 적대자들이 초대 기독교인들을 집단으로 모여 인육 식사를 한다는 모함을 하기도 하였습니다. 신앙의 세계에서 은유 metaphor는 단순한 비유 이상입니다. 은유는 힘이 있습니다. '내 마음은 호수다.'라는 말은 은유입니다. 내 마음은 푸르다, 내 마음은 평화롭다, 내 마음은 열려 있다는 말을 비유하여 표현한 말입니다. 그러나 내 마음은 호수라고 하는 순간 우리 마음에는 광활한 세계가 활짝 열립니다. 그 연상은 우리 의식에 더 깊고도 풍부한 경험을 가져다줍니다. 이것이 은유가 가지는 힘입니다.

유대교 신비주의 연구가 숄렘Gershom Scholem이 전하는 한 신비 종파의 에피소드입니다. 그 창시자 '바알 셈 토브'는 힘든 문제가 있을 때 어느 숲속을 찾아가 그곳에서 불을 피우고 기도하였습니다. 그러면 문제가 해결되었습니다. 한 세대 후에 '메세리치의 마기드'가 그 뒤를 이었는데 그 또한 그 숲을 찾아가 기도했는데 이번에는 불피우는 법을 잊어버렸습니다. 그렇지만 기도는 응답이 되었습니다.

또 한 세대 후에 '사소프의 랍비 모세 라이브'가 뒤를 이었는데 그는 그 숲은 알았지만, 불 피우는 법도, 기도하는 법도 알지 못했습니다. 그랬지만 그의 기도는 이루어졌습니다. 또 한 세대 후에 '리신의 랍비 이스라엘'이 그 자리를 이었습니다. 그는 그 숲의 장소조차 알지 못했습니다. 그런데 랍비는 성안의 의자에 앉아서 이렇게 말했다고 합니다.

"우리는 불도 피울 줄 모릅니다. 기도도 드릴 줄 모릅니다. 그 숲속의 장소도 어디인지 모릅니다. 하지만 어떻게 그 일들이 일어났는지 말로 전할 수는 있습니다." 놀랍게도 그가 전한 이야기는 이상의 세 사람이 행한 것과 동일한 효과를 가져왔습니다.

이 이야기가 주는 교훈이 있습니다. 말이나 글은 문자가 아닙니다. 그 안에 불을 담고 있습니다. 성경은 문자가 아닙니다. 그 안에 영을 담고 있습니다. 은유는 비유가 아니라 우리를 상상할 수 없는 신비로 이끕니다. 예수님이 나는 생명의 떡이라고 할 때 우리는 문자가 아니라 문자 너머의 실체를 만납니다. 성령이 이를 가능하게 합니다. 빵이 예수의 은유라고 하였는데 실은 예수님 자체가 은유입니다.

예수는 생명의 은유입니다. 예수가 우리에게 부활 생명을 주시기 때문입니다. 예수는 빛의 은유입니다. 예수를 생각할 때 빛으로 가득하게 됩니다. 예수는 진리의 은유입니다. 예수는 하나님의 형상이고 실체이고 진짜이고 영원하기 때문입니다. 하나님을 어떻게 문자로 다 담을 수 있겠습니까? 문자에서 불을 끌어내는 것, 그것이 설교입니다. 불이 없는 설교는 죽은 설교입니다.

육의 양식은 은유이고, 육의 양식을 통해 영의 양식이 필요함을 깨달아야 하는 이 단계를 넘지 못해 유대인들과 오해가 빚어지고 있습니다. 자신들의 배고픔이 영의 탄식임을 알지 못하고 탐욕으로 채우려 하지만 계속 허기질 뿐입니다. 인간 예수는 은유이고 그 너머에 있는 천상의 그리스도를 보아야 하는데 이 한계를 돌파하지 못합니다. 자신들은 요셉의 아들 예수를 잘 안다고 생각하는데 그들이 본 것은 빈껍데기입니다.

육적 생명과 죽음은 은유이고 이를 통해 자신들이 영적으로 죽어 있음과 부활 생명과 영원한 생명이 필요함을 깨달아야 하는데 다람쥐 쳇바퀴 돌듯이 땅의 논리에서 벗어나지 못합니다. 문자에서 하나님 말씀을 보는 자는 세상의 떡이 아니라 생명의 떡을 먹습니다. 예수라는 은유를 먹는 자는 진리의 빛과 생명의 생수를 맛볼 것입니다.

내 살을 먹고 내 피를 마시라

(6:51-58)

인자의 살을 먹지 아니하고 인자의 피를
마시지 아니하면 너희 속에 생명이 없느니라

내 살을 먹고

먹는다는 것은 매우 심각한 행위입니다. 살아 있는 것이 죽어
내 몸속으로 들어오기 때문입니다. 인간은 다른 생물의 희생으로
살고 있습니다. 쌀이 죽어 우리의 밥이 됩니다. 동물이 죽어 우리의
먹이가 됩니다. 그렇게 우리 몸에 들어온 밥과 고기는 우리 몸의 에
너지가 되고, 우리 몸의 일부를 이룹니다. 그런 점에서 십자가의 희
생과 구원은 기독교의 근본 교리일 뿐만 아니라 생명의 근본 원리
이기도 합니다. 예수님의 희생의 죽음을 먹고 인간은 구원을 받고
생명을 얻습니다.

자연의 원리는 희생입니다. 누군가가 죽어 내가 삽니다. 그러
니 감사의 마음을 가져야 합니다. 그러니 남용하지 말고 적절한 선
에서 절제해야 합니다. 인간의 사회적 삶 또한 누군가의 희생을 바

탕으로 돌아갑니다. 자녀는 부모의 희생으로 자랍니다. 젊은 세대는 기성세대의 희생을 발판으로 성장합니다. 나의 이익은 누군가 손해를 보았기에 가능했습니다. 위대한 인물 또한 주변 사람들의 희생으로 탄생합니다. 그 괴팍함과 무모함을 받아주는 누군가가 있었기에 클 수 있습니다. 그런 점에서 예수님이 내 살을 먹고, 내 피를 마시라는 말씀은 좀 끔찍해 보여도 영적 진리입니다. 양들은 선한 목자의 희생으로 생명을 유지합니다.

갈릴리 호수는 사시사철 맑고 푸르고 아름답습니다. 반면에 그 아래 있는 사해는 죽은 바다로 어떤 생물도 살지 못합니다. 사람들은 이 두 바다의 모습에서 나름 감동적인 교훈을 이끌어냅니다. '사해가 죽은 바다가 된 이유는 물을 받기만 하고 내보내지 않았기 때문이다. 반면에 갈릴리 호수가 푸르고 아름다운 것은 물을 받은 만큼 내보냈기 때문이다. 이처럼 사랑이나 은혜를 받기만 하고 베풀 줄 모르면 사해처럼 죽어버리고, 받은 만큼 베풀면 갈릴리 호수처럼 늘 맑고 풍요로움을 유지할 수 있다.'

그런데 과연 그럴까요? 갈릴리 바다와 사해는 요단강으로 연결되어 있습니다. 갈릴리에서 흘러내린 물이 요단강을 통해 사해로 흘러갑니다. 그런데 그 갈릴리 호수 수면 높이가 해저 212m입니다. 일반 해수면보다 매우 낮습니다. 이 정도의 깊이면 어디로 물을 흘려보낼 수도 없습니다. 그런데도 갈릴리 호수가 깨끗한 이유는 사해가 그 물을 다 받아주기 때문입니다. 사해 수면은 갈릴리 호수보다 더 낮은 해저 394m입니다. 만약 사해가 없었더라면 갈릴리 호수가 죽음의 바다가 되었을 것입니다. 우리는 누군가의 희생으로 살고 있습니다.

하나님은 바다와 같은 분입니다. 대륙으로부터 모든 더럽고 오염으로 가득한 강물들이 바다로 흘러들어옵니다. 바다는 말없이 다 '받아' 줍니다. 그래서 바다라는 이름을 얻게 되었는지 모르겠습니다. 그 덕분에 강이 살고 땅이 삽니다. 하나님은 인간의 오폐수를 다 받아주시는 분입니다. 세상에서 가장 낮은 곳은 골고다의 십자가입니다. 가장 낮은 곳에서 수고하고 무거운 모든 짐을 예수님께서 받아주십니다. 하나님의 희생이 우주를 살립니다.

참된 양식

예수님은 본문 말씀에서 생명의 양식으로 자기를 먹을 것을 권합니다. "인자의 살을 먹지 아니하고 인자의 피를 마시지 아니하면"(53) "내 살을 먹고 내 피를 마시는 자는"(54) "내 살을 먹고 내 피를 마시는 자는"(56) 먹어야 하는 생명의 양식이 있고, 먹어서는 안 되는 죽음의 양식이 있습니다. 세상의 이념을 먹고, 탐욕을 먹고, 허영을 먹고, 미움과 분노를 먹어서는 안 됩니다. 이것들은 내 영혼을 병들게 합니다. 사랑의 양식을, 희망의 양식을, 믿음과 진실의 양식을 먹어야 합니다. 그것은 곧 하나님을 먹는 것입니다. 예수님이 참된 영혼의 양식입니다. "내 살은 참된 양식이요 내 피는 참된 음료로다"(55)

예전부터 신들이 먹는 음식에 대한 신화들이 많았습니다. 신들은 이 신성한 음식을 먹기에 죽지 않는다고 하였습니다. 그리스 로마 신화에서는 신들이 마시는 음료를 넥타르라 불렀고, 그 음식은 암브로시아라 하였습니다. 그리스 신화에 보면 제우스의 아들로 태어났던 인간 탄탈로스에게는 이 신들의 음식을 먹는 특권이 허락되었습니다. 그런데 탄탈로스가 주제넘게 신들의 음식을 훔쳐 인간에게 주고 가증한 음식으로 신을 기만합니다. 이에 대한 형벌로 탄탈로스는 지옥에 떨어졌는데 물이 가슴까지 찬 곳에서 벌을 받습니다. 목이 말라 고개를 숙여 물을 마시려 하면 그 물이 순식간에 달아나버립니다. 과실나무를 손을 뻗어 잡으려 하면 과실이 달아나버립니다. 음식이 가까이 있음에도 불구하고 늘 목마르고 굶주려야 하는 형벌입니다. 여기서 나온 영어가 '탄탈라이즈'tantalize인데 '감질나게 하다.'는 뜻입니다. 금단의 열매를 함부로 먹고 취급한 대가입니다.

예수님은 신들에게만 허락되었던 암브로시아가 바로 내 살이요, 마셔야 할 넥타르가 내 피라 말씀합니다. 생명을 양식에 비유하는 것은 이미 창세기에서 나타났습니다. 죄를 짓기 전 아담과 하와는 영원히 살 수 있었습니다. 그것을 가능하게 했던 것은 생명나무 열매였습니다. 생명나무는 에덴동산 한가운데 선악과와 함께 있었습니다. 원죄를 저지른 인간을 에덴동산에서 추방하면서 하나님이 내렸던 중요한 조치 중 하나는 생명나무에 이르는 길을 차단한 것입니다. "여호와 하나님이 이르시되 보라 이 사람이 선악을 아는 일에 우리 중 하나 같이 되었으니 그가 그의 손을 들어 생명나무 열매도 따먹고 영생할까 하노라"(창세기 3:22) 생명나무 길은 '불칼'라하트 하헤렙로 지키고 있습니다.(창세기 3:24)

장차 올 천국을 특징짓는 것 또한 이 생명나무입니다. "강 좌우에 생명나무가 있어 열두 가지 열매를 맺고"(요한계시록 22:2) 예수님의 말씀은 바로 자신이 생명나무이고, 자신의 살과 피를 먹는 것은 그 열매를 먹는 것과 같다는 말씀입니다. "내 살을 먹고 내 피를 마시는 자는 영생을 가졌고 마지막 날에 내가 그를 다시 살리리니"(54) 그리스도 안에서 일어나는 놀라운 일은 바로 이 신의 음식이 우리 눈앞에 있다는 것입니다. 성만찬이 바로 그것입니다.

초대교회에서 성만찬을 대하는 태도는 실로 엄청났습니다. 초대교부 이그나티우스(Ignatius of Antioch)는 성만찬을 가리켜 "불사의 약이자 죽음을 막는 해독제"(에베소 편지 20:2)라 불렀습니다. 이것이 중세의 화체설로 발전했습니다. 초대교회 성도들은 성만찬의 빵을 집에 가져다 매일 조금씩 떼어먹을 정도였습니다. 성만찬 예식은 3-4년의 오랜 세례문답 과정을 거쳐 세례를 받은 성도들만 참여할 수 있는 매우 은밀한 의식이었습니다. 예수님의 살과 피를 먹고 마심으로 예수님과 하나되고 생명의 은혜를 나누었습니다.

내 피를 마시며

유대인들은 이 말씀이 이해가 되지 않았습니다. "유대인들이 서로 다투어 이르되 이 사람이 어찌 능히 자기 살을 우리에게 주어 먹게 하겠느냐"(52) 또한 나의 피를 마시라는 말씀은 유대인들에게는 혐오스러운 말입니다. 유대인들은 피를 부정한 것으로 보았고, 피째 먹는 것을 엄격히 금기시하였습니다. 현재도 경건한 유태인들은 '코셔'라고 하여 동물의 몸에서 피를 완전히 뺀 고기만 먹습니다. 피를 빼기 위해 소금으로 고기를 문지르고 세 번 물로 담그기까지 합니다.

이런 문화적 배경을 고려할 때 여기서 말하는 피는 진짜 피가 아닌 예수님의 희생의 죽음을 의미합니다. 곧 살과 피는 예수님을 상징합니다. "내 살을 먹고 내 피를 마시는 자는 내 안에 거하고 나도 그의 안에 거하나니"(56) 예수님이 어떻게 내 안에 거하고 우리가 어떻게 예수님 안에 거할 수 있습니까? 이는 물질적인 먹는 것으로는 불가능합니다. 살과 피를 먹는다는 것은 예수님을 믿는다는 것이고 사랑한다는 것입니다. 예수님을 말씀의 형태로 먹고 말씀의 형태로 예수님은 우리 안에 거하십니다. "내가 너희에게 이른 말은 영이요 생명이라"(63)

요한복음이 다른 복음서와 다른 점은 성만찬 제정 본문이 없다는 점입니다. 마태 마가 누가복음 모두 예수님이 십자가에 달리기 전날 밤에 유월절 식사를 통하여 성만찬을 행하는 장면을 전합니다. 그런데 요한복음에는 이런 성만찬 의식이 없습니다. 유월절 만찬 석상에서 예수님은 세족식을 행할 뿐이지 최후의 만찬을 언급하지 않습니다. 이로 보건대 요한이 의도하는 바가 있습니다. 먹는 빵이나 포도주는 단지 상징일 뿐이라는 것입니다. 예수의 살과 피는 영적인 연합을 상징하는 은유입니다. 요한은 성만찬이 형식으로 전락하지 않고 진정성을 회복하길 원합니다. 빵을 먹을 게 아니라 실제 예수를 먹어야 합니다.

사실 예수님을 사랑하라, 예수님과 연합하라는 말은 좀 밋밋합니다. 내 살과 피를 먹고 마시라는 이 연합은 얼마나 생생하고 얼마나 강력합니까? 깨달음이라는 표현도 약합니다. 예수의 살을 먹어 내 살이 되고, 예수의 피를 마심으로 내 피가 되는 혼연일체의 하나 됨만큼 생생한 비유도 없습니다. 결국은 나의 모든 것이 그리스도의 것이 되는, "나는 없습니다. 그리스도만 있습니다."라는 단계에까지 이르는 온전한 하나 됨입니다.

영생의 말씀이 있사오니

(6:59-71)

살리는 것은 영이니 육은 무익하나라
내가 너희에게 이른 말이 영이요 생명이라

하나님의 말씀

요한복음만큼 예수님의 말씀이 많은 곳도 없습니다. 성경 중에
예수님의 말씀만 빨간색으로 칠한 성경책이 있습니다. 다른 복음서
에서는 빨간색이 드문드문 나오지만 요한복음에 들어서면 온통 빨
간색입니다. 요한복음 13장부터 17장까지는 예수님의 긴 설교 말
씀입니다. 그래서 요한은 처음 시작하면서 예수님의 이름을 '말씀'
이라 불렀습니다. "태초에 말씀이 계시니라"(1:1) 우리는 말을 통해
서 그 존재에 대해서 압니다. 보이지 않는 존재는 말이 그 존재의
전부입니다.

하나님은 보이지 않습니다. 보이지 않는 하나님이 말씀하실 때
인간은 비로소 하나님에 대해서 알게 됩니다. 그래서 예수님의 이
름이 '말씀'입니다. 우리는 예수님을 말씀을 통하여 압니다. 성경

이라는 말씀입니다. 예수님은 2천 년 전에 팔레스타인 땅에 사셨고 이제는 볼 수 없습니다. 그러나 우리는 성경을 통해서 예수님을 봅니다.

성경은 예수 그리스도를 증언한 책입니다. 성경의 목적과 중심은 예수 그리스도입니다. 구약 성경은 유대인들의 책입니다. 그런데도 기독교의 경전이 된 이유는 그것이 예수 그리스도를 증언하고 있다고 믿었기 때문입니다. "이스라엘아 들으라쉐마 우리 하나님 여호와는 오직 유일한 여호와이시니"신명기 6:4라고 고백하던 쉐마신앙의 여호와 하나님이 바로 예수 그리스도이고, 그 아버지 하나님의 아들이 예수 그리스도입니다. 구약을 읽는다는 것은 그리스도라는 색안경을 끼고 읽는 것입니다. 레위기의 제사 제도들을 읽으면서 우리는 예수님의 희생을 생각합니다. 시편의 탄식들에서 우리는 그리스도의 탄식을 읽으며, 예수 그리스도의 이름으로 간구합니다. 십계명은 예수님이 주신 사랑의 명령으로 알고 기쁘게 순종합니다.

성경은 문자에 지나지 않습니다. 이 문자는 선포라는 행위를 통해서 살아납니다. 그래서 설교는 곧 하나님의 말씀입니다. 종교 개혁자들은 중세의 기독교 전통과 의식들을 다 버리고 단 두 가지만 살렸습니다. 설교와 성만찬입니다. "하나님의 말씀의 선포설교는 곧 하나님의 말씀이다." 말씀이신 예수 그리스도가 설교자의 말이라는 형태를 통하여 살아납니다.

그러므로 설교의 중심은 예수 그리스도입니다. 설교는 우리에게 어떤 정신적 교훈을 주는 것이 아닙니다. 정치적 이념을 선포하는 곳도 아닙니다. 윤리적 각성의 시간도 아닙니다. 웃고 떠드는 만담도 아닙니다. 간증 집회나 단순한 QT식 묵상의 시간도 아닙니다. 그 중심에 그리스도에 대한 찬양이 있고, 그리스도로 말미암은 위로가 있고, 그리스도의 준엄한 명령이 있고, 결론을 그리스도로 마치는 것, 이것이 설교입니다.

영생의 말씀

성서라는 문자, 설교라는 인간의 말이 하나님의 말씀이 되는 기적은 바로 성령이 있기에 가능합니다. "내가 너희에게 이른 말은 영이요 생명이라"(63) 예수 그리스도의 말씀이 성령을 부릅니다. 성령이 과거의 말씀을, 문자에 갇힌 말씀을 살아있는 말씀으로 만듭니다. 성령께서 어제나 오늘이나 영원토록 동일하게 예수 그리스도를 증언합니다. 성령은 해석학이 제기한 지평선의 한계를 뛰어넘게 하는 영입니다. 고대의 문자가 현대인의 귀에 들리고, 중근동의 언어를 세계 곳곳으로 정확하게 전달합니다.

성만찬 예식을 할 때 드리는 중요한 기도가 있습니다. 바로 성령 임재의 기도입니다. 성령을 통해서 떡이 그리스도의 몸이 되는 기적이 일어나기 때문입니다. "하나님 아버지! 주님은 거룩하시며 주의 영광은 측량할 길이 없나이다. 주께서 일찍부터 세상 가운데 보내셨던 성령을 지금 또다시 이 거룩한 예전에 보내 주시어 이 식탁을 성별하게 하시옵소서. 이 떡과 이 잔이 우리를 위한 그리스도의 보배로운 몸과 피가 되게 하시고, 저희의 영원한 생명의 양식이 되게 하옵소서. 예수 그리스도의 이름으로 기도합니다." WCC의

〈리마 예식서〉를 따른 성령 임재의 기도입니다.

　　예수님의 말씀은 또한 우리에게 생명을 가져다주기에 생명의 말씀이요, 영생의 말씀입니다. 말씀이 우리 육신을 살리고 우리 영을 살립니다. 이는 구약의 '토라'를 대할 때 유대인들의 태도와 같은 선상에 있습니다. 신명기 8장 1절입니다. "내가 오늘 명하는 모든 명령을 너희는 지켜 행하라 그리하면 너희가 살고 번성하고" 신명기 30장 19절입니다. "네 하나님 여호와를 사랑하고 그의 말씀을 청종하며 또 그를 의지하라 그는 네 생명이시요 네 장수이시니" 하나님 말씀인 토라는 직접적으로 인간의 번성과 장수와 관련되어 있습니다. 여기서 생명이라 할 때는 육신적 생명을 말합니다. 말씀을 잘 지키면 복 받고, 번성하고, 건강하고, 장수한다는 뜻입니다.

　　이처럼 우리 육신의 생명을 살리고 영혼을 살리는 것은 예수 그리스도라는 말씀입니다. 예수님은 "내가 온 것은 양으로 생명을 얻게 하고 더 풍성히 얻게 하려는 것이라"(10:10)라고 말씀하십니다. 생명은 육체적 생명과 영적 생명 둘 다를 말합니다. 육체적 생명은 치유와 회복으로 나타납니다. 삶에서 맺는 풍성한 열매와 윤택함도 이에 해당합니다. 궁극적으로는 마지막 날 부활의 몸을 입어 죽지 않고 사는 영생의 삶을 말합니다. 그래서 영생의 말씀입니다. 불교에서는 윤회의 사슬을 끊고 영원한 열반의 세계에 들어가는 것을 목표로 하는데, 바로 그리스도 안에 이 영원한 생명이 있다는 것이 요한복음의 증언입니다.

너희도 가려느냐

이 영생의 말씀 앞에 제자들은 여러 모습으로 갈립니다. 첫째는 육신과 세상을 더 중요하게 생각하는 부류입니다. 이들은 빵을 더 먹으려고 또 자신들의 혁명적 이상과 맞아서 예수님을 찾았습니다. 그러나 "살리는 것은 영이니 육은 무익하다"(63)는 말씀에 뒤돌아서고 맙니다.

또 다른 부류는 도무지 이해가 되지 않아서 돌아섭니다. "이 말씀은 어렵도다 누가 들을 수 있느냐"(60) 육신을 넘어서는 예수님의 말씀을 이해할 수 없습니다. 자신의 살을 먹으라는 말씀도 이해가 가지 않습니다. 어떤 이상이나 구호를 제시하면 분명할 것인데 막무가내로 자신만 믿으라고 합니다. 영원히 산다는 말도 이해가 가지 않고, 생명이 믿는 자들 안에 현재적으로 주어진다는 것도 이해가 가지 않습니다. 많은 제자가 이 때문에 떠났습니다.

더구나 예수님의 눈은 일반 범인의 눈과는 다릅니다. 사람들이 보지 못하는 것을 보고 있습니다. 예수님은 처음부터 자신을 팔 자가 누구인지 알고 있습니다. 유다를 가리켜 "너희 중의 한 사람은 마귀니라"(70)라고 지목합니다. 평범한 우리의 형제이고, 아직 예수를 팔기도 전인데 예수님은 그를 마귀라고 합니다. 그 중심에서 싹트고 있는 것을 보았던 것입니다. 이처럼 마귀는 우리 주변에서 평범한 모습을 하고 있습니다. 선각자는 그의 작은 행동에서도 그 본질을 꿰뚫어 봅니다.

반면에 끝까지 예수를 따르는 제자들이 있습니다. 예수님이

"너희도 가려느냐"(67)는 말씀에 열두 제자를 대표하는 시몬 베드로가 "주여 영생의 말씀이 주께 있사오니 우리가 누구에게로 가오리이까"(68) 하고 대답합니다. 요한복음에는 가이사랴 빌립보에서 베드로가 행했던 "주는 그리스도시다."라는 신앙고백이 없습니다. 저 대답으로 대신하는데 그 의미가 더 깊습니다. 그리스도는 영생의 말씀, 곧 우리에게 영원한 생명을 주시는 '말씀'입니다.

예수님은 말씀으로 존재합니다. 말씀은 붙잡을 수도 없고 또 어떤 보이는 구체적 이상도 아닙니다. 구약 이스라엘의 신앙은 '보는 종교'가 아니라 '듣는 종교'였습니다. 유대인들은 보이는 우상을 섬기지 않았습니다. 그래서 엉뚱하게도 헬라인들은 이들을 포함한 기독교인들을 무신론으로 정죄했습니다. 그들에게는 형상이 없는 신은 신이 아니었기 때문입니다. 유대인들에게는 말씀인 토라가 하나님을 대신했습니다. 보이는 성전이 사라졌을 때 그들은 안식일이라는 시간 속에서 말씀으로 존재하는 하나님을 만났습니다.

말씀은 시간과 공간을 초월합니다. 현대인들도 2천 년 전 팔레스타인 땅을 거닐던 예수를 만날 수 있습니다. 영생의 말씀을 통해서입니다. 말씀은 가까이 있습니다. "오직 그 말씀이 네게 매우 가까워서 네 입에 있으며 네 마음에 있은즉 네가 이를 행할 수 있느니라"(신명기 30:14, 로마서 10:8) 말씀은 성경 속에 있습니다. 말씀은 강단에서 선포하는 설교자의 입술에 있습니다. 말씀은 깨닫는 자의 마음 속에 있습니다. 말씀은 그의 계명을 좇아 서로 사랑하고 순종하는 그 가운데 있습니다.

7-9장
진리와 자유

하나님의 때

(7:1-13)

내 때는 아직 이르지 아니하였거니와
너희 때는 늘 준비되어 있느니라

카이로스

헬라어에서는 시간이 두 종류로 구분됩니다. 크로노스와 카이
로스입니다. 크로노스는 양적인 시간으로 시계나 달력으로 측정되
는 시간입니다. 크로노스는 신의 이름이기도 한데 제우스를 비롯한
올림포스 신들을 낳은 아버지였습니다. 낳는 족족 자녀를 먹어 치
웠던 신이었습니다. 이는 시간이 인간뿐만 아니라 신들의 생명을
위협하는 무서운 괴물임을 보여줍니다.

이와 달리 카이로스는 질적인 시간을 말합니다. 곡식이 익을
때가 되었다는 식으로 변화의 시점이나 목표하던 어떤 것을 이루는
때를 말합니다. 카이로스 또한 신의 이름입니다. 이 신은 기회의 신
으로 불리는데 그 형상이 매우 특이합니다. 앞머리는 머리숱이 무
성하고 뒷머리는 털 하나 없는 민머리입니다. 앞머리가 무성하여

잘 알아볼 수 없지만 털이 있기에 붙잡을 수는 있습니다. 반면에 기회가 일단 지나고 나면 뒤쪽에 잡을 털이 없어 붙잡을 수 없습니다. 어깨와 양발 뒤꿈치에는 날개가 달려 있어 이 기회를 잡지 않으면 순식간에 달아납니다. 카이로스 신의 양손에는 저울과 칼이 들려있는데 정확하게 판단하고 단호하게 결정하라는 의미입니다. 카이로스는 기회의 신입니다. 기회를 잘 잡으면 인생의 결정적 변화가 일어납니다.

예수님은 "내 때는 아직 이르지 아니하였거니와"(6), "내 때가 아직 차지 못하였으니"(8) 하며 이 카이로스 시간 개념을 사용합니다. 카이로스 시간은 내적으로 쌓이기에 보이지 않다가 별안간 임하는 그런 시간입니다. 그릇에 물이 차서 넘치는 바로 그 임계점입니다. 예수님뿐만 아니라 우리 모든 인생들에게는 이와 같은 카이로스의 시간들이 있습니다. 마치 뱀이 허물을 벗듯이 카이로스적 시간이 반복되며 우리는 성장하고 변화합니다.

그런데 문제는 이 카이로스 시간이 언제 임하는지 잘 모른다는 데 있습니다. 주님의 형제들은 예수님이 예루살렘으로 올라가서 자신을 드러내라고 권합니다. 유대의 명절인 이 초막절에 뭔가 일을 내라는 유혹입니다. 이에 반해 예수님은 아직 내 때가 아니라고 말씀합니다. 예수님이 생각하는 때는 영광이 아닌 고난의 때입니다. 이는 십자가를 목전에 둔 17장의 예수님의 기도에서 잘 나타납니다. "아버지여 때가 이르렀사오니 아들을 영화롭게 하사 아버지를 영화롭게 하옵소서"(17:1)

사람들은 십자가와 고난을 피해야 할 것이라 생각하지 카이로스가 이때임을 생각하지 않습니다. 기회라 할 때 사람들은 흔히 상승, 또는 영광을 기대합니다. 본문 말씀에서도 '올라간다'는 단어가 여러 번 반복됩니다. "그 형제들이 명절에 올라간 후에 자기도 올라가시되"(10) 예루살렘은 실제 높은 곳에 있고, 성도이고, 수도이고, 권력과 욕망의 도시입니다. 그러나 예수님이 오르시고자 하는 곳은 골고다 언덕의 죽음의 길이요, 이것이 통로가 되어 하늘에 계신 아버지께로 올라가는 진정한 영광의 길입니다.

우리 인생의 카이로스 또한 그렇게 다가옵니다. 많은 경우 카이로스는 고난과 추방의 모습으로, 또는 자신이 선택할 수 없는 형태로 임합니다. 요셉이 형들에게 미움을 받고 애굽의 노예로 쫓겨날 때가 그의 카이로스였습니다. 이를 계기로 팔레스타인의 일개 부족을 벗어나 대제국 애굽의 총리가 되었습니다. 트로이 전쟁에서 패한 후 고대 로마의 시조가 된 아이네이아스Aeneas는 지중해를 방랑하다 이탈리아에 상륙하고 거기서 라티움 왕국을 세웠습니다. 트로이가 헬라 연합군에게 망하던 그때가 바로 로마제국의 카이로스였습니다.

바울이 예루살렘 주류에서 밀려났던 때가 복음의 카이로스였습니다. 안디옥에서 베드로와 바나바 일파와의 싸움에서 밀려나 그는 그리스 지역으로 넘어갈 수밖에 없었습니다. 사도행전에서는 단순히 바나바와 헤어졌다, 성령이 막았다고 서술하는데 실상 싸움의 본질을 감추고 있습니다. 그렇게 그는 밀려서 유럽으로 넘어가야 했습니다. 그런데 그것이 바울을 더 넓은 이방 세계의 선교자가 되도록 만들었습니다. 복음의 정수를 담고 있는 칭의론稱義論도 그가 유대주의적인 주류세력과 싸우면서 형성되었습니다. 안디옥에서 쫓겨나던 그때가 바울의 카이로스였습니다.

영국과 유럽 등지에서 박해를 받던 청교도들이 대서양을 건너서 아메리카로 떠밀려왔던 그때가 미국의 카이로스였습니다. 대서양 항해 과정에서, 또 아메리카에 도착해서는 기근과 질병과 추위로 절반이 죽었습니다. 그때를 기점으로 미국이 탄생하였습니다. 이로 보건대 카이로스는 지나고 난 다음에야 알게 된다는 난점이 있습니다. 카이로스를 인식하는 길은 결국 믿음과 사랑입니다. 주어진 운명에 신의 뜻이 있음을 믿는 것이고, 그 운명을 사랑으로 기꺼이 받아들이는 자에게 카이로스가 열립니다.

내 때는 아직 아니다

카이로스를 맞기 위해서는 미리 준비하고 신중하게 기다려야 합니다. 그리고 그때라 생각되면 과감히 결단해야 합니다. 우물쭈물 망설이면 안됩니다. 주의 형제들은 사람들이 많이 모이는 초막절이 카이로스라 판단하였습니다. 그러나 예수님은 아직 때가 아니라 말씀합니다. 사람들이 많이 모이기 때문에 더 위험합니다. 예수님은 매우 신중합니다. "자기도 올라가시되 나타내지 않고 은밀히 가시니라"(10)

요한복음에서 이 여행은 세 번째 예루살렘 여행입니다. 이 예루살렘행이 예수님의 마지막 여행이 되었습니다. 예수님은 초막절부터 유월절까지 쭉 예루살렘 중심으로 활동하셨습니다. 생각보다 오래 예루살렘에 머무셨습니다. 그래도 안전했던 이유는 예수님이 조심스럽게 활동했기 때문입니다.

인간들의 문제는 자신들의 때를 모른다는 점입니다. 전도서의 유명한 말씀입니다. "범사에 기한이 있고 천하만사가 다 때가 있나니 날 때가 있고 죽을 때가 있으며 심을 때가 있고 심은 것을 뽑을 때가 있으며 죽일 때가 있고 치료할 때가 있으며 헐 때가 있고 세울 때가 있으며 울 때가 있고 웃을 때가 있으며... 찾을 때가 있고 잃을 때가 있으며 지킬 때가 있고 버릴 때가 있으며 찢을 때가 있고 꿰맬 때가 있으며 잠잠할 때가 있고 말할 때가 있으며... 하나님이 모든 것을 지으시되 때를 따라 아름답게 하셨다"(전도서 3:1-10) 모든 것이 때가 있음을 우리는 압니다. 그런데 문제는 결론처럼 이어지는 11절의 전도자의 탄식입니다. "그러나 하나님이 하시는 일의 시종을 사람으로 측량할 수 없게 하셨도다" 때가 있는 것은 알겠는데 그때가 언제인지 모른다면 아무 소용이 없습니다.

예수님은 하나님이시기에 자기 때를 잘 아는 것은 당연할 것입니다. 예수님의 문제는 때를 몰라서가 아니라 그때까지 예수님의 욕망을 참으셔야 한다는 데 있습니다. 분노하고, 자신의 능력을 마구 보일 수 있었지만 이를 참아야 했습니다. 예수님이 카이로스를 잡은 비결은 겸손과 인내와 순종에 있었습니다.

이는 물의 흐름과 같습니다. 노자의 도덕경에서 물의 흐름을 '동선시'動善時라 표현하였습니다. '움직이게 되면 때를 잘 맞춘다.'라는 뜻입니다. 어떻게 그렇습니까? 다투지 않기 때문입니다. 양보하고 다 채우고 가기 때문입니다. 『요한복음 산책』에서 이현주 목사는 이를 이렇게 설명합니다. "성인은 때에 맞추어 움직이되 때를 놓치지도 앞지르지도 않는다. 그것은 티끌만큼도 사심을 품지 않기 때문이다." 우리의 욕심 때문에, 우리의 두려움 때문에, 우리의 믿음 없음 때문에 눈앞에 온 카이로스를 놓칩니다.

은밀히 가시니라

카이로스는 우연히 다가오지만 우리의 믿음과 열정이 이를 필연으로 만들 수 있습니다. 김연자 씨의 '아모르 파티'란 노래가 있습니다. "인생은 지금이야 아모르 파티 아모르 파티... 나이는 숫자, 마음이 진짜... 연애는 필수, 결혼은 선택 가슴이 뛰는 대로 가면 돼..." 온 국민의 떼창곡입니다. 그런데 여기 '파티'는 잔치라는 의미가 아닙니다. 아모르 파티Amor Fati는 라틴어로 '운명에 대한 사랑'을 뜻합니다. 운명을 사랑하는 자가 우연을 필연으로 만듭니다.

예수님은 내 때가 아니야 하면서 갈릴리에 머물러 계시지 않았습니다. 위험이 있었지만 예루살렘으로 가셨습니다. 다만 은밀히 가시니라는 표현처럼 겸손하게 행했을 뿐입니다. 카이로스 신화처럼 기회라는 것은 무성한 머리털 때문에 잘 볼 수 없는 것은 맞습니다. 그러나 날개 달린 발처럼 순식간에 사라져버리는 것은 아닙니다. 그런 카이로스는 요행수요, 도박에 불과합니다. 오히려 위험할 수 있습니다. 어쩔 수 없는 것이며 잡지 못했다고 해서 내 책임도 아닙니다.

필요한 것은 민첩함이 아니라 겸손과 용기입니다. 겸손은 준비하고 기다리는 것을 말합니다. 용기는 이미 손에 쥐고 있는 것을 버릴 줄 아는 과감함입니다. 겸손함과 용기만 있다면 우리는 하나님이 주신 카이로스를 놓치지 않습니다. 때가 맞지 않으면 아무리 노력해도 소용이 없습니다. 때를 모른다 할지라도 믿음과 소망과 사랑의 길을 가는 사람은 그때를 결코 놓치지 않습니다.

그 가르침에 놀라니

(7:14-24)

**내 교훈은 내 것이 아니요
나를 보내신 이의 것이라**

배우지 아니하였거늘

예수님이 예루살렘 성전에서 가르치셨는데 사람들이 그 가르침에 놀랐습니다. 그런데 그 반응이 이상합니다. "이 사람은 배우지 아니하였거늘 어떻게 글을 아느냐"(15) 권위적인 사회에서 보이는 전형적인 태도입니다. 정식 학교 출신이 아니라며 깎아내리려는 의도입니다. 유명한 랍비 밑에서 수학하고, 그들의 이론으로 율법을 해석하는 것이 그들이 인정하던 방식이었습니다. 그런데 근본도 불투명한 예수님이 소위 배운 바리새인들을 꼼짝 못 하게 만드니 당황했던 것입니다.

가방끈에 대한 이런 편견은 현대 사회도 심합니다. 정규과정을 거치지 않거나 소위 명문대학을 나오지 않은 사람을 은근히 깔보는 경향이 있습니다. 한편 좋은 대학을 나오면 그 인격마저 훌륭하고 다른 모든 면에서 탁월할 것이라 착각하기도 합니다. 정규과정이나 대학이 그 사람의 모든 것을 대변하지 않습니다. 종교개혁자 칼빈은 정식 수도원이나 신학교를 나오지 않았음에도 불구하고 탁월한 『기독교강요』를 썼습니다. 칼 바르트는 대학에서 박사 과정을 밟지 않았음에도 20세기 교부라 불릴 정도로 탁월했습니다.

유교사상은 학문이나 출신을 중시하는 경향이 있지만 노장사상은 그보다는 일상생활에서의 깨달음을 더 중요하게 생각합니다. 자연의 세계나 삶 속에서 도의 경지에 이를 수 있습니다. 『장자』에 나온 포정이라는 백정의 이야기입니다. 어느 날 문혜군이 포정이 소를 잡는 모습을 보며 경탄을 금하지 못했습니다. 그 모습이 마치 춤을 추는 듯했습니다. 소를 해체하는데 힘들이지 않으면서도 빠르고 정확했습니다. "참으로 훌륭하다 어떻게 이런 경지에 들어설 수 있단 말인가?"

그러자 포정이 이렇게 대답했습니다. "저는 소를 마음으로 잡습니다. 제 칼은 19년 동안 사용하면서 수천 마리의 소를 잡았지만 칼날의 날카로움이 방금 숫돌에 간 것 같습니다. 저 뼈는 틈이 넓고, 이 칼은 두께가 없습니다. 두께가 없는 것을 넓고 넓은 틈에 넣으니 아무리 칼날을 휘둘러도 날을 상하지 않습니다." 백정이 도인이 되었습니다. 진리는 학교뿐 아니라 삶과 자연의 질서 가운데서도 배울 수 있습니다.

하나님을 알아가는 과정도 마찬가지입니다. 명문 신학교나 위대한 스승의 문하에서만 배움이 일어나는 것은 아닙니다. 하나님을 사모하는 열정만 있다면 어느 곳에서든 하나님을 만날 수 있습니다. 17세기에 '부엌의 성자'라 불렸던 로렌스 형제Brother Lawrence가 있습니다. 그가 부엌의 성자로 불리게 된 까닭은 40년 동안 수도원 부엌에서만 일을 했기 때문입니다. 그러나 그는 그 부엌일을 결코 사소하다 생각하지 않았습니다. 그는 모든 일을 주께 하듯 하였고, 그 일을 통해서 하나님의 임재를 경험하였습니다. 『하나님의 임재 연습』이란 책에서 로렌스는 이렇게 말합니다.

"내게 노동시간은 기도 시간과 다를 바 없다. 꼭 큰일만 해야 할 필요는 없다. 나는 프라이팬의 작은 계란 하나라도 하나님을 사랑하는 마음으로 뒤집는다. 그리고 나서 일어날 때면 나는 어느 왕보다도 더 만족감을 느낀다." 사람들이 진리의 소리를 들으려고 로렌스의 부엌으로 몰려들었습니다.

사람들은 권위나 편견에 사로잡혀 진리를 보지 못합니다. "외모로 판단하지 말고 공의롭게 판단하라"(24) 우리는 외모에 휘둘릴 때가 많습니다. 여기서 외모는 겉모양이 아니라 소위 가방끈이요 명문대 타이틀입니다. 학벌이 좋다고 그 인격도 훌륭한 것은 아닙니다. 현대처럼 기술인 양성이 목표가 된 사회에서는 더욱 그렇습니다. 전공이란 것도 마찬가지입니다. 교수이기 때문에 더 탁월한 식견이나 통찰력을 갖는 것은 아닙니다. 자기 분야에서는 탁월할지 모르겠지만 한 발자국만 벗어나도 다시 배워야 합니다. 전문인 타이틀 때문에 우리는 쉽게 속습니다.

예수님은 진리의 말씀을 전하지만 "나사렛에서 어떻게 선한 것이", "이는 갈릴리 사람이 아니냐", "이 사람은 배우지 않았는데" 하는 외모에 대한 편견으로 유대인들은 마음을 열지 못합니다. 편견을 버리지 못하면 진리에 이르기 어렵습니다.

내 교훈은 내 것이 아니요

사람들의 이런 태도에도 불구하고 예수님은 확신으로 가득 차 있습니다. "내 교훈은 내 것이 아니요 나를 보내신 이의 것이니라"(16) "이 교훈은 하나님께로부터 왔다"(17) 진리에 대한 확신입니다. 예수님은 하나님이시기에 당연했을 것입니다. 그러나 우리 같은 범인들은 범접하기 어려운 태도입니다. 우리는 진리임을 어떻게 확신할 수 있을까요?

진리는 빛이기에 자명합니다. 그러나 세상에서는 먼지나 안개에 쌓여 있기에 드러나기까지는 시간이 걸립니다. 시간이 걸리지만 진리는 반드시 드러나게 되어 있습니다. 그런데 문제는 현재입니다. 당장 선택이 필요한 현재에 진리를 확신하지 못하면 결정적인 기회를 놓치거나, 진리를 담지한 자를 죽이거나, 비진리 가운데 헤맬 수밖에 없습니다. 구약 예언자들의 말씀도, 예수님의 말씀도 당대에는 인정받지 못하는 소수자의 말이었습니다. 시간이 지난 후에 하나님 말씀이었음이 확인되고 나서야 성경으로 기록될 수 있었습니다.

불투명한 현실에서 진리를 붙잡는 방법이 바로 믿음입니다. 자기 경험이나 생각, 행동이 옳다는 확신입니다. 놀랍게도 현대사회에서 이 '믿음'의 중요성을 강조한 사람은 프랑스의 철학자 알랭 바디우Alain Badiou입니다. 바디우는 마르크시스트이고, 무신론자이며,

포스트모던 철학자임에도 불구하고 『사도 바울』이란 책을 썼습니다. 이 책에서 바울을 현대 사회에 꼭 필요한 혁명적 인물로, 마치 레닌에 비견되는 인물로 칭송합니다. 그 이유가 바울의 믿음 때문입니다.

바디우는 은총의 사건에 대한 충실성을 믿음으로 정의합니다. 진리의 사건은 우리 생활 속에서 끊임없이 떠오르는데 이것을 진리로서 인식하는 것이 믿음입니다. 자기가 깨달은 진리에 대한 충실성을 사랑이라 부르고, 그에 대한 승리의 확신을 소망이라 불렀습니다. 바울은 이런 믿음 사랑 소망의 사람이었고, 예수님이 그 원조요 모범이었습니다. 우리 앞에는 지금도 얼마나 많은 진리의 사건들이 출몰했다 사라지는지 모릅니다. 이를 굳게 잡으십시오. 그것이 믿음입니다.

역사를 이끌었던 정치적 영적 지도자들은 이런 확신의 사람들이었습니다. 이들은 마치 자석처럼 사람들을 끌어들였습니다. 사람들은 열정을 가진 자에게 끌립니다. 그래서 진리는 주어지는 것이기도 하지만 만들어내는 것이기도 합니다. 확신을 가진 자가 가는 길이 진리가 됩니다.

진리란 맹목적인가? 그렇지 않습니다. 진리를 평가하는 기준이 있는데 그것은 행함입니다. "사람이 하나님의 뜻을 행하려 하면 이 교훈이 하나님께로부터 왔는지 내가 스스로 말함인지 알리라"(17) 행동으로 옮기면 그것이 옳은지 아닌지 분명해집니다. 머릿속에 있을 때는 선명하지 않습니다. 행함이 가장 큰소리를 냅니다.

진리 됨은 그 목적을 보면 알 수 있습니다. "스스로 말하는 자는 자기 영광만 구하되 보내신 이의 영광을 구하는 자는 참되니 그 속에 불의가 없느니라"(18) 그 목적이 사람들의 칭찬인지, 하나님의 영광인지. 개인의 이익과 영광을 위한 것인지, 하나님과 세상을 이롭게 하는 것인지. 특정 집단의 이익을 위한 것인지, 보편성과 정의의 길인지. 행동 속에서 그 목적이 드러나고 그것을 기초로 진리 됨을 평가할 수 있습니다.

귀신이 들렸도다

또한 진리는 빛이기에 모든 사람이 이해할 수 있습니다. 모세의 율법에 대한 해석이 그 한 예입니다. 유대인들은 예수님이 안식일에 병자를 치유하는 것을 보고 그가 율법을 범했다고 판단했습니다. 반면에 예수님은 자신이 모세의 율법에 충실했고, 오히려 그들이 모세의 율법을 지키지 않는다고 비판합니다. "모세의 율법을 범하지 아니하려고 사람이 안식일에도 할례를 받는 일이 있거든 내가 안식일에 사람의 전신을 건전하게 한 것으로 너희가 내게 노여워하느냐"(23)

안식일법과 할례법이 충돌할 때 더 큰 계명인 할례를 행하기 위해 안식일법은 잠시 정지될 수 있습니다. 예수님은 이와 같은 사례를 들어 생명의 법이 안식일법에 앞서기에 병자를 고쳤다고 설명합니다. 더 나아가 주님은 하나님이 안식일을 제정한 목적이 인간을 얽매기 위해서가 아니라 생명을 풍요롭게 하고 복되게 하는 데 있음을 밝힙니다. 전통이나 편견이 아닌 이성적 판단을 하면 진리를 알 수 있습니다.

예수님은 진리의 길을 갔습니다. 그것도 사랑과 열정과 능력으로 나아갔습니다. 이런 예수님을 향해 무리들은 "당신은 귀신이 들렸도다"[20]라고 몰아붙입니다. 자신의 정적을 고립시키고 비하하는 표현이 이 '귀신 들렸다'는 마녀사냥입니다. 그런데 진리의 과정에서 이 말은 오히려 영광스러운 호칭입니다. 인생길에서 한번은 '미쳤다.'는 말을 들어야 합니다. 미쳤다는 말은 꿈이 있는 사람, 확신과 열정을 가진 사람, 자기 일에 몰입하는 사람에게 주어지는 영예로운 칭호입니다. 인생을 진하게 산 사람들이고, 자기 스스로도 만족스럽습니다.

진리는 우주적이고 큰일에만 해당하지 않습니다. 우리 인생을 충실하게 만들어가는 어떤 선택이나 행동도 진리에 속합니다. 그것이 말씀에 어긋나지 않습니까? 그것이 욕심이거나 미혹이 아닙니까? 어떤 깨달음이나 확신이 있고 내 안에서 간절합니까? 그러면 믿음으로 밀고 나가십시오. 확신을 가지십시오. 인생의 질병이나 문제는 열정을 쏟을 진리가 보이지 않을 때 발생합니다. 믿음과 열정이 가는 길에 만병이 비켜설 것입니다.

그리스도는 어디에 계신가?

(7:25-36)

너희는 그를 알지 못하나 나는 아노니
이는 내가 그에게서 났고 그가 나를 보내셨음이라

인생은 나그네길

최희준 씨의 〈하숙생〉이라는 노래는 한국 가요의 고전입니다. "인생은 나그네길 어디서 왔다가 어디로 가는가... 인생은 나그네길 구름이 흘러가듯 정처 없이 흘러서 간다." 어디서 왔다가 어디로 가는가가 성경 본문의 주제입니다. 인생은 길 위에 있습니다. 문제는 걸어가고는 있는데 출발지가 어딘지, 목적지가 어딘지를 모른다는 점입니다. 이 답을 찾으려는 노력이 철학이요 종교입니다.

예수님은 자신이 어디서 와서 어디로 가는지를 분명히 알고 있다고 말씀합니다. "내가 그에게서 났고 그가 나를 보내셨음이라"(29) "나를 보내신 이에게로 돌아가겠노라"(33) 예수님이 확신 있게 "나는 길이요 진리요 생명이다"(14:6)라고 말씀하신 이유가 여기에 있습니다. "나는 길이다." 출발지와 목적지가 있는 것이 길입니다. 그 길을 따라가면 원하는 곳에 도달할 수 있습니다. 예수님은 이를 정확히 알고 있을 뿐만 아니라 스스로 길이 되셔서 우리를 생명의 길로 인도하십니다. 예수님만 따라가면 제대로 된 인생길을 걸을 수 있습니다.

동서양을 막론하고 인생은 길에 비유됩니다. 인생은 한자로 '날 생'生 자로 표기합니다. 이 한자를 파자破字 풀이하면 이런 설명이 가능합니다. 외나무다리(一) 위를 소(牛)가 걸어가는 형상입니다. 아슬아슬하고 위태롭습니다. 지름길이라 생각했는데 위험한 길이었고, 험하다고 생각했는데 더 빠른 길이었습니다. 마치 안갯속을 헤매는 것과 같은 것이 우리 인생길입니다. 다행히 북극성이라는 기준점이 있으면 헤매지 않을 수 있습니다. 실제 시베리아나 사막 같은 곳에서는 나침반이 없으면 제자리만 뱅뱅 도는 일이 벌어집니다.

존 번연의 『천로역정』은 인생을 순례길에 비유한 탁월한 작품입니다. '크리스천'은 어느 날 성경을 읽다가 이 땅이 장차 유황불에 심판당할 멸망의 도시임을 깨닫습니다. 하루 종일 "어찌 할꼬!" 탄식만 합니다. 이 사실을 가족들이나 이웃에게 말하지만 비웃기만 합니다. 그때 성경 속 인물이 등장하여 멀리 보이는 좁은 문을 향하여 나아가라고 소리칩니다. 그 길이 영원한 도성으로 향한 길이라고 합니다. 크리스천은 그 길을 향해 달리기 시작했습니다.

그의 아내와 자식들이 어서 집으로 돌아오라고 소리 질렀지만 그는 "손가락으로 귀를 틀어막은 채 뛰어가면서 '생명, 생명, 영원한 생명!'" 하며 소리 질렀습니다. 뒤돌아보지 않은 채 곧장 평원을 가로질러 갔습니다. 이 순례길에서 수많은 위험과 유혹을 겪고, 또 동료들의 도움을 받으며 마침내 크리스천은 영원한 도성에 들어가게 됩니다. 인상적인 장면은 순례 도중 골고다 언덕길에서 등을 무겁게 내리누르던 짐이 벗겨지는 체험입니다. "크리스천이 십자가 위로 막 올라가려는 순간 그의 어깨로부터 짐이 풀어져 등에서 벗겨지더니 굴러떨어져 다시는 보이지 않게 되었다." 여행에서 짐이 없거나 조금이라도 가벼우면 얼마나 자유롭습니까?

사회 심리학자 에릭슨이 제시한 정신 발달의 8단계 중 노년기에 해결해야 할 과제는 통합성입니다. 달리 이는 화해의 과제라 할 수 있습니다. 자기와의 화해이고, 타인과의 화해입니다. 노년기는 자기 인생을 돌아보며 정리하고 의미 부여를 하는 나이입니다. 못다 한 숙제가 있으면 어떻게든 마무리해야 합니다. 자기 인생이라는 작품이 잘 되었건 못 되었건 의미 부여를 통해 매듭을 짓는 것이 화해입니다. 시간은 다 되었고 작품은 제출해야 하는데 여전히 공백이 많고 수정하고 싶은 것들이 많습니다. 그러나 더 이상 고칠 수 없습니다. 그러면 받아들이는 수밖에 없습니다. 부족한 대로 부족한 것에 의미를 부여해야 합니다. 자기 과거와 화해하는 것입니다. 짐의 무게를 줄여야 여행길이 편안합니다. 그래야 죽을 때 여한이 없고 자유롭습니다.

그리스도의 기원

성경 본문에서는 그리스도의 기원에 대한 논란이 벌어졌습니다. 사람들은 자신들이 그리스도에 대해, 곧 구원자에 대해서 잘 안다고 생각합니다. "이 사람을 참으로 그리스도인 줄 알았는가 그러나 우리는 이 사람이 어디서 왔는지 아노라 그리스도께서 오실 때에는 어디서 오시는지 아는 자가 없으리라"(26-27) 그리스도는 신비적 인물이라서 어디서 왔는지 아는 자가 없어야 한다는 말입니다. 예수는 갈릴리 나사렛 출신임을 알기에 그는 그리스도가 될 수 없다는 논리입니다. 메시야는 너무 위대하고 그런 인물은 인간으로서는 범접할 수 없는 신비적인 형태로 등장해야 합니다. 어린 시절에 선생님이나 어떤 위대한 사람은 화장실도 가지 않을 거라 생각했던 것과 유사합니다.

매우 신앙적인 것 같은데 실은 반역사적입니다. 이미 요한복음 1장은 이런 신비성을 깨고 있습니다. "말씀이 육신이 되어 우리 가운데 거하시매 우리가 그의 영광을 보니 아버지의 독생자의 영광이요"(1:14) 진리는 고고한 것이나 추상적인 것이 아니라 세상적 육신에 있습니다. 여기 육신은 헬라어로 '사륵스'인데 바울은 이를 세상성, 죄성으로 부르기도 합니다. 그냥 고깃덩어리입니다. 갈릴리 나사렛 땅에서 사셨던 예수라는 한 인간에게서 로고스를 보았다는 것이 사도 요한의 증언입니다.

요한복음은 마리아의 몸을 통한 예수님의 동정녀 탄생에 대해서도 언급하지 않습니다. 비범한 인물은 탄생도 신비로워야 한다는 생각이 동정녀 탄생 신화에 담겨 있습니다. 그러나 요한복음은 이런 비범성이 아니라 물질성에서 진리를 봅니다. 그냥 평범한 인간처럼 보이고 그런 출생이었는데 그분이 바로 하나님이었다는 증언입니다.

신비를 주장하는 자들은 실은 그리스도를 기대하지 않는 사람들입니다. 신비를 말함으로써 현재 역사 속에서 일어나고 있는 하나님의 은총 사건을 외면합니다. 하나님의 진리를 먼 이상이나 관념으로 만들어 자기 곁에서 벌어지는 진리 사건을 외면합니다. 하나님의 역사는 때와 땀이 묻은 역사 현장에서 일어나고 있습니다.

또 다른 부류는 표적 신앙을 신뢰하는 자들입니다. 이들은 예수님이 표적을 많이 행한다는 것을 근거로 그리스도가 맞다고 합니다. "그리스도께서 오실지라도 그 행하실 표적이 이 사람이 행한 것보다 더 많으랴"(31) 이들은 권능에서, 곧 힘에서 메시야 됨을 찾습니다. 물론 메시야는 힘이 있어야 합니다. 그래야 힘없는 자들을 구원할 수 있습니다. 그러나 힘이란 것은 항상 다른 사람의 희생을 전제합니다. 힘은 더 강한 힘을 요구하는 악순환을 벗어날 수 없습니다. 표적은 또한 권력에 의존하게 하여 사람을 비주체적으로 만듭니다.

예수님은 권력의 길이 아니라 반(反)권력의 길을 가셨습니다. 십자가에 달려 패배하는 것이 오히려 영광이라 말씀하셨습니다. 그리스도는 힘을 가진 자가 아니라 힘을 포기한 자입니다. 힘을 포기함으로써 다른 사람을 살리고 믿는 자를 주체적으로 만드는 분입니다. 예전이나 지금이나 사람들은 온유하고 겸손한 것을 약함으로 무시하는 경향이 있습니다. 참된 메시야는 스스로 강한 자가 아니라, 자기는 약해지더라도 타인을 강하게 만드는 자입니다.

표적 신앙에 매달렸던 자들은 예수가 권력에 패배하자 예수를 버렸습니다. 메시야를 권력자로 생각했기에 대제사장들과 바리새인들은 예수를 체포하려고 합니다. 자신들의 권력이 위험하다고 생각했기 때문입니다. 요한복음에 예수님의 표적들이 많이 등장하지만 그 목적은 힘의 과시에 있지 않습니다. 세상성에 갇힌 우리의 한계를 깨기 위한 수단일 뿐입니다. 표적은 보이는 것을 통해 보이지 않는 세계로 인도하기 위한 한 방편일 뿐입니다.

이 사람이 어디로 가기에

육신의 세계에 갇힌 사람들은 나를 만나지도 못하고 그곳에 올 수도 없다는 예수님의 말씀에 예수님이 멀리 헬라인에게 갈 것인가 하며 의아해합니다. 이는 제자들도 마찬가지였습니다. 14장에서 예수님이 떠나신다고 하니까 도마가 걱정에 싸여 예수님께 묻습니다. "주여 주께서 어디로 가시는지 우리가 알지 못하거늘 그 길을 어찌 알겠사옵나이까"(14:5)

예수님은 분명히 아버지에게로 돌아간다, 아버지 집으로 간다고 말씀하지만 이들은 그곳이 어디인지를 알지 못합니다. 물질성에 갇혀 있기 때문입니다. 물질성을 수단으로 보이지 않는 세계로 나아가야 하지만 그렇지 못합니다. 우리들은 이제 그곳이 천국임을 알고 있습니다. 모든 인생이 가야할 곳입니다. 인생은 잠깐의 소풍이고 지나가는 여행길이라는 것이 신약 성경의 일관된 증언입니다.

그렇지만 예나 지금이나 누구에게는 가깝고 또 다른 누구에게는 먼 곳이 천국입니다. 중세 시대는 단테의 『신곡』에서 보듯 지옥,

연옥, 천국이라는 영원한 세계를 매우 가깝게 느끼던 시기였습니다. 전쟁, 질병과 역병, 빈곤으로 인해 인간의 수명이 짧았기에 죽음 이후의 세계는 현실적 문제였습니다. 이집트의 피라미드는 죽은 이후 왕들의 놀이터 용으로 지어졌습니다. 이들은 왕위에 오르자마자 거대한 무덤을 짓기 시작했습니다. 피라미드는 나일강 서쪽에 짓는데 해지는 쪽이 죽은 망자들의 세계이기 때문입니다.

현대 사회는 물질적 욕망이 극대화되고 과학 기술 덕분에 풍요와 안전이 보장되면서 영원한 세계에 대한 동경이 많이 사라졌습니다. 신자들도 입으로만 그렇지 속으로는 내세 신앙을 잘 믿지 않는 경향이 있습니다. 그런데 기독교의 가치와 윤리는 바로 이 종말신앙으로부터 나옵니다. 영원한 천국의 빛에서 이 땅의 욕망과 권력 추구의 덧없음과, 불의와 악행에 대한 두려움과, 사랑과 희생의 길의 윤리성이 생겨납니다. 탐욕과 권력욕과 거짓이 교회 안에 횡행하고 있다는 것은 천국을 믿는 신자들이 많지 않다는 반증입니다.

인간은 언젠가는 죽게 마련입니다. 실존철학에서는 인간을 죽음에 이르는 병을 앓고 있는 존재로 규정합니다. 현존재의 근본문제는 사망이라는 한계상황에서 비롯됩니다. 천국 신앙을 갖지 않으면 죽음은 위협이고, 두려움입니다. 그러나 죽음 너머의 세계가 있습니다. 그곳에 예수님이 계십니다. 죽음 이후는 침묵이 아니라 충만함이요, 어둠이 아니라 빛입니다.

생수의 강

(7:37-39)

누구든지 목마르거든 내게로 와서 마시라
나를 믿는 자는 그 배에서 생수의 강이 흘러나리라

초막절

예수님이 명절 끝날에 "목마른 자는 내게로 와서 마시라 그 배에서 생수의 강이 흘러나오리라"는 말씀을 선포합니다. 이 명절은 바로 초막절인데 초막절은 9-10월초에 걸쳐 있습니다. 이스라엘이 출애굽한 후 광야에 초막을 짓고 살았던 것을 기념하는 절기이지만 원래는 가을 농경축제와 관련되었습니다. 이때는 여름 건기가 지나고 이른비가 내리면서 한 해의 농사가 시작됩니다. 초막절은 그래서 일종의 기우제 성격을 가진 절기입니다.

이는 초막절 행사에서 잘 나타납니다. 초막절 주요 의식 중 하나는 실로암 연못에서 물을 긷는 의식입니다. 예루살렘의 주요 수원지인 기혼 샘에서 성안으로 물을 끌어들여 만든 샘이 바로 실로암입니다. 이 샘에서 이스라엘 찬양대가 "너희가 기쁨으로 구원의 우물들에서 물을 길으리로다"(이사야 12:3) 노래하는 동안 제사장은 금동이에 물을 채웁니다. 이 물동이를 들고 버드나무, 종려나무 등 초막을 짓는 재료들을 앞세우며 성전 번제단까지 행진합니다. 도착하여 번제단 주위를 돌며 시편 118편 25절, "여호와여 구하옵나니 이제 구원하소서 여호와여 우리가 구하옵나니 이제 형통하게 하소서"를 찬양합니다. 이어서 제사장이 이 물을 번제단에 붓습니다. 마지막 날에는 일곱 바퀴를 돕니다. 물이 풍성해야 이스라엘에 풍요가 깃드니 물이 곧 생명입니다.

예수님은 초막절 의식에 맞추어 자신이 이스라엘에 생수를 가져올 메시야이며 참다운 생명임을 선포합니다. 우리 몸에 물이 절대 필요하듯 우리 영혼 또한 생명의 물이 필요합니다. 이를 영혼의 갈증이라 합니다. 인간은 이 갈증을 엉뚱한 데서 해결하려 합니다. 일과 쾌락, 자랑과 탐욕, 권력과 이념이 그 대체물로 등장합니다. 우상숭배는 이 모든 거짓된 욕망을 집약한 형태입니다. 이것들은 다 가짜 하나님이요, 궁극적 만족을 가져다주지 않습니다.

예레미야가 이 현실을 잘 표현하였습니다. "내 백성이 두 가지 악을 행하였나니 곧 그들이 생수의 근원되는 나를 버린 것과 스스로 웅덩이를 판 것인데 그것은 그 물을 가두지 못할 터진 웅덩이들이니라"(예레미야 2:13) 생수의 근원인 하나님을 버리고 이들이 팠던 것은 터진 웅덩이들이었습니다. 물이 다 새 나가 물을 저장할 수 없습니다.

영혼의 갈증을 해결하지 못하면 자기를 공격하는 방향으로 나갑니다. 자책, 분노, 무기력, 허탈 등이 그 증상입니다. 예수님이 십자가 상에서 하셨던 일곱 가지 말씀 중에 요한만이 전하는 독특한 말씀이 있습니다. "내가 목마르다"(19:28)입니다. 물론 예수님은 십자가 위에서 고통스러웠기에 목이 마르셨을 것입니다. 그런데 단순히 그런 의미만이 아닙니다. 이는 인간이 느끼는 영원한 갈증을 대신 표현하신 것입니다. 우리는 늘 목마른 인생들입니다.

목마른 인생들을 향해 예수님은 말씀하십니다. "누구든지 목마르거든 내게로 와서 마시라 나를 믿는 자는 성경에 이름과 같이 그 배에서 생수의 강이 흘러나오리라"(37) 예수님의 비전은 단순히 목마름의 해결에만 그치지 않습니다. 물 한 모금이 아니라 생수의 강입니다.

생수의 강

생수의 강에 대한 비전은 이미 이스라엘 회복의 메시지로 주어졌던 말씀입니다. 에스겔 선지자가 이를 예언하였습니다. 에스겔은 제사장 출신으로 바벨론에 포로로 끌려갔습니다. 에스겔은 곧 해방되겠지 하는 기대를 가지고 살았는데 그 세월이 10년, 20년을 넘겼습니다. 체념하고 절망 가운데 있던 어느 날 갑자기 하나님의 말씀이 임하였습니다. 포로로 끌려간 지 25년째, 예루살렘이 망한 지 14년째 되던 해에 받은 말씀이었습니다.(에스겔 40:1) 환상 중에 에스겔은 멀리 예루살렘으로 이끌려갑니다. 그곳에서 무너졌던 성전이 다시 재건되는 환상을 목격합니다. 한 면이 250m에 이르는 정사각형 모양의 엄청난 크기의 성전입니다. 성전이 다시 선다는 것은 곧 이스라엘의 회복을 뜻합니다.

　　그 영광과 풍요를 상징적으로 보여주는 것이 바로 이 성전에서 흘러나오는 생수의 강의 환상입니다. 이렇게 완공된 성전의 문지방으로부터 스미듯이 물이 흘러나옵니다. "성전의 앞면이 동쪽을 향하였는데 그 문지방 밑에서 물이 나와 동쪽으로 흐르다가"(에스겔 47:1) 이 물이 점점 더 불어나기 시작합니다. "동쪽으로 나아가며 천 척을 측량한 후에 내게 그 물을 건너게 하시니 물이 발목에 오르더니"(3), "다시 천 척을 측량하고 내게 물을 건너게 하시니 물이 무릎에 오르고", "다시 천 척을 측량하고 내게 물을 건너게 하시니 물이 허리에 오르고"(4), "다시 천 척을 측량하시니 물이 내가 건너지 못할 강이 된지라"(5).

　　이 물이 강이 되어 동쪽, 곧 사해 쪽을 향하여 흘러갑니다. "동쪽으로 향하여 흘러 아라바로 내려가서 바다에 이르리니 이 흘러내리는 물로 그 바다의 물이 되살아나리라"(8), "이 강물이 이르는 곳마다 번성하는 모든 생물이 살고 또 고기가 심히 많으리니 이 물이 흘러들어가므로 바닷물이 되살아나겠고 이 강이 이르는 각처에 모든 것이 살 것이며" 성전에서 흘러내린 물이 죽은 사해를 다시 살려냅니다. 그래서 생명의 강이고 생수의 강입니다. 이스라엘의 회복을 상징하는 비전입니다.

　　예수님은 바로 이 비전이 지금 실현되고 있다고 선언합니다. 예수님이 성전이시고, 이 성전으로부터 생수의 강이 흘러나옵니다. 요한계시록에서는 천국에서 어린 양의 보좌로부터 생명수의 강이 흘러나오는 환상을 보여줍니다. 이 일은 십자가에서 이루어졌습니다. 로마 군병이 예수님의 옆구리를 창으로 찌르자 피와 물이 나왔습니다. "그중 한 군인이 창으로 옆구리를 찌르니 곧 피와 물이 나오더라"(19:34) 예수님의 옆구리에서 생명의 물이 쏟아집니다. 생수의 강의 근원은 바로 이 골고다의 십자가입니다. 이 물을 마시는 자마다 다 살아날 것입니다.

그 배에서

이런 일을 가능하게 하는 원동력은 성령입니다. "이는 그를 믿는 자들이 받을 성령을 가리켜 말씀하신 것이라 예수께서 아직 영광을 받지 않으셨으므로 성령이 아직 그들에게 계시지 아니하시더라"(39) 생수의 강은 은유를 넘어 실체가 되었습니다. 성령은 무한하신 하나님입니다. 에너지 덩어리입니다. 성령이 강물처럼, 때로는 폭포수처럼, 때로는 옹달샘처럼 믿는 자 위에 부어집니다.

그런데 "그 배에서 생수의 강이 흘러나오리라"(38)고 말씀하실 때 그 배는 누구의 배입니까? 문맥을 보면 믿는 자의 배입니다. 생수의 강은 먼저 예수님으로부터 흘러나왔지만 이 강물은 지류를 만들어 믿는 자들의 각 심령에서 또 하나의 강이 되어 흐릅니다. 이에 대한 성경의 예언 또한 이사야서에 나타나 있습니다. "여호와가 너를 항상 인도하여 메마른 곳에서도 네 영혼을 만족하게 하며 네 뼈를 견고하게 하리니 너는 물 댄 동산 같겠고 물이 끊어지지 아니하는 샘 같을 것이라"(이사야 58:11) 여기 '네 영혼'은 메시야의 영혼이 아니라 이스라엘이요, 믿는 자 한 사람 한 사람을 가리킵니다. 우리

각 사람은 예수님처럼 생수를 그 배에서 흐르게 하는 존재입니다. 이런 해석을 동방 교회나 수도사들이 즐겨 했습니다.

영지주의 계열로 배제되었지만 〈도마복음〉은 초대교회가 가졌던 신학적 통찰의 일면을 보여줍니다. "누구든지 내 입으로부터 마시는 자는 나와 같이 되리니 나는 그가 되겠고 감추어진 것들이 그에게 나타나리라"(도마복음 108번) 영지주의자들은 자신들이 이 땅에서 이미 신과 같은 존재가 된다고 믿었습니다. 그런데 이를 무조건 배척하기는 어렵습니다. 실제 이 말씀은 요한복음에서도 나타나기 때문입니다. "이제부터는 너희를 종이라 하지 아니하리니 종은 주인이 하는 것을 알지 못함이라 너희를 친구라 하였노니 내가 내아버지께 들은 것을 다 너희에게 알게 하였음이라"(15:15), "나를 믿는 자는 내가 하는 일을 그도 할 것이요 또한 그보다 큰 일도 하리니"(14:12) 우리 안에 임하시는 성령이 이를 가능하게 합니다.

생수의 강 비전은 또한 신앙의 개인주의를 벗어나게 만듭니다. 생수의 강은 자신이 아니라 오히려 타인이나 우주 만물을 위한 선물입니다. 나에게서 흘러나온 강물이 다른 많은 사람을 살리고 복되게 합니다. 예수님은 오병이어의 기적을 행하면서 너희가 먹을 것을 주라고 말씀하였습니다. 신자는 5천 명분의 빵을 혼자 먹어치우는 자가 아니라 다른 5천 명을 먹여 살리는 사람들입니다. 우리에게서 흘러나와야 할 것은 배타와 혐오와 폭력의 독이 아니라 정의와 사랑과 생명으로 세상을 살리는 생수입니다.

하나님이 아브라함을 부르실 때 주셨던 비전은 민족주의나 개인주의적 비전이 아니었습니다. "너는 복의 근원이 될지라"(창세기

12:2), "아브라함은 강대한 나라가 되고 천하 만민은 그로 말미암아 복을 받게 될 것이 아니냐"(창세기 18:18) 이스라엘은 중근동 주변 국가를 살리는 생수의 강으로 부르심받았습니다. 교회는 민족을 살리는 생수의 강이 되어야 합니다. 한민족은 동아시아를 살리는 생수의 강이 되어야 하는 것이 성서적 민족관입니다. 우리 한 사람 한 사람은 이웃과 회사와 공동체를 살리는 생수의 강으로 부르심을 받았습니다.

잘 알고 있다는 착각

(7:40-53)

당국자들이나 바리새인 중에 그를 믿는 이가 있느냐?

너 자신을 알라

소크라테스의 유명한 말은 "너 자신을 알라."입니다. 그런데 이는 소크라테스가 처음 했던 말이 아닙니다. 그리스 델포이의 아폴론 신전 입구에 새겨져 있던 말입니다. 델포이 신전은 신의 뜻을 묻는 신탁으로 유명했습니다. 신탁은 주로 '예스'나 '노' 형태로 주어졌고, 뜻이 알쏭달쏭한 말이나 짧은 경구가 주어지기도 했습니다. "너 자신을 알라."그노티 세아우톤는 짧은 경구의 신탁이었을 것입니다. 델포이 신전에는 이외에도 "지나치지 않게." "친절해라." "친구를 사랑해라." "신을 따르라." 등의 많은 경구가 전해져 옵니다.

"너 자신을 알라"는 단순히 철학적 교훈이나 처세술 정도의 말이 아닙니다. 불교의 화두처럼 무겁습니다. 문제의 근원은 자기에게 있고 문제에 대한 답은 자신을 아는 것에 있습니다. 자신이 누구인지, 자신의 역할이나 위치가 무엇인지, 자신이 할 수 있는 것과 할 수 없는 것이 무엇인지, 자신이 얼마나 유한한 존재인지, 그것이 욕심인지 정당한 욕구인지 등을 아는 것이 자기 자신을 아는 것에 해당합니다.

이 말이 소크라테스의 명언으로 알려진 이유는 그의 친구 중 하나가 델포이 신전에서 "그리스 전체에서 가장 현명한 사람은 누구인가?"하고 물으면서 시작되었습니다. 이에 대한 신전 무녀의 답은 "소크라테스가 모든 사람 중 가장 현명하다."였습니다. 이에 대해 소크라테스는 "자신이 무지하고 자신의 지혜는 아무 가치가 없다고 생각하기 때문에 가장 현명하다는 평가를 받는다."라고 해명했습니다. 소크라테스는 너 자신을 알라는 말을 먼저 자신이 무지하다는 뜻으로 적용했습니다. 소크라테스 특유의 대화법인 산파술은 치밀한 대화과정을 통해서 결국 자신이 얼마나 모르고 있는지를 자백하도록 이끕니다. 그래야만 진실에 접근할 수 있습니다.

예수님 당시 이스라엘 지도자들이나 백성들이 예수님을 믿지 못했던 이유는 예수님에 대해서 잘 몰라서가 아닙니다. 자신들이 그리스도에 대해서 잘 알고 있다고 착각했기 때문입니다. 본문 말씀에서는 그런 태도가 매우 많이 나타납니다. "당국자들은 이 사람을 참으로 그리스도인 줄 알았는가 그러나 우리는 이 사람이 어디서 왔는지 아노라 그리스도께서 오실 때에는 어디서 오시는지 아는 자가 없으리라"(26), "어떤 사람은 그리스도라 하며 어떤 이들은 그리스도가 어찌 갈릴리에서 나오겠느냐"(41), "바리새인들이 대답하되 너희도 미혹되었느냐 당국자들이나 바리새인 중에 그를 믿는 자가 있느냐"(47), "너도 갈릴리에서 왔느냐 찾아보라 갈릴리에서는 선지자가 나지 못하느니라"(52) 자신들의 생각이 확고합니다. 이것을 편견이라고 부릅니다. 자신의 생각이나 경험을 절대화하면 어떤 새로운 것도 받아들일 수 없습니다.

이전에 제자훈련 프로그램이 유행일 때가 있었습니다. 그때 그 프로그램을 최초로 시도했던 옥한흠 목사는 제자훈련에 50세 이상은 받아주지 않으려 한다고 말하였습니다. 이유는 그 나이가 되면 사람이 잘 변하지 않기 때문이라 하였습니다. 실제 그렇습니다. 나이가 들수록 우리는 다른 사람의 말을 듣지 않는 경향이 있습니다. 대화가 안 되고 자기 말과 생각을 반복할 뿐입니다. 설교를 수십 년을 들어도 생각이 바뀌지 않는 성도들이 있습니다. 자기 생각과 방식을 고수하고 자신의 체에 통과한 것만 받아들이기 때문입니다.

이는 전 사회적 문제이기도 합니다. 2천 년대 초반 우리나라가 문장이나 글에 대한 해독 능력, 곧 문해력literacy이 매우 떨어진다는 보고서가 발표되어 논란을 빚은 적이 있습니다. 예컨대 약병에 쓰인 주의사항이나 설명을 듣고 이해하는 정도가 현저히 떨어지는 경우입니다. 이는 나이가 들수록 심합니다. 그 이유로 무엇보다 독서량의 부족이 지적됩니다. 학교를 졸업한 이후에는 책을 잘 읽지 않습니다. 남의 말을 듣지도 않고 잘 이해하려 하지도 않습니다. TV의 정치토론이나 기자들의 질문이나 글쓰기 수준은 한심할 정도입니다.

지식이나 진리 습득에 있어서 가장 중요한 태도는 겸손과 열린 마음입니다. 이 마음을 갖지 못하다면 우리 신앙은 죽은 신앙이 됩니다. 그 예수는 산 예수가 아니라 죽은 예수입니다. 자기 사고의 조롱박에 갇힌 하나님이지 크고 무한하신 하나님이 아닙니다. 수십 년 설교를 듣고 성경을 100독 해도 열린 마음이 없으면 신앙과 인격은 변화 없이 수십 년 전 상태에 고정되어 있습니다.

구도자의 길

구도자의 길을 가기 위해서는 먼저 권위의 우상을 깨야 합니다. "바리새인들이 대답하되 너희도 미혹되었느냐 당국자들이나 바리새인 중에 그를 믿는 자가 있느냐"(47-48) 유력한 자들이, 지적 엘리트들이 예수를 믿지 않는다며 세력이나 학파의 권위를 들고 나옵니다. 소위 똑똑하거나 힘 있는 사람들이 그렇다고 하면 우리는 일단 그 권위에 기가 죽습니다. 그러나 권위 아래 있다고 해서 내가 진리 가운데 있는 것은 아닙니다. 물론 한때 그 권위가 옳았던 적이 있고 그래서 그런 영향력을 발휘했습니다. 그러나 전통은 어느새 기득권의 자리를 차지하고 새로운 것을 배척합니다. 그리스도는 지금 이 바리새주의를, 기득권화된 이스라엘의 율법 체제를 부서뜨리는 '뜨인 돌'(다니엘 2:45)과 같습니다.

진리의 길을 가는데 일체의 우상이나 권위를 만들지 말아야 합니다. 이런 틀들은 처음에는 좋은 안내자가 되어 신앙을 성숙시킵니다. 그러나 어느 정도 성장하게 되면 그것이 자신을 가두는 조롱박이 됩니다. 하나님은 죽어 있는 분이 아닙니다. 살아 있다는 것은 성장하고 변화합니다. 교리는 한때는 신앙을 보호하는 좋은 틀이지만 이제는 죽은 것입니다. 늘 개혁해야 삽니다.

　말씀 속에 진리가 있습니다. 구도자의 길을 가기 위해서는 그 말에서 진실을 붙잡을 수 있는 능력이 있어야 합니다. 하속들에게 예수를 잡아오라 하였지만 그들이 그대로 돌아왔습니다. 그 이유를 다음과 같이 말합니다. "아랫사람들이 대답하되 그 사람이 말하는 것처럼 말한 사람은 이때까지 없었나이다"[46] 말은 들어보면 압니다. 말은 진리를 드러내는 수단입니다. 주의해서 듣고 판단하면 그 진실을 알 수 있습니다. '아, 이것은 비범하구나, 이것은 하나님의 말씀이구나.' 그런데 이 판단을 제대로 하지 못합니다.

　기껏해야 다른 사람의 말이나 기존의 통념으로 판단합니다. "그리스도는 다윗의 씨로 또 다윗이 살던 마을 베들레헴에서 나오리라 하지 아니하였느냐"[42] 이들은 그 말보다는 출신을 따집니다. 예수는 갈릴리 사람으로 베들레헴과는 상관이 없고 그래서 메시야가 아니라는 뜻입니다. 요한은 예수님이 베들레헴에서 태어났다는 것을 알지만 굳이 밝히지 않습니다. 출신이 아니라 예수의 말을 들으면 그것이 진리인지 거짓인지 알 수 있기 때문입니다.

　말은 곧 그 사람입니다. 물론 교묘한 말로 사람을 속일 수는 있습니다. 그러나 잠깐입니다. 결국 그 말이 자신들의 거짓을 드러낼 것입니다. 비범한 말을 한다면 비범한 사람입니다. 진실된 말을 한다면 진실된 사람입니다. 말이 두서가 없다면 생각이 정리되지 않았기 때문입니다.

　진리는 결국 행함으로 증명됩니다. 니고데모가 그리스도를 거부하는 바리새인들에게 했던 말입니다. "우리 율법은 사람의 말을 듣고 그 행한 것을 알기 전에 심판하느냐"(51) 행함이 중요합니다. 선한 행동을 하고 선한 열매를 맺으면 그 사람이 선할 가능성이 높습니다. 예수님은 "좋은 나무마다 아름다운 열매를 맺고 못된 나무가 나쁜 열매를 맺나니 좋은 나무가 나쁜 열매를 맺을 수 없고 못된 나무가 아름다운 열매를 맺을 수 없느니라"(마태복음 7:17-18)라고 말씀합니다. 말이나 믿음이나 사람 됨은 결국 행함이라는 열매로 나타납니다. 아무리 번지르한 말을 할지라도 그 행함이 반사회적이고 미신적이고 폭력적이고 폐쇄적이라면 그것은 거짓입니다. 우리의 생각과 다르더라도 그 행함이 사랑이고 친절이고 평화이고 포용이고 정의이고 깨끗함이라면 일단은 진리에 가깝습니다.

우리의 믿음이라는 것도 행함으로 증명되지 않으면 그것은 없는 것과 같습니다. 내 믿음이 옳은지는 내 행동이 보여줍니다. 야고보 사도는 "너희는 말씀을 행하는 자가 되고 듣기만 하여 자신을 속이는 자가 되지 말라"(야고보 1:22)라고 경고합니다. 말 때문에 착각하지 마십시오. 진실된 말과 거짓된 말은 행함이 판가름합니다. 행함이 없다면 제대로 된 믿음이 아닙니다.

무소의 뿔처럼

진리의 길은 모든 유혹과 상념과 편견과 염려와 두려움을 뿌리치며 가는 길입니다. 불교의 "무소의 뿔처럼 혼자서 가라."는 말은 신앙의 길에 적합합니다. 공생애 기간 예수님이 가셨던 길입니다. 이 말은 최초의 불경이라는 〈숫타니파타〉에서 반복되는 후렴구입니다. 무소는 코뿔소입니다. 코뿔소가 그 뿔을 앞세우고 돌진하듯 그렇게 진리의 길을 가라는 뜻입니다.

"세상의 유희나 오락 또는 쾌락에 젖지 말고 관심도 갖지 말라. 꾸밈없이 진실을 말하며, 무소의 뿔처럼 혼자서 가라 / 아내도 자식도 부모도 재산도 곡식도 친척이나 모든 욕망까지도 다 버리고, 무소의 뿔처럼 혼자서 가라 / 소리에 놀라지 않는 사자처럼, 그물에 걸리지 않는 바람처럼, 진흙에 더럽히지 않는 연꽃처럼, 무소의 뿔처럼 혼자서 가라."

말씀 속에 담긴 진리를 찾기 위해서는 여러 유혹과 욕망과 편견을 뚫고 지나가야 합니다. 말씀 속에서 예수라는 보물을 찾기 위해서는 단단한 길가와 바윗덩어리와 가시덤불과 새의 위험을 뚫고 돌파해나가야 합니다.

죄 없는 자가 먼저 돌로 치라

(8:1-11)

너희 중에 죄 없는 자가 먼저 돌로 치라 하시고
다시 몸을 굽히사 손가락으로 땅에 쓰시니

여자를 끌고 와서

예수님이 간음한 여인을 용서해 주는 사건은 매우 감동적입니다. 오늘날 이슬람권에서 여전히 엄격히 적용되고 있는 이 율법을 2천 년 전 예수님께서 파기하셨다는 사실은 놀랍습니다. 한 사회의 전통이나 윤리 문제를 건드리는 것은 만만치 않습니다. 그로 인한 위험과 파장이 큽니다. 그동안 예수님은 많은 부분에서 유대 지도층과 충돌했습니다. 안식일법, 정결법, 성전 문제 등등. 그러나 지금은 윤리 문제입니다. 더구나 하찮아 보이는 한 여자이고 현장에서 잡혔습니다. 제자들은 아마 이 문제는 적당히 타협하고 넘어가자고 했을 것입니다. 그러나 예수님은 그러지 않았습니다. 소중한 한 인격체이기 때문입니다. 인간은 살면서 실수하기 마련인데 이를 바라보는 인간들의 태도가 비열하고 또 자기모순에 빠져 있습니다.

예수님은 정면돌파식으로 인간과 죄의 문제를 다루려 합니다.

예수님이 성전에서 가르치고 있었는데 서기관과 바리새인들이 간음하다 현장에서 붙잡힌 여인을 끌고 왔습니다. 그리고는 예수님의 판단을 요구합니다. 사실 시작부터 문제가 있습니다. 왜 여자만 끌고 왔습니까? 간음은 혼자서 행할 수 없고 상대 남자가 있어야 합니다. 그는 달아났나요? 벌써 죽였나요? 아니면 외경에 나오는 수산나 이야기처럼 이 여자는 불순한 노인네들의 모함에 걸렸던 것일까요? 유혹은 대부분 남자로부터 시작되는데 비난은 여성이 더 받습니다.

이슬람권에서는 여전히 간음문제에 있어서 매우 엄격합니다. 여성들의 머리나 온몸을 가리는 차도르나 부르카 제도가 지속되고 있습니다. 여성들의 자유를 억압하는 이 제도는 여성들의 성적인 유혹을 차단하기 위한 조치였습니다. 남성의 욕망을 제어하는 형태가 아니라 약자인 여성을 완전히 천으로 가리고 고립시키는 방식으로 나갔습니다.

이 장면이 더 문제인 것은 한 여자의 불행을 빌미로 반대파를 공격하는 수단으로 이용한다는 점입니다. "그들이 이렇게 말함은 고발할 조건을 얻고자 하여 예수를 시험함이러라"[6] 사랑과 자비를 외치는 예수로 하여금 율법대로 여자를 죽이도록 하여 그 운동을 무력화시키거나, 아니면 여자에게 자비를 행하게 함으로써 율법을 거부했다는 모함을 씌우기 위해서입니다. 이들의 죄 또한 가볍지 않은데 불행한 처지에 빠진 한 사람을 자신의 정치적 목적을 위해서 이용하는 비정함의 죄입니다.

손가락으로 땅에 쓰시니

예수님에게는 위기입니다. 그 순간에 주님은 매우 특이한 행동을 하셨습니다. 몸을 굽히더니 땅에 어떤 글씨를 쓰기 시작하셨습니다. 무슨 글자를 썼을까요? 십계명을 썼을까요? 만약 십계명을 썼다면 이들이 이렇게 무력하게 돌아갔을 리는 없습니다. 중세의 한 해석에 의하면 그들의 죄를 일일이 기록했다고 합니다. 그럴 가능성도 있습니다. "너희 중에 죄 없는 자가 먼저 돌로 치라"고 말씀하신 후 예수님은 다시 손가락으로 땅에 쓰셨다고 합니다. 아마 이때 그들의 죄를 기록했을 가능성이 높고, 그래서 그들이 양심의 가책을 받았을 것입니다.

아니면 예레미야의 다음과 같은 말씀을 썼을까요? "이스라엘의 소망이신 여호와여 무릇 주를 버리는 자는 다 수치를 당할 것입니다. 그들은 땅바닥에 쓴 이름처럼 지워지고 맙니다. 이는 생수의 근원이신 여호와를 버림이니이다"(예레미야 17:13) 모래 위에 쓴 글씨는 얼마나 허망합니까? 파도가 한 번 휩쓸고 나면 흔적도 없습니다. 지금 너희들의 행위가 그처럼 허망하다는 말씀에 선한 양심이 회복되었던 것일까요?

땅바닥에 글씨를 쓰는 행동은 주님에게 생각할 시간을 주었습니다. 이는 또한 흥분한 군중들에게도 필요한 시간이었습니다. 군중심리란 것이 있습니다. 흥분하면 감정에 휩싸여 이성적인 판단을 하지 못합니다. 대부분은 시간이 흐른 뒤에 진실이 드러나게 마련입니다. 그래서 중요한 문제일수록 잠깐 멈춤을 하는 시간이 필요합니다.

실제 차분히 앉아 글을 쓰는 것이 큰 도움이 됩니다. 글을 쓰다 보면 문제가 해결되는 경우가 많습니다. 자신이 흥분해서 볼 수 없었던 것들이 보이기 시작합니다. 굉장하다고 생각했는데 정리하고 나면 아무것도 아닌 것도 있습니다. 생각의 실마리를 찾다 보면 새로운 길이 보이기도 합니다. 사념이 죽고 하나님의 뜻이 뚜렷해지는 시간입니다.

죄 없는 자가 먼저 돌로 치라

주님은 흥분한 사람들을 향하여 "너희 중에 죄 없는 자가 먼저 돌로 치라"(7)라고 말씀하셨습니다. 예수님은 간음한 여인을 향하여서는 "나도 너를 정죄하지 않는다"(11)라고 말씀하셨습니다. 인간은 모두 죄인입니다. 오십보백보의 차이일 뿐입니다. 죄의 길에서 백 보 달아난 자와 오십 보 달아난 자의 차이입니다. 감추어진 죄와 드러난 죄의 차이입니다. 예수님은 정죄하는 자가 아닙니다. 함께 돌을 맞으며 죄라는 공통의 적 앞에서 쓰러진 동료를 안타까운 시선으로 바라보고 있습니다. 더 나아가서는 대신 그 화살을 맞겠다고 하신 것이 바로 십자가의 대속적 죽음입니다. 주님의 관심은 우리를 정죄하여 심판하는 데 있지 않고, 용서하고 다시 기회를 주어 죄와 싸워 승리케 하는 데 있습니다.

우리는 너무 쉽게 심판자의 자리에 앉으려 합니다. SNS상의 글들을 보면 마치 자신들이 하나님 같습니다. 인간이 인간을 정죄할 수 없습니다. 그 이유로는 첫째, 상대방이나 그 사정을 잘 알 수 없기 때문이고, 둘째, 자신이 다른 사람을 정죄할 만큼 떳떳하지 못하기 때문입니다. 그러면 인간은 전혀 정죄할 수 없는가? 그렇지는 않습니다. 그래서 하나님의 위임이라는 것이 필요합니다. 교회가 그 위임권을 행사합니다. 국가가 그 위임권을 행사합니다. 재판관이나 검사가 왜 법 가운을 입습니까? 이는 자신이 하나님의 위임으로 판결한다는 상징입니다. 법정은 그래서 신성합니다. 그런 점에서 우리나라 법정에서 법 기술을 이용해서 치우친 판결이나 기소를 행하는 행태는 하나님을 기만하는 매우 중대한 죄입니다.

정의의 판단은 개인에 의해서 이루어질 수도 있습니다. 옳고 그름에 대한 판단은 필요합니다. 죄에 대해서 경고하고 스스로 또한 죄를 짓지 않기 위해서입니다. 죄가 있는데 침묵하는 것은 죄에 동조하는 행위이고 그 사람을 더 심한 죄로 얽매게 합니다. 그러나 그 경우에도 인간에 대한 사랑과 존엄을 잃어서는 안 됩니다. 우리는 하나님이 아니기 때문입니다. 자기도 동일한 죄의 고통을 당할 수 있기 때문입니다.

이는 자신에게도 적용되어야 합니다. 죄를 삼가고 스스로 반성하는 태도는 필요합니다. 그러나 그것이 정죄로까지 이어져서는 안 됩니다. 궁극적 판단은 하나님이 하십니다. 예수님은 아예 우리를 판단하지 않겠다고 하십니다. 주님은 우리가 죄와의 싸움에서 넘어졌다고 하여 우리를 포기하지 않습니다. 다시 한번 기회를 주시는 분입니다. 다윗은 이 하나님을 믿었기에 다시 일어설 수 있었습니다. 사울은 스스로를 정죄하다 실패했습니다. 베드로 또한 주님을 세 번 부인했지만 다시 만회할 수 있는 기회를 살렸습니다. 반면에 유다는 그런 주님을 붙잡지 못해 자살에 이르고 말았습니다.

다시는 죄를 범하지 말라

예수님은 정죄는 하지 않았지만 여자에게 "다시는 죄를 범하지 말라"[11]라고 경계하셨습니다. 상투적으로 사용되는 '죄는 미워하되 인간은 미워하지 말라.'는 말씀입니다. 주님은 인간을 용서하고 있는 것이지 죄를 용서하는 것은 아닙니다. 용서받은 인간이 다시 죄를 짓지 않거나 자기 지은 죄에 대해서 충분히 책임을 진다면 주님이 행하신 용서는 완성이 됩니다.

그러나 용서받은 자가 여전히 동일한 죄를 반복합니다. 자신의 죄 때문에 발생한 결과에 대해서, 피해당한 자에 대해서 책임 있는 행동을 하지 않습니다. 그래도 우리는 여전히 용서해야 하나요? 주님도 이 용서를 지속하실까요? 아닙니다. 광주학살의 원흉 전두환 씨는 여전히 자기 죄를 반성하는 모습을 보이지 않기에 그는 정죄를 받을 수밖에 없습니다. 목회자가 죄를 지으면 성도들은 사람이 정죄할 수 없다며 쉽게 용서하거나 피해자에게 용서를 강요합니다. 네, 인간은 다른 인간을 정죄할 수 없습니다. 그러나 자신이 저지른 죄에 대해서 어떻게든 책임있는 행동을 하지 않는다면 용서는 완성이 안 됩니다. 본인이 스스로 심판을 자초하고 있습니다.

"그들이 이 말씀을 듣고 양심에 가책을 느껴 어른으로 시작하여 젊은이까지 하나씩 하나씩 나갔다"[9] 그래도 이 사람들은 현대인들보다는 더 나은 양심을 가지고 있습니다. 부끄러워한다는 것은 양심이 살아있다는 증거입니다. 현대인들은 결과와 승리에만 연연하여 양심의 가책은 더 이상 문제 삼지 않습니다. 이념적으로 또 교리적으로 짓는 죄는 더 무섭습니다. 양심을 마비시키기 때문입니다. 자신의 폭력이나 거짓 행동을 정당화합니다. 말과 정죄로 사람을 죽이고도 눈 하나 꿈쩍하지 않습니다.

주님의 관심은 정죄가 아니라 죄와의 싸움에서 우리가 승리하는 것입니다. 그것을 인간다운 삶의 회복이라 하여도 무방합니다. 악의 구렁텅이에 빠진 자를 정죄하고 조소하는 것에 그 목적이 있지 않습니다. 그 소굴에서 빠져나와 인간다운 풍성한 생명을 누리는 데 더 관심이 있습니다. 하나님이 보고 싶어 하는 것은 비록 죄를 지어 넘어졌지만 다시 일어나 멋지게 재기하는 사람입니다. 그 죄로 인해서 오히려 더 거룩한 존재로, 더 인간다운 존재로 변모된 사람입니다.

나는 세상의 빛이다

(8:12-20)

나는 세상의 빛이니 나를 따르는 자는
어두움에 다니지 아니하고 생명의 빛을 얻으리라

세상의 빛

7장부터 이어지는 말씀의 무대는 초막절입니다. 초막절에는 물과 관련된 의식뿐만 아니라 불과 관련된 의식도 있습니다. 초막절 첫날 저녁에 제사장들은 '여인의 뜰'에 있는 4개의 금촛대에 불을 붙입니다. 그 촛대는 매우 높아서 사다리를 딛고 올라가야 할 정도입니다. 탈무드에서는 50큐빗25m에 달했다고 전합니다. 이 불을 켜면 온 예루살렘 시내를 다 비추었고 여인들은 그 빛에 비추어 밀을 체질할 수 있을 정도였다고 합니다. 심지는 제사장의 헌 옷이나 허리띠를 사용했습니다.

사람들은 그 불빛 아래서 횃불을 들고 찬양하며 춤을 춥니다. 이때 부르는 찬양이 스가랴서 14장 7절입니다. "여호와께서 아시는 한 날이 있으리니 낮도 아니요 밤도 아니라 어두워 갈 때에 빛이 있으리로다" 이 빛은 출애굽 당시의 불기둥을 상징하는 빛이요, 어두움이 물러가는 구원의 빛입니다.

예수님은 이 초막절 의식에 비추어 자신을 "나는 세상의 빛이다"(12)라고 선언하셨습니다. 예수님은 온 세상을 비추는 빛입니다. 시온산 가장 높은 곳에서 어둠을 뚫고 비추고 있는 빛을 생각해 보십시오. 시골길은 정말 어둡습니다. 달도 뜨지 않는 밤길이라면 바로 한 치 앞도 볼 수 없습니다. 앞에 웅덩이나 바위가 있어도 보이지 않습니다. 그런데 등불이나 전등이 있으면 어둠을 헤치며 나갈 수 있습니다. 간음하다 잡혀 온 여인은 어둠 속에서 길을 잃었던 사람이었습니다. 바리새인들이나 유대인들 또한 어둠 가운데 있습니다. 사랑과 이해의 시선이 아니라 정죄와 혐오와 무정함으로 눈이 먼 사람들입니다.

빛은 깨달음이나 지혜와 관련됩니다. 구약에서는 토라가 빛이었습니다. "주의 말씀은 내 발에 등이요 내 길에 빛이니이다"(시편 119:105) 잠언 말씀입니다. "대저 명령은 등불이요 토라는 빛이요 훈계의 책망은 곧 생명의 길이라"(잠언 6:23) 예수님이 빛이 되심은 예수님이 우리를 올바른 길로 이끌기 때문입니다. 예수님의 빛이 우리 영혼을 꿰뚫고 우리 마음속을 낱낱이 비춥니다.

예수님은 지혜의 빛일 뿐만 아니라 생명의 빛입니다. "나를 따르는 자는 어둠에 다니지 아니하고 생명의 빛을 얻으리라"(12) 빛은 생명과 직결됩니다. 이는 이교도들의 태양신 숭배에서 잘 드러납니다. 태양은 자연물 중 가장 강력한 존재로 일찍부터 숭배의 대상이었습니다. 애굽인들은 아톤이란 이름의 태양신을 섬기며 다음과 같은 '태양 찬가'를 불렀습니다.

"하늘의 지평선에 새벽이 아름답게 동튼다. 오 생명을 주시는 '아톤'Aton님이시여, 삶의 시작이시여! 당신이 동녘 지평선에 솟아오르실 때 온 땅에 아름다움이 가득 찹니다. 당신은 아름답고, 위대하고, 휘황하십니다. 온 땅을 굽어보십니다. 당신의 햇살은 땅을, 당신이 만드신 만물을 감싸고 있습니다."

만물에 생명을 주는 것이 태양입니다. 이렇듯 예수님이 바로 생명의 빛입니다. 주님은 우리의 빛입니다. "여호와는 나의 빛이요 나의 구원이시니 내가 누구를 두려워하리요 여호와는 내 생명의 능력이시니 내가 누구를 무서워하리요"(시편 27:1) 우리 영혼은 우리 육체에 밝힌 등불과 같습니다. 이 등불이 미약하거나 꺼져 있습니다. 이 등불을 밝히는 분이 예수님이십니다. 그래서 생명의 빛입니다.

신앙인은 이제 이 생명의 빛을 받아서 반사하는 존재입니다. "너희는 세상의 빛이라"(마태복음 5:14) 우리는 태양과 같으신 예수님의 빛을 받아서 반사하는 달과 같은 존재들입니다. 예수님께 집중할수록 우리는 더 밝은 빛을 비춥니다. 보름달이 그렇습니다. 그러나 태양을 등지거나 지구의 그림자에 가리면 달빛이 약해지듯 예수님을 제대로 바라보지 않는다면 우리의 빛은 약화됩니다.

내 판단은 참되니

유대인들은 예수님이 스스로에 대해서 증거하니 그 증거는 믿을 수 없다고 반박합니다. 모세의 법에는 증언은 재판 당사자 외의 다른 두 증인이 있어야만 성립됩니다. 예수님은 역으로 숫자보다는 증인의 자질에 대해서 논박합니다. 예수님은 자신의 증거가 옳다고 합니다. 왜냐하면 자신은 어디서부터 와서 어디로 가는지 잘 알기 때문이라고 합니다. 아무리 수가 많다한들 그들이 맹인이라면 그 증거는 인정할 수 없습니다.

모든 것을 머릿수로 계산하는 민주주의의 맹점이 여기에 있습니다. 그 능력이나 지혜나 미래나 비전을 알지 못한 채 인기나 그 세력이나 자신의 욕망과 어리석음에 근거해 선택을 하는 경우가 자주 있기 때문입니다. 소크라테스를 죽인 것은 아테네의 민주정이었습니다. 더구나 진리의 문제를 이런 다수결로 결정할 수는 없습니다. 많은 수보다는 정확한 하나가 중요합니다.

더군다나 그 증거 또한 예수님은 "너희는 육체를 따라 판단한다"(15)라고 비판합니다. 육체의 욕심을 따라서, 그 어리석음을 따라서 판단한다는 뜻입니다. 다수가 그러니 믿으라고요? 권위자가 그러니 믿으라고요? 그것이 하늘로부터 온 것인지 육체로부터 온 것인지 잘 판단해야 합니다. 다행히도 우리에게는 그런 판단 능력이 있습니다.

예수님은 자신의 판단은 하나님의 판단이라 말씀합니다. "만일 내가 판단하여도 내 판단이 참되니 이는 내가 혼자 있는 것이 아니요 나를 보내신 이가 나와 함께 계심이라"(16) 예수님의 판단이나 행동은 스스로 내린 것이 아니요 하나님의 결정입니다. 예수님은 하나님이시기에 당연합니다. 그렇지만 자기 행동이나 생각에 대한 이런 확신은 인간들에게도 필요합니다.

사도 바울도 예수님과 같은 태도를 보였습니다. "너희는 나를 본받으라", "내가 그리스도를 본받는 자가 된 것 같이 너희는 나를 본받는 자가 되라"(고린도전서 4:16, 11:1, 빌립보서 3:17) 인간의 죄성을 강조하는 개혁신앙에서는 감히 하기 어려운 말입니다. 그러나 예수님도 하셨고 인간인 사도 바울도 했습니다. 우리 또한 자신에 대해서 확신을 갖기 바랍니다. 내가 하는 일은 곧 하나님이 하시는 일이다! 하나님이 기뻐하신다! 내 판단은 나의 생각이 아니고 하나님의 생각이다! 나는 옳다!

이에 대해서는 불교만큼 자기 확신이 강한 종교는 없을 듯합니다. 석가모니는 태어나자마자 일어나 일곱 걸음을 걷고는 그 유명한 '천상천하 유아독존'이라 선언했다고 합니다. 하늘 위와 하늘 아래에 오직 나 홀로 존귀하다는 뜻입니다. 이어지는 구절이 더 가관입니다. '삼계개고 오당안지'三界皆苦 吾當安之 온 세상이 모두 괴로움에 잠겨 있으니 내 마땅히 이를 편안하게 하리라는 뜻입니다. 대단한 자존감입니다.

비움과 자기부정을 중시하는 불교에서 이처럼 섣불리 교주를 신격화하거나 교만한 투의 말을 하지는 않습니다. 이 설화가 전하고자 하는 교훈은 바로 인간의 존귀함입니다. 진리를 좇거나 운명을 극복하는 데 있어서의 인간의 주체성, 자기 결정권에 대한 위대한 선언입니다. 답은 자기에게 있습니다. 기독교에서는 성령의 내주로 이를 설명합니다. 우리 안에서 성령이 가르치고 생각나게 하고 행동하게 합니다. 성령과 함께하는 우리의 결정은 옳습니다.

그렇지 않아도 신앙인들의 독단성, 목사나 교주들의 과대망상이나 착각, 심판자적인 누리꾼, 노인네들의 옹고집 때문에 한국교회나 사회의 폐해가 심한데 이 말씀이 잘못 적용될 우려도 있습니다. 이런 부작용에도 불구하고 자기 결정권과 자기 확신의 위대성은 강조되어야 합니다. 현대는 실존철학의 시대로 주체성이 중요합니다. 자기 인생에 대해서 책임져야 할 사람도 자신이요, 자기 운명을 바꿀 수 있는 사람도 자기이기 때문입니다.

공자는 자신의 인생을 나이에 빗대어 서술한 바 있습니다. 그중 70세 나이에 대한 설명이 참으로 대단한데 '종심소욕 불유구'從心所慾 不踰矩라고 합니다. 마음 내키는 대로 하여도 법도에서 벗어나지 않았다는 뜻입니다. 곧 자신의 말이나 생각이 진리가 된 나이입니다. 이는 단지 나이를 먹는다고 하여 저절로 주어지는 것이 아닙니다. 공자가 70세에 이런 경지에 이를 수 있었던 것은 배움과 수양을 게을리하지 않았기 때문입니다. 어떤 말을 하여도 그 입에서 나온 것이 다 생명이고 진리이고 길이었습니다. 그러나 전혀 수양이나 배움도 없이 나이만 먹는다면 옹고집만 남을 것입니다.

빛 되신 예수님을 끊임없이 바라보고, 품고, 함께한다면 "내가 판단하여도 내 판단이 참되니 이는 내가 혼자 있는 것이 아니요 나를 보내신 이가 나와 함께 계심이라", "나를 알았더라면 내 아버지도 알았으리라"는 말씀이 우리에게도 가능하다고 요한 사도는 격려합니다. 그러기 위해서는 유사 빛에 취하지 말아야 합니다. 자기 사념과 편견과 욕망을 버리고, 그리스도의 빛 안에 온전히 거하도록 부지런히 힘써야 합니다.

하늘을 품은 사람

(8:21-30)

내가 항상 그의 기뻐하시는 일을 행하므로
나를 혼자 두지 아니하셨느니라

위와 아래

최근 우리 사회가 경험하는 문제 중 하나는 의사소통의 부재입니다. 대화라기보다는 일방적 독백인 경우가 많습니다. 상대방의 말을 듣기보다는 자기 이야기만 무한 반복합니다. 정치판에선더 심합니다. 언론이나 유튜브도 자기 생각과 맞는 것만 들으려 합니다. 중년의 남성들이 가족들에게서 소외되는 경향이 있는데 주로대화법 때문입니다. 적당한 경험도 있겠다, 고치는 것은 싫고, 자기합리화와 자기주장이 강하여 고립된 섬처럼 되어갑니다.

60세를 이순耳順이라고 하는데 한자 그대로 풀이하면 귀가 순하다는 뜻입니다. 듣는 것을 잘 다스려 감정통제가 되는 나이를 말합니다. 나이 들수록 귀가 막히지 않고 잘 듣는 능력이 필요합니다. 대화의 시작입니다. 잘 들으면 상대방의 마음을 얻을 수 있습니다.

잘 들으면 답을 찾을 수 있습니다. 잘 듣는 것이 지혜이고 사회성을 잃지 않는 비결입니다.

예수님과 유대인들 간의 대화도 동문서답, 소귀에 경 읽기식으로 진행됩니다. 예수님이 원래 있던 곳으로 돌아갈 것이요 그들은 그곳에 오지 못할 것이라고 말씀합니다. 이에 대해 유대인들은 정말로 못 알아들었다는 듯이 그러면 자결하려는가 하고 심하게 되받아칩니다. 아마 예수님이 너희 죄 때문에 죽을 것이라는 말에 화가 나서 그러면 당신은 지옥에 갈 것이냐는 투로 비난한 것 같습니다. 그들은 계속해서 예수님에게 "당신은 누구냐"(25)라고 묻습니다. 예수님은 그동안 충분히 답을 주었는데 들으려 하지 않는 유대인들의 모습에 매우 답답해합니다.

이처럼 대화가 통하지 않는 이유는 서로 태어난 곳이 다르고 소속된 곳이 다르기 때문입니다. "너희는 아래에서 났고 나는 위에서 났으며 너희는 이 세상에 속하였고 나는 이 세상에 속하지 아니하였느니라"(23) 위와 아래, 세상과 하늘이 대립하고 있습니다. 먹는 양식이 다르고 추구하는 것도 다릅니다. 더 결정적인 것은 위에서 실상을 본 자와 자기가 본 세상이 다인 것처럼 우기는 자의 차이입니다.

예수님처럼 신앙인들 또한 위에서 난 자들입니다. 거듭나다는 단어가 '아노텐'입니다. 본문에서 예수님이 "위에서 났다"(23)고 하시는데 이 '위'가 같은 '아노'입니다. 신앙인들은 '위에서' 난 자들입니다. 사도 바울은 달리 이를 "우리의 시민권은 하늘에 있다"(빌립보서 3:20)라고 말씀합니다. 우리의 고향은 이곳이 아닙니다. 우리는 이 세상의 흙으로 흩어질 자들이 아니라 영원한 하늘의 세계로 돌아갈 사람들입니다.

출신이 다르기에 먹는 것도 추구하는 것도 살아가는 방식도 다릅니다. 세상은 빵을 먹고, 돈과 높은 자리를 선호합니다. 위에서 난 자들은 진리를 먹고, 예수님을 따르는 것을 더 즐거워합니다. 사랑을 나누고 희생하고 선행을 베푸는 것을 자기 양식으로 삼는 자들입니다. 이 땅에서 이름을 남기는 것보다 하늘에 이름을 남기는 것을 좋아합니다. 썩어질 보화보다는 하늘나라에 쌓는 보화에 더 힘을 씁니다. 정의와 사랑이라는 하늘 양식에는 관심을 가지지만 이 땅의 정치와 권력에는 관심이 없습니다. 그 언어도 다릅니다. 불만의 언어보다 감사와 찬양의 언어이며, 긍정의 언어입니다.

십자가를 대하는 태도도 다릅니다. 예수님은 십자가에 달린다거나 고난받는다는 말을 사용하지 않습니다. "너희가 인자를 든 후에 내가 그인 줄을 알고"(28) '들린다'는 것은 십자가에 달린다는 말입니다. 들린다는 것은 긍정적 표현입니다. 골고다는 언덕이기에 높고, 십자가에 달렸으니 더 높습니다. 가장 비참하고 수치스럽고 고통스러운 것이 십자가의 죽음입니다. 그러나 예수님은 높이 들린다고 말씀합니다. 마치 영광의 순간처럼 표현합니다. 실제 그렇습니다. 십자가는 위의 하늘나라에 가장 가까운 곳입니다. 하늘에 계신 아버지께로 오르는 통로입니다. 자기 일을 다 마치고 하늘나라로 돌아가는 순간입니다. 땅에서 태어난 자들에게는 그 근본인 땅에서 제거되는 절망의 현장이지만, 위에서 태어난 자에게는 자기 고향으로 돌아가는 영광의 귀환입니다.

나를 보내신 이가 나와 함께 하시도다

예수님의 정체성을 드러내는 무명無名의 이름이 있습니다. "만일 내가 그인 줄 믿지 아니하면 너희 죄 가운데서 죽으리라"(24) "너희가 인자를 든 후에 내가 그인 줄을 알고"(28) '내가 그이다'는 번역의 헬라어 원문은 '에고 에이미'입니다. 영어로 'I am'입니다. 문장이 완성되지 않은 것 같은 이런 문장은 구약에서 하나님을 지칭하는 표현으로 사용되었습니다. 이사야 43장 10절입니다. "너희가 나를 알고 믿으며 내가 그인 줄에고 에이미 깨닫게 하려 함이라 나의 전에 지음을 받은 신이 없었느니라 나의 후에도 없으리라" 41장 4절입니다. "나 여호와라 처음에도 나요 나중 있을 자에게도 내가 곧 그니라에고 에이미" 예수님은 '에고 에이미'의 하나님입니다.

'에고 에이미' 문장의 특이점은 술어가 없다는 점입니다. 나는 있는데 나를 설명하는 술어는 없습니다. 결국 '나'는 비었습니다. 예수님은 "내가 스스로 아무것도 하지 아니하고 오직 아버지께서 가르치신 대로 이런 것을 말하는 줄도 알리라"(28)라는 말씀을 자주 하셨습니다. 예수님은 자기 말이 없습니다. 예수님은 자기 생각이 없습니다. 그것은 달리 하나님의 말과 하나님의 생각과 온전히 일치하였다는 뜻입니다.

그 이유는 비었기 때문입니다. 비었기에 온전히 하나님의 것으로 채울 수 있습니다. 낮은 곳을 물이 채우듯, 빈 항아리에 다른 것들이 가득 담기듯, 예수님의 빈 곳은 하나님으로 채워졌습니다. 예수님은 낮아짐, 사라짐, 섬김과 사랑, 자기부정을 통해 자기를 비웠습니다. 자기가 사라졌는데 오히려 하늘의 생명으로 충만합니다.

예수님의 양식은 하늘 뜻을 행하는 것이었습니다. 예수님의 기쁨은 하나님의 기뻐하시는 일을 행하는 것에 있었습니다. "나를 보내신 이가 나와 함께 하시도다 나는 항상 그가 기뻐하시는 일을 행하므로 나를 혼자 두지 아니하셨느니라"(29) 하나님의 말씀을 행하는 곳에 하나님이 함께하십니다. 예수님이 하나님을 생각하니 하나님이 예수님을 지지하고 함께하십니다. 예수님이 하나님 기뻐하시는 일을 행하니 하나님은 예수님을 영광스럽게 만듭니다.

『장자』 '소요유' 편의 말씀입니다. "지인至人은 무기無己요 신인神人은 무공無功이요 성인聖人은 무명無名이라." 지극한 경지 곧 최고의 경지에 이른 '지인'은 규정된 틀이 없다, 신과 같은 경지에 이른 '신인'은 공이 드러나지 않으면서 공을 이룬다, 높은 인격과 학문의 '성인'은 이름이 없고 이름을 구하지 않는다는 말입니다. 하나님을 품은 예수님에게서 지인, 신인, 성인의 모습이 다 보입니다.

예수님의 말씀은 틀이 없습니다지인. 그러다 보니 마태는 예수님을 새로운 모세처럼 보았고, 마가는 섬김과 수난의 인자로 보았고, 누가는 사랑과 선교의 구세주로 보았습니다. 요한은 빛과 생명으로 오신 하나님으로 보았고, 그 외에 영지주의적 경향으로 본 도마도 있었습니다. 이 모든 틀을 합하면 예수님이 온전히 보입니다. 우리 마음을 비워 예수로 채우면 우리 또한 자기라는 경계와 틀로부터 자유로워집니다.

예수님은 짧은 공생애 3년을 사셨습니다신인. 소수의 오합지졸 제자 열둘을 남겼으며, 십자가에서 홀로 죽는 허무한 패배로 끝났습니다. 그러나 예수님이 이루신 것은 헤아릴 수 없이 많아 2천 년 세계사를 가득 채웠습니다. 보이지 않는 가운데 하나님이 일을 이루셨기 때문입니다. 기도 응답의 비결이 여기에 있습니다. 산상수훈의 말씀입니다. "너희는 먼저 그의 나라와 그의 의를 구하라 그리하면 이 모든 것을 너희에게 더하시리라"(마태복음 6:33) 우리가 하나님의 일을 행할 때, 하나님은 우리의 일을 이루어주십니다.

예수님은 이름이 없고 다만 말씀으로만 존재합니다성인. 자기는 사라지고 하나님 말씀만 남았습니다. 그래서 말씀이 선포되는 곳, 말씀이 행하여지는 곳에는 어디든 계시는 절대자유가 되었습니다. 예수님은 이름을 구하지 않았습니다. 다만 하나님의 말씀을 전하고 순종했을 뿐입니다. 그러자 하늘과 땅 위에 가장 뛰어난 이름을 얻게 되었습니다.

예수의 제자들 또한 자기 이름을 잃어버린 사람들입니다. 그들은 작은 예수라는 이름으로 살아갑니다. 무명한 것 같으나 실상 하늘과 땅 위에 유명한 자들입니다. "우리는 속이는 자 같으나 참되고, 무명한 자 같으나 유명한 자요, 죽은 자 같으나 보라 우리가 살아 있고"(고린도후서 6:8-9) 다만 하나님이 기뻐하시는 일만을 구하는데 존귀와 영화로운 이름으로 남습니다.

진리가 너희를 자유케 하리라

(8:31-36)

너희가 내 말에 거하면 참 내 제자가 되고
진리를 알지니 진리가 너희를 자유케 하리라

자유

자유는 인간이 가진 기본적인 욕구입니다. 자유自由는 한자 그대로 '스스로 말미암는다.'는 뜻입니다. 인간은 구속을 싫어합니다. 스스로 결정하고 스스로 행동하는 것, 그것을 살아 있다고 말합니다. 영화 《빠삐용》의 주인공은 끊임없이 탈출을 시도합니다. 그에게 감옥은 죽음과도 같은 곳입니다. 거듭 실패하여 도무지 빠져나올 수 없는 섬에 갇히지만 그곳에서도 최후의 탈출을 감행합니다. 빠삐용은 코코넛 잎으로 만든 엉성한 자루를 던지고 바다로 뛰어듭니다. 그의 마지막 대사는 "야 이놈들아 나 아직 살아 있다I'm still here."입니다. 엔딩은 빠삐용이 마침내 자유를 얻었다는 내레이션과 함께 끝납니다.

최근에는 《쇼생크 탈출》의 탈출 장면이 감동적이었습니다.

주인공은 근 20년 동안 작은 손 망치로 감옥 벽을 파고, 하수구를 500야드450m 기어서 밖으로 탈출합니다. 마침 장대비가 내리고 있었고 주인공이 감격하여 하늘로 두 팔을 뻗은 모습은 영화를 상징하는 장면이 되었습니다. 이 영화의 또 하나의 감동적인 장면은 주인공 앤디가 감옥 방송실에서 무단으로 모차르트의 《피가로의 결혼》을 방송했을 때입니다. 하늘을 나는 듯한 아름다운 선율의 아리아가 절망적인 쇼생크 교도소 전역에 울립니다. 그때의 감동을 무기수 레드가 이렇게 전합니다. "꿈에서도 생각할 수 없는 높은 곳에서 아름다운 새가 날아든 것 같았다. 벽들도 무너지고 그 짧은 순간에 쇼생크의 모두는 자유를 느꼈다."

자유를 향한 여정이 바로 인간의 역사입니다. 역사의 방향은 왕이나 일부 특권층만의 자유가 아니라 모두가 자유를 누리는 민주주의를 향해 전진해왔습니다. 미얀마나 세계 곳곳에서 일어나는 민주 항쟁은 그런 인류사 공동의 한 걸음이라 할 것입니다. 일제의 식민지배하에서 우리 민족은 그 위력에 맞서 저항하였습니다. 자주성이라 불리는 민족의 자유를 위해서입니다.

교도소와 수도원의 차이가 무엇입니까? 둘 다 구속되어 있는 상태는 동일하지만 하나는 강제로 그러하고 다른 하나는 자유로 선택했다는 점입니다. 경제나 과학기술의 발달도 결국은 빈곤이나 공포로부터 자유롭기 위한 인류의 노력이었습니다. 배고프고 질병에 시달리면 인간은 자유롭지 못합니다. 코로나 팬데믹은 인류가 맞은 가장 최근의 자유의 위기입니다. 자유를 포기할 수 없는 인류가 결국 이겨낼 것입니다.

자유의 욕구는 이미 창조 때부터 시작되었습니다. 아담과 하와의 타락은 신과 같이 되어보려는, 결국은 신으로부터의 자유 선언입니다. 돌아온 탕자의 비유는 인류사와 유사합니다. 탕자는 아버지라는 권위로부터 자유를 얻으려 아버지의 집을 떠납니다. 그런데 문제는 그 결과 자유를 얻었느냐는 것입니다. 탕자는 자유를 선택했지만 돼지보다 못한 비인간의 상태로 떨어지고 말았습니다. 신으로부터 독립한 인류는 대신 욕망의 종이 되었습니다. 인본주의의 길은 1차와 2차 세계대전이라는 극단적 폭력과 반인간성으로 귀결되었습니다. 인류가 부자유하다고 벗어나려 했던 신은 실상 신이 아닌 우상이었습니다. 전통과 권위의 억압자였을 뿐입니다. 이런 신이라면 벗어버리는 게 당연합니다. 예수님이 계시한 신이 참 신인데, 참 신은 인간을 신처럼 자유롭게 합니다.

자유의 욕구는 유대인들에게 매우 강했습니다. 이스라엘은 강대국의 전제정치에 굴하지 않고 늘 자유를 꿈꾸었습니다. AD 70년경의 유대독립 전쟁 중 맛사다에서 최후의 항전을 하며 엘르아살이 했던 말입니다. "우리는 오래 전에 하나님 외에는 로마인이나 어떤 사람의 종도 되지 않기로 결정하였다. 우리는 종이 되느니 차라리 죽음을 택하였다."요세푸스, 『유대전쟁사』 이런 유대인들에게 예수님이 너희가 노예라 선언하니 반발할 법합니다.

유대인들은 정치적 자유를 원하지만 예수님은 보다 근원적인 자유를 주시고자 합니다. 로마의 통치 아래 식민지인으로 사는 육신의 부자유가 문제가 아니라, 죄의 포로가 된 영적인 부자유가 더 큰 문제라 말씀합니다. 간음한 여인은 욕망의 포로가 되어 있고, 유대인은 반인간적인 이념과 분노의 포로가 되어 있습니다. 정치적 자유는 승자와 패자가 공존하고, 그 자유도 일시적입니다. 그러나 영적인 부자유는 인간 실존 모두를 얽매며 생활세계 곳곳을 지배하고 있습니다. 스스로 빠져나오기도 어렵습니다. 죄가 가진 권능에 대해 유대 랍비 아키바는 다음과 같이 말합니다. "그것악의 지배, 혹은 악의 성향은 처음에는 거미줄과 같으나 나중에는 배의 굵은 밧줄과 같이 된다."

진리

주님은 죄로부터의 자유를 선언합니다. "너희가 내 말에 거하면 참으로 내 제자가 되고 진리를 알지니 진리가 너희를 자유롭게 하리라"(31-32) 진리는 허상이 아닌 실상을 말합니다. 그림자가 아닌 참 것을 말합니다. 인간은 지금 그림자의 세계에 묶여 있습니다. 다른 그림자의 억압에서 조금 벗어난 것을 자유롭다고 하는 것이 인간들이 말하는 소위 자유입니다. 환상 속에서는 결코 자유로울 수 없습니다. 진리는 인간이 추구하는 것들이 그림자임을 깨닫게 하는 것입니다. 예수라는 참된 진리가 나타나자 권력이나 물질이나 욕망이 허망한 그림자라는 사실이 자명하게 드러납니다.

자유의 가치를 절실히 깨달았던 사람 중 하나가 루터입니다. 루터는 자기 곁을 내리치던 벼락에 벌벌 떨며 지옥에 갈까 두려워 수도원에 들어갔던 사람입니다. 로마 교황과 황제의 권력 앞에 목숨이 항상 위태로웠던 사람이었습니다. 하나님의 분노가 두려워 하루에도 서너 번의 고해성사를 해야 겨우 안심할 수 있던 사람이었습니다. 그런 그가 행위가 아닌 믿음으로 구원받는 칭의의 복음을 깨닫고서야 마침내 참된 자유를 누릴 수 있게 되었습니다.

그에게서 복음은 곧 자유를 의미했습니다. 그래서 그는 자기 이름마저 '자유'로 바꾸어버렸습니다. 원래 루터의 이름은 루더Luder였습니다. 아버지 이름이 한스 루더입니다. 종교개혁 이후 그는 자신의 이름을 루터Luther로 바꿉니다. 여기에는 자유라는 뜻이 담겨 있습니다. 자유라는 단어가 헬라어로 '엘류테로'인데 여기서 이 이름을 가져왔습니다. 루터는 복음 안에서 죄로부터의 자유를 맛보았습니다. 죽음과 두려운 심판에서 자유함을 맛보았습니다. 교황의 종교권력이나 세속권력으로부터 신앙이나 양심의 자유를 제한받지 않는 그런 자유를 맛보았습니다. 양심의 자유는 종교개혁의 핵심 의제입니다. 이로써 근대 이성의 길을 막던 전통과 권위라는 장애물이 제거되었습니다.

죽음과 자유

진리는 공포와 염려로부터 우리를 자유롭게 합니다. 힘이 없으면 자유가 없습니다. 인간을 억누르고 꼼짝 못하게 하는 것은 죄이고 죄는 사망의 권세로 우리를 억압합니다. 사망의 힘에 대해서 누구보다 잘 분석한 사람은 키르케고르입니다. 키르케고르는 『죽음에 이르는 병』을 쓴 실존철학자입니다. 그는 인간을 정의하기를 죽음에 이르는 병에 걸려 절망하고 있는 존재라고 하였습니다. 죽음은 자기라는 존재에 대한 사형선고입니다. 이런 죽음을 안고 있는 자가 절망하지 않는 것은 비정상적입니다.

키르케고르는 이 절망을 느끼는 정도에 따라 사람들을 분류했는데 가장 위험한 절망은 '자신이 절망에 빠져 있음을 모르는 절망'이라고 하였습니다. 이들은 마치 알코올 중독자 같습니다. 술에 취해 있어야 행복한 사람입니다. 이들은 제정신 차리는 것이 두렵습니다. 술뿐만 아니라 다른 물질이나 이념으로 마치 구원을 받는 것처럼 취해 있는 자들도 마찬가지입니다. 이들은 늘어난 아파트 평수와 자동차 배기량에서 행복을 찾는 사람들입니다. 단 돈 5달러를 잃은 것은 심각해하면서도 '자기'를 잃은 것에 대해서는 무감각한 사람들입니다.

이보다 나은 절망은 '자신이 절망 상태에 있음을 깨닫는 절망'입니다. 곧 자신이 당하는 괴로움이 돈이 없고 일이 풀리지 않아서가 아니라, 덧없고 무의미한 삶에서 비롯되고 있음을 깨달은 사람들입니다. 그러나 그렇다고 할지라도 대응하는 방식에 따라 두 부류로 나뉩니다. 한 부류는 그 절망이 힘들기에 외면하고 다른 사람처럼 행동합니다. 자기 자신이 너무 싫은 나머지 다른 사람의 옷을 입고 마치 자기가 아닌 것처럼 행세합니다. 자신은 마치 절망을 극복한 훌륭한 도인처럼 꾸밉니다.

나머지 한 부류는 그 절망에 끝까지 맞서 싸웁니다. 그러나 그들의 결론은 자살입니다. 더 이상 버틸 수 없기 때문입니다. 더 이상 인생에 희망이 없음을 알기에 용감하게 자기를 포기하는 자살에 이른다고 합니다.

그렇다면 희망은 없는가? 키르케고르는 이렇게 답합니다. "절망의 반대는 희망이 아니라 신앙이다." 희망은 막연한 것을 기대합니다. 인간에게 있어서 희망은 중요하지만 불안합니다. 단지 인간적인 기대일 뿐입니다. 그러나 신앙은 확실합니다. 인간의 논리에서 나온 것이 아니고 인간 밖에서 왔습니다. 예수가 바로 그 생명입니다. 예수가 바로 그 진리입니다. 예수에게 전 존재를 던지는 신앙의 행위가 우리에게 참된 자유를 가져다줍니다.

우리와 동일한 인간이었던 사도 바울의 다음과 같은 선언을 들어보십시오. "사망아 너의 승리가 어디 있느냐 사망아 네가 쏘는 것이 어디 있느냐"(고린도전서 15:55) 감히 죽음에 맞서는 인간이 있습니다. 믿음으로 생명을 얻어 자유롭게 되었기 때문입니다.

당신의 아비는 누구인가?

(8:37-47)

하나님께 속한 자는 하나님의 말씀을 듣나니
너희가 듣지 아니함은 하나님께 속하지 아니하였음이라

아브라함의 자손

장동건, 유오성 주연의 영화 《친구》에 나오는 유명한 대사가 있습니다. "느그 아버지 뭐하시노?" 아버지가 힘없고 천한 장의사란 직업을 가졌기에 장동건은 선생님에게 뺨을 무수히 맞아야만 했습니다. 그 아버지가 힘있는 사람이었다면 함부로 못했겠지요. 지금도 마찬가지입니다. 갈수록 심해지는 불평등 구조는 부모의 경제력이 자녀의 지능, 성적, 직업까지 결정하는 결정적 요인이 되었습니다. 개천에서 용이 나던 시대가 지나가고 있습니다.

불평등 구조의 직격탄은 2, 30대의 젊은 세대가 맞았습니다. 젊은 세대를 향해서 '밀레니얼 푸어'millennial poor라는 말을 사용하기도 합니다. 21세기에 들어 신자유주의 강화에 따른 경쟁의 치열과 거대 기업으로의 구조 개편, 연속된 경제위기IMF 사태, 신용위기, 코로나 위기, 컴퓨터와 전자산업의 발전으로 인한 인력 절감 등으로 좋은 일자리들이 사라지고 일자리 자체가 축소됩니다. 대학 졸업자 비율은 이전 세대에 비해 높아졌는데 취업의 문은 더 좁아졌습니다. 이웃 아버지는 자기 일자리를 빼앗는 위협자이고, 자기 아버지는 부유해야 자신이 성공할 수 있습니다. 당신의 아버지가 뭐 하는지가 여전히 중요한 시대입니다.

본문 말씀 또한 당신의 아버지는 누구인가라는 주제로 전개됩니다. 유대인들은 자신들은 위대한 아브라함의 자녀들이라 자랑합니다. "우리 아버지는 아브라함이라"(39), "나도 너희가 아브라함의 자손인 줄 아노라"(37) 민족마다 자신의 시조를 자랑하지 않는 민족은 없습니다. 고대 로마인들은 자신이 트로이의 후예라고 합니다. 그리스는 알렉산더의 후예이고, 몽골은 칭기즈칸을 자랑스런 아버지로 두고 있습니다. 북구는 바이킹의 후예거나 오딘 신의 자녀들이라 할 것입니다. 우리나라는 단군의 후예라고 자랑스럽게 말합니다. 우리는 한때 단기 연호를 사용하기도 했습니다. 2021년은 단기로 4354년입니다. 시조 자랑이 허세가 되지 않으려면 현세대에 조금이라도 시조의 영광이나 업적이 나타나야 합니다.

아브라함의 자손이라 자랑하려면 아브라함이 했던 일을 해야 합니다. "아브라함의 자손이면 아브라함이 행한 일들을 할 것이거늘"(39) 아브라함이 무슨 일을 했습니까? 아브라함은 단순히 이스라엘 민족의 건국 시조만이 아닙니다. 아브라함에게는 하나님이 주신 세 가지 약속이 있었습니다. 땅을 주고, 큰 민족을 이루고, 다른 민족을 복되게 하는 복의 근원이 되게 하겠다는 약속입니다.(창세기

12:1-3) 이런 일을 행한다면 진정 아브라함의 자손이고 아브라함의 자손임을 자랑해도 좋습니다. 그런데 대개 민족들의 시조 자랑은 땅과 위대한 민족 건설에 그칩니다. 복의 근원의 약속까지 나아가는 민족은 드뭅니다.

그런 점에서 우리의 시조인 단군의 건국개념은 괜찮아 보입니다. 민족을 부르신 성서적 개념에 일치하기 때문입니다. 단군은 폭력적이거나 제국주의적 이미지가 아닙니다. 고조선의 건국이념은 홍익인간弘益人間과 재세이화在世理化 두 단어로 압축됩니다. 인간을 널리 이롭게 한다는 홍인인간의 정신은 "생육하고 번성하라"(창세기 1:28)는 창조 때 각 민족에게 주셨던 약속의 실현입니다. 세상을 이치로 교화한다는 '재세이화'는 평등하고 정의로운 나라를 꿈꾼 이스라엘의 계약법 정신과 통합니다. 고조선은 기원전 2333년 건국 후 무려 2천 년 넘게 동북아 지역에서 대제국을 건설했습니다. 그런데 그 제국이 폭력적 지배가 아닌 공존과 상생이었습니다. 천신신앙을 가진 환웅족이 곰 토템을 가진 맥족과 혼인 관계를 맺어 단군을 중심으로 한 나라가 되었습니다. 범 토템을 가진 예족은 제후국 형태로 자치권을 얻었습니다. 이 삼국을 중심으로 읍루족만주족, 실위족몽골족, 정령족투르크족, 산융족훈족, 일본족 등이 연방체제를 이뤄 고조선 제국을 형성하였습니다.

고조선은 이 평화를 바탕으로 쌀 문화, 청동기 문물, 고인돌 문화 등의 발전을 이루었습니다. 동북아 지역이 평화롭게 공존하고 서로 상생하고 발전하는, 아브라함을 통해 이루려 했던 복의 근원의 약속을 실현하였습니다. 무려 이 체제가 2천 년 넘게 존속했는데 우리는 그 뿌리를 너무나 알지 못합니다. 제대로 자랑도 하지 않고 계승하려 하지도 않습니다. 단군은 무속인들의 전유물이 되거나 신화 취급을 당하고 있는 형편입니다. 고조선 체제의 이상이 현재 동아시아의 미래가 되어야 합니다. 중국과 일본의 팽창주의와 국가주의로는 갈등과 위기를 피할 수 없습니다.

예수님 당시 유대인들은 아브라함처럼 복의 근원이 되어 세상 모든 민족을 복되게 하려는 마음이 없었습니다. 이들은 오히려 민족 국수주의에 빠져 이방인들을 배척하는 편협함으로 나아갔습니다. 사도 바울은 유대 민족의 특권이 되어버린 율법에 맞서 칭의론이라는 무기로 싸웠습니다. 바울은 그리스도를 주로 믿는 자들이 진짜 아브라함의 자손이라고 외쳤습니다. 바울은 유대인과 이방인이 함께 하는 '온 이스라엘'을 꿈꾸었던 것입니다.

마귀의 자식

예수님은 진리를 따르지 않는 유대인들을 향하여 아브라함의 자손은커녕 아예 마귀의 자녀라고 신랄하게 비난합니다. "너희 아비 마귀에게서 났으니 너희 아비의 욕심대로 너희도 행하고자 하느니라 그는 처음부터 살인한 자요 진리가 그 속에 없으므로 진리에 서지 못하고 거짓을 말할 때마다 제 것으로 말하나니 이는 그가 거짓말쟁이요 거짓의 아비가 되었음이라"(44) 마귀의 일을 하는 자는 마귀의 자식입니다. 마귀의 일은 욕심대로 행하고, 살인하고, 거짓을 행하는 것입니다. 거짓이라는 말이 여러 번 반복됩니다.

대표적인 마귀의 일이 거짓인데, 이념의 죄가 이와 가장 유사합니다. 이념의 죄는 집단적인 사기죄입니다. 유대 랍비들이 무슨 거짓말을 했겠습니까? 그들은 대부분 선량하고 마음씨 좋은 이웃집 아저씨들이었습니다. 그런데 그들은 율법이라는 이념에 사로잡혀 사람들을 괴롭게 하였습니다. 다른 민족은 배제하고 차별하였습니다. 사람들이 진리를 보지 못하게 만들고 유사 진리에 눈멀게 하였습니다. 이념은 항상 폭력과 살인으로 발전합니다. 탈레반의 모습이 이를 잘 보여줍니다. 이념에 사로잡힌 유대인들은 결국 예수를 죽이고 말았습니다.

　　세상에서 가장 많은 살인은 민족주의로 무장한 민족 간 전쟁, 종교 교리로 인한 전쟁과 마녀사냥, 이념으로 인한 전쟁과 숙청 작업에서 저질러졌습니다. 자본주의 이념은 무정함과 인간의 무한 탐욕을 정당화합니다. 경쟁에서 도태된 많은 사람이 생존의 위기로 몰리고 살해를 당하는 현실을 간과하게 만듭니다.

　　한 사람이 어떻게 마귀의 자식이 되는지는 한나 아렌트Hannah Arendt란 유태인 학자가 쓴 『예루살렘의 아이히만』에서 잘 보여줍니다. 이 책의 부제는 흥미롭게도 '악의 평범성에 대한 보고서'입니다. 아이히만은 2차 세계대전 당시 나치의 친위대 장교로 유태인들의 강제 이주와 학살에 주도적으로 관여했던 인물입니다. 아이히만은 전쟁 후 아르헨티나에 피신해 있다가 15년 만에 잡혀서 예루살렘에서 재판을 받게 되었습니다. 그런데 흥미로운 사실은 이 아이히만이 전혀 자신의 잘못을 인정하지 않았다는 점입니다. 자신은 신 앞에서는 유죄일지 모르지만 법 앞에서는 무죄라고 주장했습니다. 그는 네 아이를 사랑하는 자애로운 아버지였고, 단지 충실한 국가공무원이었을 뿐이라고 강변했습니다. 그는 개미 한 마리도 죽이지 못하는 사람이며, 유태인들을 좋아했지만 국가의 명령이라서 어쩔 수 없이 그 일을 수행했다고 변명했습니다. 잔인하게 살해되느니 가스실의 죽음이 훨씬 덜 잔인하고 인간적일 것이라 생각했다고 말하기도 했습니다.

그때 살아남았던 유태인 중 한 사람이 이런 아이히만을 법정에서 보고는 기절을 하고 말았습니다. 사람들은 분노해서 그랬을 것이라 예상했는데 그는 아이히만이 너무 평범한 사람이라는 것에 충격을 받아서 그랬다고 나중에 답변했습니다. 악은 정말 평범한 얼굴을 하고 있었습니다.

이 책을 썼던 한나 아렌트는 지극히 평범한 사람에 의해서 벌어지는 엄청난 죄악을 보며 그들의 잘못에 대해 이렇게 지적했습니다. "아이히만을 그 시대의 가장 악랄한 범죄자로 만든 것은 단순히 멍청함stupidity이라고만 규정할 수 없는, 그의 전적인 생각 없음sheer thoughtlessness이었다."

생각하지 않으면 어느새 마귀의 도구가 되어버립니다. 깨어 기도해야 하는 이유입니다. 자기를 끊임없이 부정하지 않으면 우리는 진리의 길에서 벗어날 수 있습니다. 아니 어느새 악마의 자녀가 되어 있을지 모릅니다.

요한복음은 이미 첫 시작부터 인종이나 혈통의 가족이나 민족 개념을 버렸습니다. "영접하는 자 곧 그 이름을 믿는 자들에게는 하나님의 자녀가 되는 권세를 주셨으니 이는 혈통으로나 육정으로

나 사람의 뜻으로 나지 아니하고 오직 하나님께로부터 난 자들이니라"(1:12-13) 기독교는 그 출발부터 혈통의 신화를 깨고 있습니다. 진리 안에 거하는 자가 바로 내 형제요 내 자매입니다.

하나님의 말씀을 듣는 자가 하나님의 자녀입니다. "나는 내 아버지에게서 본 것을 말하고 너희는 너희 아비에게서 들은 것을 행하느니라"(38), "하나님께 속한 자는 하나님의 말씀을 듣나니 너희가 듣지 아니함은 하나님께 속하지 아니하였음이로다"(47) 우리는 누구의 말씀을 듣고 있습니까? 어떤 말씀이 들립니까? 그것이 우리의 아비를 결정합니다.

귀신 들린 자 영에 취한 자

(8:48-59)

네가 아직 오십도 못되었는데 아브라함을 보았느냐
예수께서 이르시되 아브라함이 나기 전부터 내가 있었느니라

귀신 들렸다

본문에서 가장 많이 반복되는 문장은 '귀신 들렸다'입니다. 유대인들이 예수님을 비난하며 48절과 52절에서 두 번 반복합니다. 예수님은 억울하다는 듯이 49절에서 자신은 귀신에 들리지 않았다고 반박합니다. 귀신 들렸다거나 마귀라는 말은 반대파를 몰아붙이기 위해서 흔히 쓰입니다. 역사적으로는 진짜 정신이 이상해서가 아니라 매우 비범해서 이런 말을 들었던 위인들이 많았습니다. 주로 선각자적인 사람이나 신비적 체험을 하는 자들이 주로 이런 비난을 받았습니다. 기존의 질서나 기득권이 흔들릴 때 귀신 들렸다는 말은 비범한 자들을 제거하는 수단으로 사용되었습니다.

성경에는 이런 인물들이 많습니다. 창세기의 요셉은 '꿈꾸는 자'dreamer라 불렸는데 부정적으로는 '정상이 아닌 자'란 의미입니

다. 정의의 예언자 아모스는 '선견자'seer로 불렸는데 이스라엘 심판과 관련된 환상을 많이 보았기 때문입니다. 정말 미친 짓은 에스겔 선지자가 많이 했습니다. 에스겔 선지자는 인분 대신 쇠똥을 먹는 퍼포먼스를 하였습니다. 예루살렘이 포위되어 그 기근의 심함을 보여주기 위해서였습니다. 또 왼쪽으로 390일을, 오른쪽으로 40일을 종일 누워 있었습니다. 각각 이스라엘과 유다의 죄악의 날수를 상징합니다. 자기 아내가 죽어도 슬퍼하거나 울지 않았습니다.(에스겔 24:15-17) 전쟁의 참혹함을 보여주기 위해서였습니다. 예언자들은 대부분 미친 사람 취급을 당했습니다.

중세 시대 마녀사냥으로 수십만 명이 종교재판에서 죽임을 당했습니다. 연금술사 등 과학자들이나 뛰어난 여성들이 마녀 취급을 받았습니다. 희생자 8, 90%가 여성이었습니다. 영국과 프랑스 백년전쟁의 영웅이었던 잔 다르크Jeanne d'Arc도 그중 한 사람입니다. 잔 다르크는 프랑스를 구하라는 신의 계시를 받고는 16세의 처녀의 몸으로 전쟁에 뛰어들어 프랑스를 승리로 이끌었습니다. 여성이면서 동시에 민중들의 추앙을 받았기에 양쪽 권력자들에게 미움을 받았습니다. 종교재판 끝에 이단자, 배교자, 우상숭배자란 죄목으로 화형을 당했습니다. 그 판결문은 "이교의 사탄이 스며든 신체 부위와 같아 다른 부위에 독성이 퍼지기 전에 교회라는 몸체로부터 끊어내야 한다."는 것이었습니다.

사실 귀신 들렸다, 미쳤다는 말은 영예로운 호칭입니다. 그만큼 열심히 살았다는 뜻입니다. 일상성이나 평범함을 거부하며 살았다는 뜻입니다. 열정이라는 단어는 영어로 'enthusiastic'엔쑤지애스틱입니다. 단어를 풀이하면 내 안en에 신을 모시고 있는thus 상태가 열정입니다. 기독교적으로 보면 미친 것은 성령에 취한 상태입니다. 고대 헬라나 로마 서사시들은 그 첫 행을 신의 임재를 간구하며 시작합니다. 『일리아드』 1권 1행입니다. "노래하소서 여신이여 아킬레우스의 분노를!" 『오뒷세우스』 1권 1행입니다. "들려주소서 뮤즈의 여신이여 한 사람의 이야기를!" 『아이네이스』 1권 서두입니다. "뮤즈의 여신이여 경건한 한 남자의 이야기를 들려주소서." 신의 감동 없이는 서사시를 읽을 수 없습니다. 시적 언어는 단순한 공기의 파장이 아니라 영혼을 울리는 신의 음성입니다.

꿈을 향해 미래에 대한 어떤 그림을 그리며 나가는 자들은 자기 인생에 대한 예언자들입니다. 꿈은 하나님이 주시는 미래의 계획입니다. 성령이 임했을 때 우리에게 무슨 일이 일어나는지 사도행전은 이렇게 말씀합니다. "내가 내 영을 모든 육체에 부어 주리니 너희의 자녀들은 예언할 것이요 너희의 젊은이들은 환상을 보고 너희의 늙은이들은 꿈을 꾸리라 그 때에 내가 내 영을 내 남종과 여종들에게 부어 주리니 그들이 예언할 것이요"(사도행전 2:17-18) 성령은 꿈의 영입니다. 살면서 한번은 미쳤다는 소리를 들어야 제대로 산 것입니다.

나는 스스로 온 것이 아니요

유대인들을 공분시킨 이유는 예수님이 자신의 정체성을 신적 기원에 두었기 때문입니다. "내가 하나님께로부터 나와서 왔음이라 나는 스스로 온 것이 아니요 아버지께서 나를 보내신 것이니라"(42) 하나님을 자기 아버지라 하고, 자신이 하나님으로부터 왔다는 말을 유대인들은 도무지 믿을 수 없었습니다. 그런데 실제 하나님의 아들인 예수님은 정말 답답했을 것입니다. 아버지를 아버지라 하는데 타인들이 아니라고 하니 말입니다. 하나님의 감동을 받아, 하나님의 일을 하는 사람들에게는 이런 오해가 자주 발생합니다.

잔 다르크에 대한 이단 심판 과정에서도 이와 동일한 모습이 재현되었습니다. 재판에서 주고받은 문답을 보면 천사의 목소리를 얼마나 자주 듣는지, 천사들이 옷을 입거나 털이 났는지, 왜 남자의 옷을 입고 다니는지, 한낱 소녀를 어떻게 하나님이 사용하실 수 있는지, 교회가 내리는 명령에 일체 복종할 것인지 등을 물었습니다. 직접 하나님의 음성을 듣고 순종했던 잔 다르크 편에서는 매우 답답하고 억울했을 것입니다.

버나드 쇼G. Bernard Shaw도 잔 다르크를 주인공으로 하는 『성녀 잔』Saint Joan이라는 드라마를 썼습니다. 작품 속에서 잔 다르크와 프랑스의 황태자 다우핀이 만나 나누었던 대화입니다. 황태자는 조바심과 부러움이 가득해 잔 다르크에게 이렇게 묻습니다. "오, 하나님의 음성, 하나님의 음성! 왜 내게는 그분의 음성이 들리지 않지? 왕은 네가 아니라 나인데."

잔 다르크가 대답했습니다. "하나님의 음성은 분명 당신에게도 들립니다. 그러나 당신은 그 소리를 들으려 하지 않습니다. 당신은 그 소리를 들으려 저녁 들판에 홀로 앉아 있었던 적이 없습니다. 삼종아침, 낮, 저녁의 종소리가 울릴 때도 당신은 십자가만 그었을 뿐입니다. 만일 당신이 진심으로 기도를 드리고, 종소리가 그친 뒤에 공기 중에 퍼지는 그 떨림에 귀 기울였다면 당신은 분명 나처럼 그 음성을 들었을 것입니다." 듣는 자와 듣지 못하는 자, 본 자와 보지 못하는 자의 갈등입니다.

매트릭스

유대인들이 공분했던 이유는 또한 사람이 영원히 죽지 않는다는 말 때문이었습니다. "사람이 내 말을 지키면 영원히 죽음을 보지 아니하리라"(51) 육신의 생명이 전부라고 생각하는 사람에게는 이 말은 미친 말임이 틀림없습니다. 예수님은 나는 곧 부활이요 생명이니 나를 믿는 자는 영원히 죽지 않는다고 말씀하셨습니다. 육신으로 살아 있는 자들을 향하여 "너희 죽은 자들"(5:25)이라 불렀습니다. 육신의 한계에 갇힌 우리에게도 여전히 예수님은 미친 사람처럼 보입니다. 부활의 세계나 내세에 대한 믿음을 가지고 있지만 체험해보지 않은 이상 인간은 늘 의심하기 마련입니다.

이런 현실을 잘 그려낸 영화가 《매트릭스》입니다. 주인공 네오에게 모피어스가 파란 약과 빨간 약 두 개를 주면서 선택을 요구합니다. 파란 약을 먹으면 보고 싶은 것만 보고, 믿고 싶은 것만 믿으며 거짓의 세계에 살게 될 것이라 합니다. 빨간 약을 먹으면 진짜 진실의 세계를 보게 될 것이라고 합니다. 네오는 빨간 약을 먹고 진실을 보게 됩니다. 실제 인간들은 가사 상태에서 관 같은 곳에 누운 채 뇌만 컴퓨터에 연결되어 있습니다. 마치 꿈을 꾸듯 인간은 가상

세계에 살고 있습니다. 그 세계를 매트릭스라고 합니다. 네오는 이 꿈에서 깨어 처참한 진실의 세계를 접한 것입니다. 자기가 먹고 즐기고 보람을 느끼던 모든 삶이 단지 매트릭스라는 디지털 숫자에 불과했던 것입니다.

부활의 세계가 그렇습니다. 주님은 부활의 세계가 있다고 말씀하시고 그곳이 진짜요 영원한 세계라고 말씀합니다. 이 세계는 그림자요, 여기서 추구하는 모든 것들은 허망하다고 말씀합니다. 주님은 그 진실을 보았다고 말씀합니다. 신앙인들은 주님의 이 말씀을 믿는 사람들입니다. 반면에 도무지 그 세계를 믿을 수 없는 사람들은 예수님을 미친 자 취급합니다.

아브라함보다 큰 자

결정적으로 자신이 아브라함보다 크다는 말에 유대인들은 폭발하고 맙니다. "아브라함이 나기 전부터 내가 있느니라"(58), "너희 조상 아브라함은 나의 때 볼 것을 즐거워하다가 보고 기뻐하였느니라"(56) 유대인들은 "네가 아직 오십 세도 못 되었는데 아브라함을 보았느냐"(57)며 분노합니다. 예수님이 50세도 안 되었다는 이 말 때문에 초대교부 이레니우스는 예수님의 선교가 50세까지 계속되었을 거라 추정했습니다. 아니면 예수님이 고생을 많이 하셔서 겉늙어 보이셨을까요?

예수님이 하나님이시라면 창세기에서 야훼 하나님이 아브라함에게 나타나실 때 함께 있었을 것입니다. 아브라함의 궁극적 소망이 메시야와 그가 이루는 부활의 세계라면 그가 예수님의 때를 볼 것을 기대하고 즐거워했다는 것이 말이 됩니다. 유대인들은 예수님을 하나님으로 인정하지 못하기에 갈등이 쳇바퀴 돌 듯 반복됩니다.

우리도 예수님처럼 우주가 창조되던 그때에 나도 있었다고 하면 거짓일까요? 우주를 한 몸이요 공동체로 인식하면 그럴 수도 있지 않겠습니까? 그렇게 노래한 시인이 있습니다. 김지하의 〈새봄〉 연작 시 중 여덟 번째 시의 일부입니다. "내 나이 몇인가 헤아려보니 / 지구에 생명 생긴 뒤 삼십오억 살 / 우주가 폭발한 뒤 백오십억 살 / 그전 그 후 꿰뚫어 무궁살 / 아 무궁 / 나는 끝없이 죽으며 / 죽지 않는 삶 / 두려움 없어라."

우주와 나를 한 몸으로 여긴다면 이런 시가 가능합니다. 그러나 자기 세계에만 갇혀 있다면 이 시를 결코 이해하지 못합니다. 성경은 "창세 전에 그리스도 안에서 우리를 예정하셨다"(에베소서 1:4)라고 말씀합니다. 그러면 우리는 언제 태어난 것입니까? 하나님의 생각 속에 우리는 이미 존재했던 것 아닙니까? 주님은 아버지 집에 우리가 영원히 거할 것이라고 말씀합니다(14:3). 그러면 우리에게 끝이 있습니까? 우리의 기원도 영원하고, 그 끝도 무궁합니다.

실로암에서 눈을 뜨다

(9:1-7)

실로암 못에 가서 씻으라 하시니
이에 가서 씻고 밝은 눈으로 왔더라

누구의 죄로 인함인가?

맹인이 눈을 뜬 곳은 실로암이었습니다. 이를 배경으로 한 복음성가가 "어두운 밤에 캄캄한 밤에..."로 시작하는 〈실로암〉입니다. 실로암 노래는 최근에는 논산훈련소 훈련병들의 집단적인 떼창으로 주목을 받기도 했습니다. 수천 명의 젊은 청년들이 군무와 파도타기를 하며 군가 부르듯 힘차게 찬양하는 모습은 가슴을 뭉클하게 합니다. 떼창의 압도적인 장엄함도 있지만 군대라는 틀에 갇힌 젊은 남성들의 절규 또한 함께 섞여 애처로운 면도 있습니다. 노래 중간에 "훈련은 전투다. 각/개/전/투"라는 애드립이 군대라는 상황과는 잘 들어맞지만, 어두운 밤에 주님을 만나 빛을 발견하고 "영원한 이 꿈속에서 깨이지 않게 하소서" 노래하는 치유와 안식의 분위기와는 어울리지 않습니다.

군인들 못지않게 7, 80년대 많은 청년 신앙인들의 사랑을 받았던 노래가 이 실로암이었습니다. 복음성가답지 않게 서정적이었고, 그 가사에 담긴 어두운 밤, 캄캄한 밤, 새벽을 찾아 떠난다 등 젊은 날의 혼란과 방황을 잘 이해하는 가사 때문이었습니다. 주님을 만남으로 빛을 찾은 인생, 그것은 9장의 맹인만 아니라 신앙인들의 공통적인 고백입니다.

맹인이 눈뜨는 기적은 복음서 여러 곳에서 나옵니다. 그중 요한복음은 한 장 전체, 41절에 달할 정도로 분량이 많습니다. 또한 기적보다는 기적 이후, 기적 때문에 빚어진 갈등이 그 주를 이루고 있다는 점에서 단순한 기적 이야기가 아닙니다.

예수님과 제자들이 지나가다 맹인 한 사람을 보았습니다. 이 사람은 모태로부터 눈이 먼 채 태어났습니다. 제자들은 맹인이 된 것이 자기 죄 때문인지 아니면 부모의 죄 때문인지 궁금해했습니다. 태어나지도 않은 아이가 어떻게 죄를 저지를 수 있었을까? 그런데 실제 유대 문헌에는 엄마가 우상숭배의 죄를 저지르면 뱃속의 태아도 함께 그 죄에 참여한다는 글이 발견되기도 합니다. 불교에서 모든 것을 자기 업 탓으로 돌리듯이 유대인들은 불행의 배후에는 죄가 있다는 생각이 지배적이었습니다. 이를 숙명론이라고 합니다. 버림받은 인생으로 하나님의 저주라 생각했습니다.

예수님은 이처럼 어떤 원인을 찾고, 하나님의 심판이라 규정하는 태도에 찬성하지 않았습니다. "예수께서 대답하시되 이 사람이나 그 부모의 죄로 인한 것이 아니라 그에게서 하나님이 하시는 일을 나타내고자 하심이라"[3] 하나님이 하시고자 하는 일이란 맹인이 치유되는 기적이요, 더 나아가 영적인 눈을 뜨는 사건입니다. 11장에서도 나사로의 죽음 앞에서 절망하는 제자들을 향하여 예수님은 "이 병은 죽을 병이 아니라 하나님의 영광을 위함이요 하나님의 아들이 이로 말미암아 영광을 받게 하려 함이라"(11:4)라고 말씀합니다. 예수님은 운명론에 빠지지 않고 오히려 적극적으로 운명을 돌파해 나갑니다.

사람들은 부정적인 것에 더 고착되는 경향이 있습니다. 십계명의 둘째 계명에 대한 이해가 대표적입니다. "나를 미워하는 자의 죄를 갚되 아버지로부터 아들에게로 삼사 대까지 이르게 하거니와"(출애굽기 20:5)는 말씀에서 '가계에 흐르는 저주'를 운운합니다. 조상 탓을 하기도 합니다. 그런데 바로 이어지는 구절은 눈에 들어오지 않는 모양입니다. "나를 사랑하고 내 계명을 지키는 자에게는 천 대까지 은혜를 베푸느니라"(6) 천 대와 삼사 대는 비교할 수 없습니다. 실수의 대가는 작고, 순종의 대가는 엄청납니다. 하나님은 인생들이 행복하기를 바랍니다. 생명을 얻고 더 풍성한 생명을 누리기를 원하십니다. 세상은 빛으로 충만하고 어둠은 부분적일 뿐입니다.

예정론에 대한 이해도 마찬가지입니다. 창세기에서 하나님이 뱃속에서부터 이삭의 두 아들 중 에서를 버리고 야곱을 선택했다는 말은 그 초점이 에서를 버린다는 데 있지 않습니다. 야곱의 인생이 그 출생부터 얼마나 귀하고 하나님의 선택을 받았는지를 보여주는 말씀입니다. 실제 에서 또한 복을 받았는데 그로부터 에돔 족속이 나왔습니다. 사도 바울이나 예레미야가 모태로부터 나를 택정하셨다고 말씀하실 때도 운명론이 아니라 자기가 받은 사명의 무게와 권위를 강조하기 위해서입니다. 하나님이 애굽의 바로의 마음을 강 팍하도록 예정했다는 것은 한 인생의 운명을 결정하는 하나님의 폭 군성을 보이려는 데 있지 않습니다. 아무리 강대한 악과 권력이라 도 하나님의 통제 아래 있음을 보여줌으로써 약자인 이스라엘 백성 들에게 믿음을 심어주기 위해서입니다.

성서에서 기원이나 원인을 따지는 것은 우리의 호기심을 채우 려는 목적에서 그런 것이 아닙니다. 현재의 회개나 순종이나 행동 이나 변혁이 주요 목적입니다. 결정론이나 예정론은 철학자나 신학 자들이 머릿속에서 벌이는 논리일 뿐입니다. 하나님은 인간을 사랑 하고 그 생명이 풍성하기를 원합니다. 그 뜻을 안다면 주어진 고난 이나 불행을 숙명론으로 해석하지 말아야 할 것입니다. 오히려 그 것을 더 풍성한 생명으로 바꾸어가야 합니다. 운명 안에 보물이 있 습니다.

세상의 빛

본문 말씀에서는 밤과 낮이 대조되고 있습니다. "아직 낮이 매 나를 보내신 이의 일을 우리가 하여야 하리라 밤이 오리니 그때 는 아무도 일할 수 없느니라"(4) 밤은 어둡고 아무것도 볼 수 없습니 다. 밤은 혼돈입니다. 밤은 꺼진 등불처럼 영혼의 어둠을 보여줍니 다. 예수님은 빛입니다. "내가 세상에 있는 동안에는 세상의 빛이로 라"(5) 예수님은 캄캄한 밤을 밝히는 등불입니다.

그리스 철학자 디오게네스Diogenes of Sinope는 낮에도 등불을 들고 다녔다고 합니다. 사람들이 물었습니다. "자네는 왜 밝은 낮에 등불을 들고 다니는가?" 디오게네스가 이렇게 대답했다고 합니다. "사람 같은 사람이 하나도 보이지 않아서 등불을 들면 혹시라도 찾을 수 있을까 해서라네." 예수님 또한 대낮에 등불을 들고 믿는 자들을 찾고 있습니다.

맹인은 어둠이고, 인생의 밤을 상징합니다. 맹인들은 실제 꿈을 꿀까요? 꿈을 꾼다면 그 꿈은 흑백일까요, 컬러일까요? 실제 시각장애인의 말에 의하면 이미지가 있는 꿈을 꾸지 못한다고 합니다. 대신 꿈속에서 말하고 듣고 냄새까지 맡을 수 있다고 합니다. 중도에 시력을 잃은 사람들도 서서히 보는 꿈을 잃어간다고 합니다.

그렇다면 본문의 맹인은 보지 않는 고통을 알까요? 빛의 고마움을 알까요? 반대였을 것입니다. 예수님을 통해서 빛을 본 후에야 자신이 얼마나 어두운 세계에 살았는지 알게 되었을 것입니다. 색깔을 가진 새로운 세상을 경험한 후에야 자신이 흑백의 세계에 살았음을 인식할 수 있습니다. 사도 바울이 그랬습니다. 바울은 예수님을 만나기 전에도 확신에 가득 찼던 사람이었습니다. 율법에는 흠이 없다 생각했고 율법을 준수하지 않는 신앙인들을 박해했던 사람이었습니다. 그런데 예수를 만난 후로는 그 인생이 송두리째 바뀌었습니다. 참 빛을 보았기 때문입니다. 참 빛을 보니 자신이 얼마나 어두움 가운데 살았는지 그때에야 비로소 깨달았던 것입니다.

헬렌 켈러는 보지 못하고, 듣지 못하고, 말하지도 못하는 삼중고의 장애인으로 태어나, 기적적으로 언어를 배웠고, 그 언어로 세상과 소통할 수 있게 되었습니다. 그런 헬렌 켈러가 자신의 수필 〈

내가 3일 동안만 볼 수 있다면〉에서 보고 싶었던 것들은 평범한 일상 세계였습니다. 그녀를 가르쳤던 설리번 선생과 친구들을 보는 것, 바람에 나불거리는 나무 잎사귀들과 들에 핀 예쁜 꽃들과 풀들을 보는 것, 석양에 빛나는 아름다운 노을과 새벽 먼동이 틀 때의 웅장한 장면을 보는 것, 메트로폴리탄에 있는 박물관과 바삐 출근하는 사람들의 얼굴 표정을 보는 것, 네온사인이 반짝거리는 거리와 쇼윈도에 진열된 화려한 상품들을 보는 것들이었습니다.

헬렌 켈러는 실제 눈으로가 아니라 언어와 느낌을 통해서 빛을 본 사람인데 그가 머릿속에 그리던 것과 실상은 같았을까요? 아니면 눈으로 본 것보다 더 깊고 풍요롭게 이해했을까요? 평범한 일상사가 주는 그 소중함과 감사의 마음은 정상인들보다 더 확실하게 느꼈을 것입니다. 우리 믿음의 눈이 열려 영원한 세계를 보는 것도 마찬가지입니다. 영원한 세계의 실재와 견준다면 우리가 보는 것은 맹인 수준과 다름없습니다. 그러나 우리는 믿음으로 그 세계를 엿봅니다. 믿음을 통한 상상력의 정도에 따라 우리가 맛보는 희열은 매우 다를 것입니다.

실로암

이 맹인은 예수님께 간구하지 않았습니다. 예수님이 갑자기 찾아오셨습니다. 예수님은 분명 말씀으로만 하셔도 치유하실 수 있습니다. 그런데 그렇게 하지 않으셨습니다. 땅에 침을 뱉고는 그 흙을 이겨 맹인의 눈에 바르셨습니다. 매우 주술적이고 원시적인 방법입니다. 그러나 주님은 그런 방식을 취하셨습니다. 아마 그런 식으로 해야 맹인이 치료 행위를 인식할 수 있기 때문이었을 것입니다.

또한 눈에 흙을 바를 때 즉시 눈을 뜬 것도 아니었습니다. 예수님은 "실로암 못에 가서 씻으라"[7] 말씀하셨고 이 말에 순종하여 맹인이 그 못에서 씻을 때 나았습니다. 예수님이 낫게 한 것입니까? 실로암 물이 낫게 한 것입니까? 실로암은 초막절 행사의 한 중심에 있습니다. 이곳에서 물을 길어다 성전 제단에 붓는 의식이 행해지는 곳입니다.

예수님은 영원히 마르지 않는 샘물입니다. 그 배에서 생수의 강이 흘러난다고 말씀하셨습니다. 그렇다면 실로암 물은 예수님 배에서 흘러나온 물입니다. 이 물이 놀라운 기적을 일으켰습니다. 초대교회에서는 이 요한복음 9장을 세례와 관련된 말씀으로 해석하기도 하였습니다. 실로암에서 눈을 뜨듯 우리는 세례를 통하여 새로운 생명으로 태어납니다.

눈이 뜨인 것보다 더한 기적이 있습니다. 그것은 인생의 의미와 보람을 찾은 것입니다. 보지 못하는 자에서 보는 자로, 남에게 매여 살던 인생에서 자기 발로 걷고 독립하는 자주적 인생으로, 방황하던 삶에서 목표를 향하여 뚜벅뚜벅 걷는 인생이 되었습니다. 실로암은 인생의 터닝포인트입니다. 실로암의 '실로'는 '보냄을 받았다'는 뜻입니다. 그 뜻과 같이 부르심의 장소이고 새 인생의 출발점입니다. 우리들에게도 실로암이 필요합니다.

믿고 싶지 않지만 사실입니다

(9:8-23)

누구든지 예수를 그리스도로 시인하는 자는
출교하기로 결의하였으므로 저희를 무서워함이러라

출교

실로암에서 맹인이 눈을 떴습니다. 기적입니다. 그런데 실제 기적에 대해 다루는 것은 6절과 7절 단 두 구절입니다. 기적을 일으키기 전에 맹인에게 믿음을 요구하지도 않았습니다. 9장 총 41절 중 39절이 기적이 일어난 사건 전후의 갈등을 다루고 있습니다. 기적이 일어나면 사람들이 놀라고, 의견이 분분하고, 결국은 예수님의 정체가 드러나는 것이 통상적입니다. 그러나 9장 본문의 주인공은 눈 뜬 맹인입니다. 이 맹인은 아무런 노력이나 기대도 없었는데 어느 날 갑자기 닥친 은혜로 눈을 뜨게 되었습니다. 그런데 이 사람의 싸움은 정작 이제부터입니다. 사람들이 그를 의심하고 출교하려 합니다. 맹인은 끝까지 자기에게 일어난 은혜의 사건을 붙잡았고 결국은 온전한 믿음에 이르렀습니다.

이 맹인은 사건의 주인공임에도 이름이 없습니다. 그런 점에서 이 맹인은 요한공동체 성도들을 상징하는 인물이 될 수 있습니다. 사도 요한을 중심으로 모인 이 공동체는 유대교와 다르고, 초대교회 주류와도 결이 다른 독특한 성향의 공동체였습니다. 이들은 예수를 만남으로 눈이 열린 사람들이었습니다. 유대인들이었기에 회당에서 함께 생활하며 예수가 그리스도임을 다른 유대인들에게 증거했을 것입니다.

회당의 주도권을 잡고 있던 바리새파는 예수를 믿지 않았을 뿐만 아니라 예수 믿는 자들을 출교하기로 결정하였습니다. "예수를 그리스도로 시인하는 자는 출교하기로 결의하였으므로"[22] 출교라는 단어는 '아포쉬나고그'입니다. 회당에서 쫓아낸다는 뜻으로 출교는 유대교 공동체에서 추방하는 조치입니다. 친척과 심지어 가족과도 갈라서야 합니다. 상업이나 친교 활동도 할 수 없습니다. 이 흔적을 볼 수 있는 것이 1세기 유대인들이 매일 하루 3회 반복했던 '쉐모네 에쉬레'라는 18개의 기도문입니다. 그중 12번째 기도문입니다. "배교자들에게는 소망이 없게 하시고, 교만한 나라는 빨리 우리의 생애에 뿌리 뽑히게 하소서. 나사렛 당원들과 이단자들은 빨리 망하게 하시고, 그들이 생명책에서 지워지게 하시며, 그들이 의인들과 함께 기록되게 하지 마소서. 교만한 자들을 겸손케 하시는 주님, 찬양을 받으소서."

17세기의 철학자 스피노자Baruch Spinoza가 당했던 출교는 시간적 간격은 있지만 여전히 출교의 엄혹함을 짐작케 합니다. 스피노자는 유태인이었습니다. 뛰어난 철학자였지만 유대교의 인격신 개념을 거부하고, 실체와 신과 자연은 서로 일치한다는 범신론을 주장했습니다. 신의 활동은 결코 자연의 질서와 어긋나지 않는다며 모세가 홍해를 건널 수 있었던 것은 신의 기적이 아니라 동풍의 작용 때문이라 하였습니다. 탁월한 학자가 이런 소리를 하고 다니니 유대인 회당의 랍비들이 참을 수 없었습니다. 협박하고, 돈으로 유혹해도 꿈쩍하지 않자 파문 곧 출교 처분을 내렸습니다.

당시 스피노자에게 행했던 파문 의식의 한 장면입니다. "저주문을 읽는 동안 거대한 호른의 울부짖으며 끄는듯한 곡조가 간간이 들렸다. 환하게 밝히던 촛불은 의식이 진행되며 하나씩 꺼져갔다. 마침내 파문당한 자의 영적 생명의 소멸을 상징하는 마지막 촛불이 꺼졌을 때 장내는 칠흑 같은 어둠에 묻혔다."

그때 스피노자를 향해 퍼부었던 유명한 저주의 말입니다. "우리는 스피노자를 파문하고 추방하고 저주한다. 낮에도 저주받으며, 밤에도 저주받으라. 누웠을 때도 저주받고, 일어날 때도 저주받으라. 이 책에 기록된 모든 저주가 그를 덮칠 것이다. 주님이 그의 이름을 하늘 아래에서 지워버릴 것이다. 아무도 그와 서면으로 소통하거나, 그에게 호의를 베풀거나, 같은 지붕 아래에서 그와 함께 머물거나, 그 근처 4큐빗^{약 2m} 이내에 있어서는 안 된다. 또한 그가 구성하거나 쓴 책을 읽어서도 안 된다."

출교는 육적으로, 영적으로 공동체에서 끊어내는 엄혹한 결정입니다. 그러나 스피노자는 끝까지 자신의 신념과 자유를 포기하지 않았습니다. 모든 교제권은 끊어지고, 평생을 안경알을 갈고 깎는 것으로 근근이 생활을 연명해야 했습니다. 요한공동체 성도들이 이런 출교의 위험을 당하고 있습니다. 그들은 눈을 떴던 맹인의 경우처럼 예수에 대한 믿음을 지키다가 대부분 그렇게 이웃들에게, 가족에게 버림을 받았을 것입니다. 맹인의 이야기는 자신들의 간증이었습니다.

사실입니다

맹인은 하나님의 은혜의 사실을 굳건히 붙잡습니다. 자신의 눈이 뜨인 것은 사실인데 이를 이웃 사람들이 의심합니다. "이웃 사람들과 전에 그가 걸인인 것을 보았던 사람들이 이르되 이는 앉아서 구걸하던 자가 아니냐"(8) '구걸하던 자' 그것은 지난 과거입니다. 이제 그는 앞을 보는 자요, 당당히 자기 발로 걷는 자주적 존재입니다. 사람들은 자신이 경멸하던 그 사람이 다른 사람이 되자 받아들이기 싫어합니다. 자신들의 통제하에 변하면 인정합니다. 갑자기 금덩이를 발견했다면 그것 또한 받아들일 수 있습니다. 그런데 눈이 뜨여서 자신들의 통제권 밖으로 나가자 그 사실을 인정하지 않으려 합니다.

사람은 변할 수 있습니다. 변하면 변한 사실 그대로 그 사람을 바라보아야 합니다. 위치가 바뀔 수도 있습니다. 낮았던 자가 더 높은 자리에 오를 수도 있습니다. 그러면 그 현실을 받아들여야 합니다. 우리가 저지르기 쉬운 실수 중 하나는 젊은 시절 만났을 때 그 인상 그대로 현재의 사람을 평가한다는 점입니다. 물론 사람은 잘 바뀌지 않습니다. 그러나 바뀌기도 합니다. 그러면 그 사람을 다시 보아야 합니다. 실제 말이나 행동이나 생각이 달라졌으면 달라진 것입니다. 완고한 시선은 변화된 당사자도 기분 나쁘게 하고 관계의 발전을 가져올 수 없습니다.

　나라의 관계에서도 이런 일은 벌어집니다. 한국도 이제 위상이 선진국의 대열에 들어갔습니다. 그러면 여기에 맞는 당당한 주권과 선도 의식이 필요합니다. 눈치 보지 말고 당당하게 결정하고 거기에 맞는 세계 시민의식과 책임감을 가져야 합니다. 일본의 정치인들은 아직도 우리를 식민지 시대의 조선으로 보고 있습니다. 그런 태도로는 나라가 발전할 수 없고 갈등과 분노만 쌓일 뿐입니다. 이 점에서는 동물이 더 뛰어납니다. 동물은 변화된 현실을 즉시 받아들입니다. 문제가 조정되면 앙숙 관계가 하루아침에 친한 관계로 바뀝니다.

　바리새인들 또한 완고했는데 한 사람이 눈을 떴다는 놀라운 사건에 주목하지 않습니다. 곁다리에 불과한 안식일 조항을 들먹입니다. 안식일에 일을 하면 안 되는데 예수가 진흙을 이긴 것은 일에 해당한다, 안식일에 치료 행위를 한 것은 일에 해당하여 안식일 위반이라 합니다. 이 사람은 날 때부터 맹인이었습니다. 세상에 맹인이 눈을 뜨는 일이 그리 흔한 일입니까? 먼저는 하나님의 놀라운 은혜를 찬양해야 하는 것 아닙니까? 죽었던 생명이 다시 살아난 것을 축하하고 기뻐해야 하지 않습니까? 이들은 사람을 보지 못하고 이념에 붙들린 괴물이 되어 있습니다.

　이로 인해 눈 뜬 자의 지난한 투쟁이 벌어집니다. 바리새인들이 "어떻게 눈을 뜨게 되었느냐?" 묻자, "그 사람이 진흙을 내 눈에 바르매 내가 씻고 보나이다."라고 답합니다. "예수를 누구라고 생각하느냐?"라고 바리새인이 묻자, 맹인은 "선지자니이다."라 고백합니다. 24절에서는 바리새인들이 "예수는 죄인이다."라고 말하자 "그가 죄인인지 내가 알지 못하나 한 가지 아는 것은 내가 맹인으로 있다가 지금 보는 그것이니이다."라고 당당히 항거합니다.

권위가 자기 삶과 생각을 규정할 수 없습니다. 나는 나입니다. 내 생각이 중요합니다. 내 판단이 중요합니다. 요즘 한국 사회는 언론이 우리 생각을 규정하려고 합니다. 여기서 벗어나 사실을 말하면 이단아처럼 찍히고, 왜곡된 딱지를 갖다 붙입니다. 이런 강요들은 언론이나 정치 영역뿐만 아니라 직업이나 학문의 세계에서도 나타납니다. 가장 분명한 것은 사실입니다. 사실이 가장 강합니다. 휘둘리지 말고 이를 굳건히 붙잡아야 합니다.

그 다음 난관은 맹인의 부모입니다. 바리새인들이 그 부모를 불러다가 "맹인으로 났다 하는 너희 아들이냐 그러면 지금은 어떻게 해서 보느냐?"라고 묻습니다. 그 부모는 다음과 같이 말합니다. "이 사람이 우리 아들인 것과 맹인으로 난 것을 아나이다. 그러나 지금 어떻게 해서 보는지 또는 누가 그 눈을 뜨게 하였는지 우리는 알지 못하나이다. 그에게 물어 보소서 그가 장성하였으니 자기 일을 말하리이다." 자기 아들인 것도, 맹인으로 태어났던 것도, 눈을 뜨게 된 것도 다 사실이라고 합니다. 그러면서도 누가 그 눈을 뜨게 했는지는 모르니 아들 본인에게 물어보라고 떠넘깁니다.

부모는 눈치를 보고 있습니다. 출교를 두려워했다고 합니다. 부모는 차라리 아들이 다시 맹인으로 돌아가는 것이 편했을는지 모릅니다. 아들이 맹인인 것에 이미 익숙해졌기에 눈을 뜬 사실이 크게 반갑지 않습니다. 나름 벌어오던 구걸 수입이 끊길지도 모릅니다. 자칫 유대 공동체에서 쫓겨날까 걱정됩니다. 이것을 노예근성이라고 합니다.

논란이 갈수록 심해지자 눈 뜬 맹인 또한 다시 눈을 감고 맹인으로 돌아가고 싶은 심정이었을 것입니다. 그러나 실로암의 맹인은 그렇지 않았습니다. 오히려 눈을 더 부릅떴고 변화된 현실을 받아들이고 그 길로 굳건히 갔습니다. 부모는 위험을 피하려 하여 "그가 장성하였으니 그에게 물어보소서." 하며 떠넘겼습니다. 그런데 아이러니컬하게도 여기에 답이 있었습니다. 이제 맹인은 부모에게서 독립해야 합니다. 자기 발로, 자기 입술로, 자기 인생을 만들어가야 합니다.

부모가 이런 말을 하는 것을 보니 이 맹인은 청년의 나이에 해당하는 것 같습니다. 나이 든 사람에게 저가 장성하였다고 말하지는 않습니다. 공자는 30세라는 나이를 '이립'而立이라 하였습니다. '설 립'자를 써서 자립했다는 뜻입니다. 경제적으로, 사상적으로 주체적으로 서는 나이입니다. 자기가 결정하고 자기가 책임을 지는 나이입니다. 이제는 자기 생각과 자기 결정이 중요한 때입니다. 지금까지 부모가 이끌었다면 이제부터는 하나님께서 인도하시는 자유인의 길을 걸어야 합니다. 맹인은 그 결단을 하였습니다.

눈뜬 자의 투쟁

(9:24-34)

그가 죄인인지 내가 알지 못하나 한 가지 아는 것은
내가 맹인으로 있다가 지금 보는 그것이니이다

눈뜬 자

맹인이 눈을 뜬 기적은 성경에서도 유례를 찾을 수 없을 만큼 대단한 사건입니다. 인간에게는 볼 수 없는 시각장애만큼 더 큰 고통은 없을 것 같습니다. R&B와 소울 음악의 대표적 가수인 스티비 원더가 있습니다. 음악계의 최고 권위인 그래미상을 26차례나 수상했습니다. 그런데 스티비 원더는 선천적 시각장애인이었습니다. 그는 눈으로 세상을 직접 본 적이 없습니다. 그가 결혼하고 첫딸 아이샤 모리스가 태어났습니다. 그 기쁨을 노래로 표현한 것이 〈Isn't she lovely〉라는 명곡입니다. "사랑스럽지 않나요? 놀랍지 않나요? 예쁘지 않나요. 천사가 만든 최고의 작품이죠." 스티비 원더는 사랑하는 아이의 얼굴을 단 한 번만이라도 볼 수 있기를 간절히 원했습니다. 이 때문에 그가 개안수술을 받으려 했던 적이 있었다고 합니다. 의사는 그의 '미숙아 망막병증'이 지금까지 수술에 성공한 사례가 없고, 성공해도 겨우 15분 정도나 볼 수 있을 것이라고 말했다 합니다. 결국 수술은 받지 않았지만 자기 아이를 보고 싶은 그 간절함은 이해할 수 있습니다.

그가 만약 볼 수 있게 된다면 자신이 상상하던 딸의 얼굴과 같을까요? 더 사랑스러울까요? 실망하지는 않을까요? 오히려 상상 속에서 그리던 얼굴이 더 아름답지 않을까요? 아닙니다. 눈으로 보는 것이 더 아름답습니다. 진실은 그 자체로 눈이 부십니다.

눈 감은 자

주님은 "진리를 알지니 진리가 너희를 자유케 하리라"(8:32)라고 말씀하셨습니다. 그리스도라는 진리가 우리의 눈을 열어주어 우리를 자유롭게 합니다. 맹인이 눈을 뜨는 것은 진리에 대한 인식을 상징합니다. 눈이 열려 진실을 봅니다. 그동안에는 온갖 생각과 상상으로 접하던 것을 이제는 눈으로 직접 봅니다. 그런 점에서 우리 또한 맹인이었습니다. 진실을 제대로 보지 못하고 우리 욕심이나 생각의 망을 통해 보았기 때문입니다. 진리가 우리를 자유케 한다는 것은 이런 망상이나 집착으로부터 벗어남을 의미합니다.

인간은 자기가 믿고 싶은 것만 믿고, 보고 싶은 것만 보려합니다. 인간은 '욕심' 때문에 보지 못하고, '집착' 때문에 매이고, '어리석음' 때문에 진실을 보지 못합니다. 이를 삼독三毒이라 부릅니다. 성철 스님이 새벽에 오줌이 마려워 꾹 참고 있다가 더 이상 참을 수 없어 측간에서 배설하면서 이렇게 말했다고 합니다. "오줌을 비워도 이렇게 시원하니 삼독을 비우면 얼마나 시원할꼬?" 그리스도라는 진리가 우리의 삼독을 비워 자유케 합니다.

실상 바리새인들이 맹인이었습니다. 그들은 편견에 사로잡혀 맹인이 눈을 뜨는 기적을 보면서도 그 사실을 인정하지 않으려 합니다. 이 기적을 통해서 우리를 새로운 세계로 인도하시는 하나님의 뜻을 보지 못합니다. 그들에게는 하나님은 이래야 한다는 자기 생각이 있고, 이 생각에 비추어보니 예수나 맹인의 태도는 합당하지 않다는 판단을 내립니다. 바리새인들은 율법에 집착하다 하나님을 잃어버렸습니다. 독실한 신앙인들일수록 교리에 집착하다 하나님을 놓칠 수 있습니다. 신학은 하나님의 현실을 설명하는 학문일 뿐입니다. 상황이 바뀌면 신학도 바뀌어야 합니다.

오래전 베스트셀러에 스펜서 존슨Spencer Johnson의 『누가 내 치즈를 옮겼을까?』란 변화경영의 교과서와 같은 책이 있습니다. 두 마리의 생쥐와 두 명의 꼬마 아이가 치즈가 사라진 위기를 타개해 가는 모습을 그린 우화입니다. 자기 창고의 치즈가 사라지자 그 현실을 받아들인 생쥐들은 새로운 창고를 찾아 떠났습니다. 그러나 그 현실을 인정하기 싫은 '헴'이라는 아이는 "누가 내 치즈를 옮겼을까?" 하며 화를 내거나, 다른 사람이나 환경을 탓합니다. 그 자리에서 꼼짝하지 않으려 합니다.

위기의 극복은 치즈가 사라진 현실을 받아들이는 데서부터 시작합니다. 그때 맞았던 것이 지금은 틀리고, 그때 틀린 것이 지금은 맞을 수 있습니다. 현실을 제대로 보면 거기에 답이 있습니다.

동물들 사이에서는 문제가 해결되면 관계가 즉시 복원됩니다. 그러나 인간은 그렇지 않습니다. 문제 요인이 사라져도 그 변화된 현실을 받아들이려 하지 않고, 평생을 분노와 한을 품고 삽니다. 현실보다는 자기 생각의 지배를 받기 쉬운 것이 인간입니다. 실상 이들이 눈 감은 자들입니다.

눈뜬 자의 투쟁

맹인은 눈이 열려 진실을 보게 되었습니다. 자유를 얻었습니다. 그러나 이 때문에 맹인의 삶은 더 복잡해졌습니다. 이웃과의 관계가 소원해졌습니다. 심지어 부모와의 관계도 틀어지게 생겼습니다. 그렇지만 진실을 포기할 수 없습니다. 노예로 살 때는 몰랐는데 자유의 맛을 보고 나니 그 세계로 다시 돌아갈 수 없습니다. 가난할 때는 몰랐는데 단맛을 알고 안락함을 경험하고 나니 거칠고 냄새나고 불편한 것을 견딜 수 없습니다. 주인의 삶을 한 번 경험하니 이제는 굴종이 싫은데 옛 주인들은 다시 과거로 돌이키려 호시탐탐 노립니다. 그래서 자유의 길은 투쟁의 길입니다.

눈뜬 자와 바리새인의 투쟁이 본문에서 직접화법으로 진행됩니다. 대화가 여섯 차례나 반복됩니다. 먼저 15절입니다. "바리새인들도 〈그가 어떻게 보게 되었는지〉를 물으니 이르되 〈그 사람이 진흙을 내 눈에 바르매 내가 씻고 보나이다.〉하니" 이 대화는 문제가 없습니다. 서로 사실관계를 묻고 있습니다. 그러나 입술의 시인이 중요합니다. 고백하고 말함으로써 기적은 사실이 됩니다.

두 번째는 17절입니다. "이에 맹인되었던 자에게 다시 묻되 〈그 사람이 네 눈을 뜨게 하였으니 너는 그를 어떠한 사람이라 하느냐?〉 대답하되 〈선지자니이다.〉 하니" 두 번 묻는 것은 사실을 확인하기 위해서가 아닙니다. 믿고 싶지 않은 그들의 속마음을 보여줍니다. 이와 반면에 맹인의 신앙은 자라가고 있습니다. 예수를 이제 선지자라 고백합니다. 예수님을 주님이시요 하나님으로 믿기까지는 시간이 걸립니다.

세 번째는 24-25절입니다. "이에 그들이 맹인이었던 사람을 두 번째 불러 이르되 〈너는 하나님께 영광을 돌리라. 우리는 이 사람이 죄인인 줄 아노라.〉 대답하되 〈그가 죄인인지 내가 알지 못하나, 한 가지 아는 것은 내가 맹인으로 있다가 지금 보는 그것이니이다.〉" 유대인들은 하나님께 영광을 돌리라는 말과 예수는 죄인이라는 말을 동일시합니다. 자기들의 판단이 옳고 이와 다른 말을 하면 하나님을 거역하는 것과 같다는 위협입니다. 눈뜬 자는 이에 대해서 자신이 체험한 분명한 한 가지를 붙잡습니다. '나는 맹인이었는데 지금은 눈을 뜨게 되었다.' 신앙에는 체험이 필요합니다. 간증이 있어야 하고 이 간증이 우리를 견고하게 세웁니다. 그것이 깨달음의 형태이든, 고난의 과정에서 받은 구원이든, 어떤 환상이나 신비적 체험이든 그런 간증이 필요합니다.

네 번째는 26-27절입니다. "그들이 이르되 〈그 사람이 네게 무엇을 하였느냐? 어떻게 네 눈을 뜨게 하였느냐?〉 대답하되 〈내가 이미 일렀어도 듣지 아니하고 어찌하여 다시 듣고자 하나이까? 당신들도 그의 제자가 되려 하나이까?〉" 지겨울 정도로 다시 묻습니다. 너에게 무슨 일이 일어났느냐고 벌써 세 번째 묻고 있습니다. 이렇게 묻고 답하며 서로 확신범이 되어갑니다. 거짓이라도 반복하다 보면 결국은 사실처럼 믿게 됩니다. 언론이 그래서 무섭습니다. 거짓을 진실로 만드는 힘이 있습니다. 반대로 진실이라도 계속 추궁을 당하면 자신에게 정말 그런 일이 있었던가 의심이 들게 마련입니다. 부모는 진실을 부정하는 길로 갔습니다. 맹인은 반면에 역공을 취합니다. "당신들도 예수의 제자가 되려고 하는가?" 때로는 공격도 필요합니다. 이 공격이 그들의 정체를 폭로하고 맙니다.

다섯 번째는 28-33절입니다. "그들이 욕하여 이르되 〈너는 그의 제자이나 우리는 모세의 제자라. 하나님이 모세에게는 말씀하신 줄을 우리가 알거니와 이 사람은 어디서 왔는지 알지 못하노라.〉 그 사람이 대답하여 이르되 〈이상하다. 이 사람이 내 눈을 뜨게 하였으되 당신들은 그가 어디서 왔는지 알지 못하는도다.〉" 유대인들은 자신들을 모세의 제자라고 합니다. 이들이 세상을 바라보던 틀이 바로 모세가 준 율법의 틀입니다. 모세가 준 생각의 틀은 한때는 옳았습니다. 그러나 지금은 아닙니다. 이 틀로는 사람을 제대로 볼 수 없습니다. 현재라는 시간 속에 임한 하나님의 뜻을 알 수 없습니다. 맹인은 예수의 눈으로 세상을 보게 되었고 제대로 보게 되었습니다. 사도 바울 또한 말씀합니다. "율법 조문은 죽이는 것이요 영은 살리는 것이니라"(고린도후서 3:6), "주는 영이시니 주의 영이 계신 곳에는 자유가 있느니라"(고린도후서 3:17)

물리학에서는 모델이라는 것을 사용합니다. 원자핵이나 분자나 화합물 등 소립자의 세계는 볼 수 없습니다. 광대한 우주나 빛이나 자연법칙과 같은 것은 우리 눈으로 다 담을 수 없습니다. 이때 우리 눈으로 볼 수 있는 유사한 모델을 만들면 쉽게 이해됩니다. 그러나 그것이 진실은 아닙니다. 새로운 사실이 발견되고 이것이 기존 모델에 맞지 않으면 다른 모델을 만들어야 합니다. 진리의 세계도 마찬가지입니다. 광대하고 무한하신 하나님을 인간의 눈으로 다 볼 수 없고 이성으로 측량할 수 없습니다. 단지 그때그때 신학의 틀로 우리는 하나님을 이해할 뿐입니다. 새로운 현실에서는 하나님을 보는 새로운 모델이 필요합니다. 이것을 '신학'이라고 합니다.

마지막으로 34절입니다. "그들이 대답하여 이르되 〈네가 온전히 죄 가운데서 나서 우리를 가르치느냐?〉 하고 이에 쫓아내어 보내니라" 화가 난 유대인들이 급기야 비난을 합니다. "죄인이, 저주 받은 놈이, 거지가, 뭘 알아!" 권위로 누르고, 인격모독으로 공격하는 방식입니다. 논쟁에서 밀릴 때 최후로 등장하는 비겁한 공격방식입니다. 결국 맹인은 진실을 보았다는 이유로 유대 공동체에서 출교당하고 맙니다.

신앙은 투쟁의 연속입니다. 내가 예수를 한 번 믿었다고 하여 그것으로 끝나지 않습니다. 계속해서 진리를 붙잡아야 합니다. 시험은 외부에서만 오지 않습니다. 내 안에서도 일어납니다. 과거의 습관이, 내 안에 주입된 생각들이 나를 이전으로 돌이키려 합니다. 그러나 어둠의 세계로, 다시 노예 상태로 돌아갈 수는 없습니다.

누가 맹인인가?

(9:35-41)

내가 심판하러 이 세상에 왔으니 보지 못하는 자들은
보게 하고 보는 자들은 맹인되게 하려 함이라

드디어 예수를 만나다

맹인이 눈을 뜬 기적은 예수를 만남으로 비로소 완성이 됩니다. 9장의 사건이 독특한 것은 예수가 눈을 뜨게 해 주었음에도 불구하고 예수가 사라져 버렸다는 점입니다. 예수라는 이름은 난무하지만 정작 예수는 없고, 맹인은 예수가 누구인지 알지 못합니다. 그런 점에서 이 맹인은 단순히 기적을 맛본 한 사람이 아니라 진리를 얻은 자의 투쟁과 진리를 깨달아가는 과정을 상징합니다.

눈을 떴지만 예수를 만나지 못하면 여전히 영적인 맹인입니다. 여전히 시각장애 상태일지라도 예수를 만났다면 그 사람은 영적인 눈이 열린 자입니다. 맹인 찬송가 시인 패니 크로스비Fanny Crosby의 찬양입니다. "예수로 나의 구주 삼고 성령과 피로써 거듭나니 이 세상에서 내 영혼이 하늘의 영광 누리도다 이것이 나의 간증이요 이것이 나의 찬송일세."

이 맹인은 온갖 방해와 역경을 딛고 예수를 만났습니다. 38절에서 "주여, 내가 믿나이다."는 감격스런 고백을 하며 진리의 과정은 완성됩니다. 진리는 순례길에 비유할 수 있습니다. 산과 골짜기를 지나야 하고, 황야의 추위와 외로움과 강도의 위협을 견뎌야 합니다. 후회와 망설임과 시장과 쾌락과 유혹을 이겨야 합니다. 그 길 끝에 예수가 있고, 천국이 있습니다.

불교에서는 진리의 길을 소를 찾는 과정에 빗댄 십우도十牛圖로 설명합니다. 십우도는 기독교의 진리과정을 이해하는 데 도움이 됩니다. 열 가지 단계 중 첫 번째는 심우尋牛입니다. 동자가 손에 고삐와 줄을 들고 소를 찾는 모습입니다. 소를 잃어버렸습니다. 문제가 발생했습니다. 여기서부터 출발입니다. 두 번째 그림은 견적見跡입니다. 소의 발자국을 찾아 나서는 단계입니다. 문제를 해결하기 위해 나섭니다.

세 번째는 소를 발견하는 견우見牛인데 그 뒷모습만 보입니다. 문제는 아직 해결되지 않았습니다. 네 번째는 득우得牛로 소를 붙잡아 고삐를 씌웁니다. 문제를 통제하려 합니다. 다섯 번째는 목우牧牛로 길들이는 단계로 계속해서 소와 씨름합니다. 적응해야 완성됩니다. 여섯 번째는 기우귀가騎牛歸家로 소의 등을 타고 피리를 불면서 돌아옵니다. 아마 이 그림을 가장 많이 보았을 것입니다. 문제가 완전히 해결된 것 같습니다.

일곱 번째는 망우존인忘牛存人으로 소는 없어지고 사람만 있습니다. 문제는 방편이었을 뿐입니다. 이제는 그 본질을 보는 단계입니다. 맹인에게는 앞을 보지 못했던 것이 문제의 본질이 아니었음을 깨닫는 것과 같습니다. 여덟 번째는 인우구망人牛俱忘으로 사람도 없고 소도 없습니다. 동그란 원만 그려져 있는데 드디어 본질에 들어섰습니다. 기독교 진리로 설명하면 나는 없고 오직 예수만 살아 있는 단계입니다.

아홉 번째는 반본환원返本還源으로 소와 나의 경계가 없어지고 근본으로 돌아가는 단계입니다. 산은 산이고 물은 물이 되어 경계심이 없는 자연의 단계입니다. 하나님과 자연, 예수와 우리 인생이 온전한 하나를 이루는 단계입니다. 여기에 지극한 행복이 있습니다. 마지막 열 번째는 입전수수入廛垂手라 하여 중생을 계도하기 위해 세상으로 나서는 단계입니다. 진리는 자기만족으로 끝나지 않고 이웃으로 향합니다.

한번 예수 믿는 것으로 신앙생활이 끝나는 것이 아닙니다. 그것은 시작입니다. 우리는 여전히 진리 추구 과정 중에 있습니다. 사도 바울의 고백입니다. "내가 이미 얻었다 함도 아니요 온전히 이루었다 함도 아니라 오직 내가 그리스도 예수께 잡힌 바 된 그것을 잡으려고 달려가노라"(빌립보서 3:12)

내가 믿나이다

기독교의 진리는 믿음으로부터 시작합니다. 본문에서 가장 많이 언급되는 단어가 바로 '믿는다.'입니다. 예수님이 묻습니다. "네가 인자를 믿느냐?" 맹인이 대답합니다. "그가 누구시오니까? 내가 믿고자 하나이다." 예수님이 바로 자신이라고 말씀하시자 맹인은 "주여, 내가 믿나이다." 하고는 예수님을 경배합니다. 바로 앞에 주님이 있는데 믿는다는 고백은 좀 맞지 않습니다. '당신을 나의 주님으로 모시겠습니다.' '당신을 따르겠습니다.'가 더 적합합니다. 믿는다는 고백은 예수님을 눈으로 보지 못했던 초대교회가 사용하는 언어입니다. 우리 또한 예수님을 눈으로 보지 못했기에 이 믿음의 방식을 통해서 예수님을 만납니다.

그런데 이 믿음을 교리적 명제로 착각하는 경향이 있습니다. '나는 죄인이고, 예수님이 십자가에서 우리 죄를 용서해 주셨다. 그 예수님을 구원자요, 주님으로 받아들인다. 이제 나는 구원을 받았고 천국에 들어간다.'가 명제적 믿음의 내용입니다. 이렇게 믿다 보니 예수는 사라지고 교리만 남았습니다. 아닙니다. 믿는다는 것은 충성의 맹세와 같습니다. 대상이 있고 그 대상과 관계를 맺는 것이 믿음입니다. 맹인이 예수님께 "절하였다."고 하였는데 이것이 믿는다는 의미입니다.

이탈리아의 철학자이자 사회비평가 조르조 아감벤^{Giorgio} Agamben은 인도유럽어 연구에 근거하여 믿음을 다음과 같이 설명합니다. "믿음이란 우리들이 누군가에게 신뢰를 두고 그 사람에게 우리들이 충성관계로 맺어질 때의 담보와 같은 것을 부여하는 결과로서 그 사람이 누리게 되는 신용이다." 아감벤은 믿음의 예로서 항복하여 적의 수중에 무조건적으로 자신을 양도함으로써 안전을 취하는 관례인 '데디티오'^{deditio in fidem}를 듭니다. 피스티스 곧 믿음은 포위된 도시가 침략자의 권력에 무조건적인 복종을 맹세하고 대신 이를 통해서 생명과 안전을 보장받는 것과 같습니다. 이 정도 무겁고 상호적입니다. 교리나 신념이 아니라 상대와 맺는 관계성입니다.

예수에 대한 충성의 맹세가 믿음입니다. 그래서 이 믿음은 반드시 행동으로 나타나야 합니다. 예수님의 말씀을 순종하지 않는 것은 믿음이 없는 것과 같습니다. 한 번의 맹세로 끝나는 것이 아니라 지속적으로 예수님과 신뢰 관계를 유지해야 합니다. 이런 믿음을 가진 자에게 예수님은 안전과 보호, 성령의 선물, 영원한 생명과 천국을 약속하십니다.

믿음의 길

하나님을 믿고 싶기는 하지만 그 하나님이 보이지 않는 존재라는 데서 신앙의 문제는 발생합니다. 맹인이 눈을 떴을 때 그리스도는 보이지 않았습니다. 그래서 믿음은 쉽게 흔들리는 경향이 있습니다. 어느 때는 너무나 확실하다가도 어느 때는 의심이 일기도 합니다. 나는 사경을 헤매고 있는데 하나님은 침묵하실 때 하나님이 의심스럽습니다. 이별과 상처와 억울함으로 부르짖고 있는데 하나님이 불의한 재판관처럼 전혀 반응도 하지 않는 것처럼 보일 때가 있습니다. 문제 해결은커녕 하나님이 마치 차가운 벽처럼 느껴질 때도 있습니다. 맹인이 여러 난관을 거쳐 그리스도에게 이르듯, 이런 영혼의 어두운 밤을 거쳐야 하는 것이 믿음의 길입니다.

노벨 평화상 수상자이면서, 제2차 세계대전 당시 아우슈비츠 수용소에서 살아남았던 엘리 비젤Elie Wiesel의 회고록 『밤』Night에 기록된 내용은 이런 잔혹한 현실에서도 신을 믿을 수 있는가에 대한 문제를 제기하고 있습니다.

아우슈비츠와 비르케나우의 화장로에서는 매일같이 수많은 유태인들이 죽어갔습니다. 건장한 유태인들은 화부로 뽑혀 다른 연약한 유태인을 제 손으로 화덕에 집어넣어야만 했습니다. 아들이 아버지를 화덕에 던지기도 했습니다. 그러던 어느 날 부나 수용소에서는 두 남자와 한 어린아이의 교수형이 집행되었습니다.

수용소 소장의 신호에 맞춰 그들의 목은 교수대에 매달렸습니다. 어른 둘은 발버둥치다가 곧 죽었지만, 몸이 너무 가벼운 아이는 쉽게 죽지 않았습니다. 나치는 그 앞으로 사람들을 행진하게 했는데 그때까지 아이는 여전히 버둥거리고 있었습니다. 그때 누군가가 이렇게 탄식했습니다. "하나님은 지금 어디에 있는가?" 그때 엘리 비젤은 속으로 이렇게 외쳤다고 합니다. "하나님이 어디 있냐고? 그분은 여기 있어. 하나님은 지금 여기 저 교수대에 매달려 있어."

자신에게 이런 불행이 닥친다면 정말 하나님을 교수형 시키고 싶지 않겠습니까? 실제로 유태인들은 아우슈비츠에서 신에 대한 재판을 종종 열었다고 합니다. 그들은 신의 잔혹성과 배신을 규탄했습니다. 더 이상 신을 변호할 만한 어떠한 변명도 찾을 수 없다고 하며 신의 유죄를 선언하고 사형선고문을 낭독했습니다. 그런데 어떤 랍비가 이 선고문을 읽다가 문득 시계를 보고는 서둘러 재판을 종결했다고 합니다. 유태인들의 저녁기도 시간이 되었기 때문이었습니다. 웃기면서도 슬픈 현실이었습니다.

1960년대 이후 신 죽음의 신학이 유행하였습니다. 1, 2차 세계대전이 가져온 인류 문명의 잔혹함에서 신 또한 자유로울 수 없었습니다. 전능하신 분이 이런 악을 방치한 것에 대해 도무지 이해할 수 없기 때문이었습니다. 더구나 이성과 과학이 발달하면서 신의 자리는 더 궁색해졌습니다. 우리의 믿음이 요구되는 곳은 바로 이런 현실에서입니다. 이 현실을 외면한 채 '무조건 믿습니다.' 하는 것을 맹목적 신앙이라 합니다. 현대판 맹인들입니다.

이에 해당하는 두 부류의 극단이 있습니다. 하나는 신을 수호한다는 명목으로 근본적 교리나 문자주의로 퇴행하는 부류입니다. 이성과 현실에 눈을 감고 자기들만의 성을 쌓고 그 안에서 행복한 꿈에 빠져 있습니다. 다른 한 부류는 신의 죽음을 선언하고 허무주의나 철저한 인본주의로 나가는 부류입니다. 이들은 정작 문명을 폐허로 만들었던 것은 인간 자신이었다는 사실에 눈을 감습니다.

믿음의 길은 인간의 성숙함과 책임성을 받아들이면서 그 시대를 향한 그리스도의 뜻을 묻고, 찾고, 실현해 가는 길입니다. 인류 문명은 그리스도 안에서만 참된 생명의 꽃을 피울 수 있다는 확신을 가지고, 그리스도의 충만함을 자기 안에 또 온 우주에 실현해 가려는 그리스도 제자의 길입니다.

신앙의 '호시우행'虎視牛行이 필요합니다. 현실은 호랑이처럼 날카롭게 보되 소처럼 우직하게 한 걸음씩 내딛는 것입니다. 눈뜬 맹인이 그렇게 그리스도에게 다가가고 있습니다.